徽学与地域文化丛书

明清以来徽州方志编纂成就

蒲霞 著

北京师范大学出版集团
BEIJING NORMAL UNIVERSITY PUBLISHING GROUP
安徽大学出版社

图书在版编目(CIP)数据

明清以来徽州方志编纂成就/蒲霞著. —合肥：安徽大学出版社，2013.3
(徽学与地域文化丛书)
ISBN 978-7-5664-0173-1

Ⅰ.①明… Ⅱ.①蒲… Ⅲ.①地方志－编辑工作－成就－徽州地区－明清时代 Ⅳ.①K290

中国版本图书馆 CIP 数据核字(2013)第 026041 号

明清以来徽州方志编纂成就

蒲 霞 著

出版发行：	北京师范大学出版集团
	安徽大学出版社
	(安徽省合肥市肥西路 3 号 邮编 230039)
	www.bnupg.com.cn
	www.ahupress.com.cn
印　　刷：	合肥远东印务有限责任公司
经　　销：	全国新华书店
开　　本：	152mm×228mm
印　　张：	16.25
字　　数：	218 千字
版　　次：	2013 年 3 月第 1 版
印　　次：	2013 年 3 月第 1 次印刷
定　　价：	35.00 元

ISBN 978-7-5664-0173-1

策划编辑：朱丽琴　刘　强	装帧设计：知耕书房
责任编辑：王娟娟　马晓波	美术编辑：李　军
责任校对：程中业	责任印制：陈　如

版权所有　侵权必究

反盗版、侵权举报电话：0551—65106311
外埠邮购电话：0551—65107716
本书如有印装质量问题，请与印制管理部联系调换。
印制管理部电话：0551—65106311

徽学与地域文化丛书
编委会名单

编委会主任: 吴春梅

编委会副主任: (按姓氏笔画为序)

　　　卞　利　　张子侠　　张能为　　鲍　恒

编　　委: (按姓氏笔画为序)

　　　卞　利　　王国良　　王达敏　　王天根
　　　王成兴　　江小角　　李　霞　　张子侠
　　　张能为　　张崇旺　　张爱冰　　张金铣
　　　吴春梅　　吴怀东　　吴家荣　　陆建华
　　　陈　林　　宛小平　　徐国利　　鲍　恒

目 录
CONTENTS

001 前言

001 第一章　徽州方志编纂的基础
- **001**　一、中央政府的需要
- **010**　二、地方官员的重视
- **015**　三、文人硕儒的参与
- **022**　四、良好的修志传统
- **027**　五、深厚的文化底蕴
- **028**　六、严谨的修志态度

035 第二章　徽州方志编纂的特点
- **035**　一、方志编纂的连续性
- **052**　二、方志类型的多样性
- **056**　三、方志体例的灵活性
- **070**　四、方志体例的严谨性
- **081**　五、方志类目的变化性
- **094**　六、方志类目的时代性

099	第三章　徽州方志的编纂理论
099	一、关于方志性质的探讨
104	二、关于方志起源的探讨
108	三、总结方志编修的利弊得失
114	四、确定修志人员的基本素质
117	五、强调方志的实用性价值
125	六、明确方志取材的广泛性

128	第四章　徽州方志的价值
128	一、史料价值
128	（一）记载内容的广泛性
130	（二）记载内容的地方性
136	（三）记载内容的时代性
138	（四）记载内容的连续性
139	二、考证价值
141	（一）考证的内容
141	1.关于自然地理的考证
143	2.关于建置沿革的考证
146	3.关于疆域的考证
147	4.关于局署的考证
149	5.关于职官的考证
150	6.关于赋役的考证
151	7.关于水利的考证
151	8.关于选举的考证
152	9.关于人物的考证
154	10.关于史实的考证
155	11.关于封建的考证
155	12.关于氏族的考证
156	13.关于兵防的考证
157	（二）考证的形式

157	1. 订误
158	2. 互证
159	3. 列异
161	4. 存疑
163	5. 补证
165	（三）对于罗愿《新安志》的考证
169	三、校勘价值
169	（一）订误
169	1. 订自然地理之误
171	2. 订建置沿革之误
172	3. 订职官之误
173	4. 订封建之误
173	5. 订物产之误
174	6. 订古迹之误
174	7. 订水利之误
174	8. 订桥梁之误
174	9. 订选举之误
174	（二）存疑
175	（三）列异
176	四、辑佚价值
176	（一）总志之属
176	1. 顾野王《舆地志》
178	2. 徐锴《方舆记》
180	3.《元和郡县志》
180	4.《祥符经》
185	5.《元丰九域志》
185	6.《元一统志》
186	（二）府志之属
186	1.《新安山水志》
187	2.《新安记》
187	3. 李以申《新安续志》
190	4.《新安广录》
192	5. 洪焱祖《新安后续志》

200	6.《新安图经》
201	7.朱同《新安志》
205	8.《东阳记》
206	9.《宣城记》
208	(三)县志之属
208	1.《鄱阳图经》
209	2.《海阳志》
209	3.康熙十二年《休宁县志》
227	(四)乡镇志之属
	《汉口志》
231	(五)专志之属
231	1.《续新安文献志》
231	2.《新安名贤录》
232	(六)不知归属之志
232	1.《图经》
233	2.《续图经》
235	3.《方舆志》
236	4.《方舆地志》
236	5.《邑图》
236	6.《旧经》
237	7.《歙图经》

239 参考文献

245 后　记

前 言

一、本书参考的文献多为影印本,有些文献原书文字有所阙漏,一些字词存在模糊不清等情况。凡遇原书阙漏或字迹不清无法辨认者,本书皆以"□"表示。

二、本书引用原始资料时,为使资料保持完整性,需作补充处皆括以"( )"。

中国地方志①的发展源远流长。秦汉时期开始出现的地记就是早期方志的基本形态,此后又历经图经、方志等形式的发展,到宋代基本定型,中国地方志开始走上稳定发展的道路。从专记某地地理和人物的地记,到综合记载某地各方面情况的图经,再到内容更为丰富、体例更为完善的地方志,地方志在自身的发展过程中日渐成熟和完善,其功能也更加全面,并为各朝各代统治者和各级地方官员所认识和利用。为了进一步加强对全国的统治,了解各个地区的基本情况,掌握各个地区的

---

① 笔者认为:志书是一种广泛记载人、事、物的综合性文献。地方志书则是记载一定地域上的人、事、物的综合性文献。志书包括总志、地方志书。地方志书又包括地方志和徽州专志。地方志,简称"方志",是综合记载某一地区各方面情况的文献,包括通志、府志、州志、县志、乡镇志等类型。专志是以某一地区某一特定对象为记载内容的特殊文献,与地方志不是同一种文献。地方志和专志同属于地方志书,两者是平行关系。虽然本书论述的内容既包括徽州地方志,也包括徽州专志,但为了叙述的方便和简明,一般情况下多以"地方志"统称地方志和专志,以"徽州方志"统称徽州地方志和徽州专志,只在特别需要时才将二者分开说明。

发展动向，明清时期中央政府经常下令编修全国一统志，而在此之前则往往会诏令天下各府州县编修当地地方志，修成之后呈送中央，以备编修一统志所用。这一做法推动了全国各地地方志编修活动的进行和发展，也充分发挥了地方志在"存史"、"资政"、"教化"方面的作用。地方志的编纂也成为地方各级官员的职责之一。出于职责所在和对于地方志功用的认识，徽州地方官员也常常督促、主持和参与地方志的编修。由于中央政府、地方官员的重视，徽州方志的编修得到保证，呈现出连续编修的特点。

徽州方志的编修历史悠久，自南朝梁起就已有方志的编修，如太守萧几编修的《新安山水记》、王笃纂修的《新安记》等，到宋代方志的体例和内容基本定型之后，徽州地区的修志活动迅速发展，并逐渐成为一种风气，到明清时期徽州方志的编修更为频繁。在长期的修志实践中，徽州方志的编修者也非常注重探讨修志方法，总结修志理论，这些修志理论和方法不仅是徽州地区优秀的历史文化遗产，而且为明清以后徽州方志的编修提供了实用的指导和参考。

徽州地区的文人学者众多，他们在研究学术、著书立说的同时，也关注并积极参与地方志的编修活动。由于他们见多识广、思维敏锐，在编修地方志时不仅能够广泛搜集资料，保证地方志内容的丰富，还能够筛选资料，抓住重点内容，突出地方志的地方性特色，并且将严谨的学术风气引入修志工作中，使徽州方志的质量得以最大程度的保证。

徽州方志的编修者不仅修志态度严谨，而且善于在继承前志优秀成果的基础上加以创新。与以往的徽州方志相比，明清以来编修的徽州方志在内容上更为丰富和全面，在体例上也不断调整和创新，在方志类型上更加多样化，在方志类目的设置上也灵活多变，同时，在方志的内容和类目设置上呈现出了明显的时代性特点。徽州方志日益完善和成熟，逐渐达到发展的高峰。

徽州方志的编修者非常注重方志内容的采摭和资料的选取。徽州方志收录的内容十分丰富，涉及徽州地区地理、经济、政治、职官、选举、学校、文化、人物、军事、遗事等各个方面的内容,为研究徽州地区社会历史发展的全过程提供了丰富且重要的参考资料。徽州方志的编修者大多是治学态度严谨的文人学者,他们广征博引,不仅对选用的资料注明出处,而且注重对相关内容的考证和校勘,包括山川河流、建置沿革、物产、古迹、人物、职官、科举、赋役、水利、封建、氏族等方面的问题,补前志之阙漏,订前志之讹误。徽州方志因此具有考证和校勘价值。另外,徽州方志引用其他文献资料时基本上都注明出处,其中转引的一些已经亡佚的前代书籍的资料,具有辑佚亡书的价值。徽州方志所具有的文献学价值是不容忽视的。

根据现存徽州方志、《中国地方志联合目录》、《中国地方志综录》等记载,编修者和书名皆可考证的明、清、民国时期编修的徽州府志、徽州六县县志、乡镇志、乡土志、采访册等至少有近百部之多。如果再加上山水志、文献志、金石志、人物志、书院志、会馆志等类型的专志,徽州地方志书的数量则更为可观①。因连续编纂,徽州方志记录了徽州地区社会历史发展的全过程;因注重突出时代特色,徽州方志的内容反映出历史发展的阶段性变化;因注重考证和校勘史料,徽州方志具有考证史实和校勘其他文献记载的价值;因注明引用资料的出处,徽州方志具有辑佚古书的价值;因强调方志编修的创新和变化,徽州方志在类目的设置、体例的设立等方面均具有自身的特点;因善于总结修志方法和理论,徽州方志在丰富方志编纂理论方面具有一定价值。凡此种种,皆说明徽州方志具有不可忽视的价值。研究现存徽州方志,挖掘它在研究徽州地区社会历

---

① 根据文献记载,尚有一些徽州方志只有书名而无纂修者名或编修时间,如《新安图经》、《新安图》、《歙州图经》、《婺源古县记》、《歙县图经》、《(黟县)邑图》、《(歙州)旧志》、《(祥符)歙州图经》、《(歙州)图经》、《(歙州)新经》、《新安郡志》等。笔者在查阅文献时发现,文献中存在着著录书名不严谨的情况,也就是有同书异名的现象存在,因而上文列出的这些只有书名而无纂修者姓名的徽州方志或许与本书列出的纂修者姓名和书名皆有的徽州方志之间存在着同书异名的情况,但因目前缺乏足够的资料,无法判断这些徽州方志与那些既有纂修者姓名亦有书名的徽州方志之间是什么关系,故本书统计徽州方志编修情况时,不将其作为统计对象,以尽可能提高统计的准确性。

史发展方面的史料价值,揭示它在考证、校勘、辑佚等方面的文献学价值,总结它在方志编修理论方面的内容,是一项非常必要、也是非常有意义的研究活动。这一研究活动是对徽州地区历史发展过程的再认识,也是对徽州地方文献的一次系统地整理和研究。

本书以现存徽州方志为主要研究对象,兼及对部分佚志进行研究,对以下几个方面的问题展开论述:

第一,从中央政府的需要、地方官员的重视、文人硕儒的参与、良好的修志传统、深厚的文化底蕴、严谨的修志态度等方面进行分析,说明明清以来徽州方志编纂所具有的良好基础和条件,从而指出徽州方志在质量上是有保证的。

第二,通过对徽州方志中的序、凡例、旧志源流等内容的分析,总结明、清、民国时期徽州方志的特点。徽州方志主要有以下几方面的特点:方志编纂的连续性、方志类型的多样性、方志体例的灵活性、方志体例的严谨性、方志类目的变化性、方志类目的时代性等。

第三,对徽州方志进行分析,从而总结出徽州方志的编修者对方志的性质、方志的起源、方志编修的利弊得失、修志人员的基本素质、方志的实用性价值、方志的取材等方面问题所做的探讨。由此指明徽州方志编修者在总结方志理论和修志方法上所做的贡献。

第四,广泛查阅现存徽州方志,通过梳理,总结出徽州方志记载内容所具有的广泛性、地方性、时代性和连续性的特点,并以此说明徽州方志在研究徽州地区社会历史发展方面所起的作用,从而突出徽州方志的史料价值。

第五,徽州方志的编修者治学态度严谨,并擅长考证和校勘,本书通过对现存徽州方志内容的梳理,总结徽州方志在考证资料、校勘讹误等方面所做的工作。徽州方志中考证和校勘的内容十分丰富,涉及自然地理、建置沿革、疆域、官署、职官、赋役、物产、古迹、水利、选举、人物、史实、封建、氏族等方面,其考证方法也十分全面,包括订误、互证、列异、存疑和补证等几种形式,而其校勘的方法也包括订误、存疑和列异。徽州方志中的考证和校勘,内容丰富,方法多样,其价值不容忽视。

第六,徽州方志的编修者注重方志编修取材的广泛性,而且往往还在引用的资料之后注明出处,这为查找资料来源提供了方便。通过梳理可以发现,徽州方志中征引的资料,有一些原书已经亡佚,因征引的资料中注明文献出处,所以为辑佚这些亡书提供了参考资料。徽州方志的辑佚价值也十分重要。根据笔者的查找,从徽州方志中辑出总志、府志、县志、专志以及不知归属之志共二十八种。

徽州方志不仅浓缩了徽州地区历史发展的全过程,而且反映了徽州地区学术文化发展的总成就。明清以来编修的徽州方志资料丰富,类型多样,体例完善,不仅具有重要的史料价值,也具有不可忽视的校勘、考证、辑佚等文献学价值。研究这些徽州方志,挖掘其中的价值,是一项有意义的研究工作。

蒲 霞
2012 年 11 月

第一章

徽州方志编纂的基础

一、中央政府的需要

秦汉时期中国的地方志开始出现,并呈现出逐步发展的趋势。中国地方志历经地记、图经、方志等形态的演变,到宋代地方志多以"志"为名,其体例和内容也基本定型。在以地记为主要形式的时期,地方志的功用主要是"矜其乡贤,美其邦族",而随着地方志的不断发展和完善,地方志的内容越来越为丰富,地方志在"存史"、"资政"、"教化"等方面的作用也越来越突出。为了进一步加强对全国的控制,稳定统治基础,及时掌握各地的发展动向,了解地方的基本情况,历朝历代中央政府经常颁令全国各地编修地方志,并呈送中央以备阅览,为纂修全国总志提供参考。到元代创修全国一统志以后,中央政府在下令编修全国一统志时,也会下令全国各地先行编修地方志,州县志修成之后则要送至府,供修府志参阅,而各府志书修完以后则要呈送中央,供编修一统志参考。全国各地地方志的编修工作由此而得到推动,并进一步发展和完善。

地方志自出现以后就得到统治者的重视,历代政府经常下诏,号令天下修志,地方志的编修活动一直持续不断,地方志的编修成为一项长期而且定期进行的活动。如,《唐会要》"职方员外郎"条记载:"建中元年十一月二十九日,请州图每三年一送职方,今改至五年一造送。如州县有创造及山河改移,即不在五年之限,后复故"①。唐朝规定,图经每三年定期进行一次编修,后来改为五年一修。但如果遇到特殊情况,比如"州县增废"、"山河改移"之类的情况,各地官员就要随时编修,造送中央。又如,北宋政权建立后不久,赵匡胤就诏令天下:"凡土地所产,风俗所尚,具古今兴废之因,州为之籍,遇闰岁造图以进。"②开宝四年(971年),又诏令"知制诰卢多逊等重修天下图经"③。宋真宗景德四年(1007年),"真宗因览《西京图经》有所未备,诏诸路州府军监,以图经校勘,编入古迹,选文学之官纂修校正,补其阙略来上。及诸路以图经献,诏知制诰孙仅、待制戚纶真、集贤院王随、评事宋绶、邵焕校定,仅等以其体制不一,遂加例重修"。宋真宗"命翰学李宗谔、知制诰王曾领其事,又增张知白、晏殊,又择选人李垂、韩议等六人参其事"。到祥符元年(1008年)四月,龙图待制戚纶上疏,"请令修图经官先修东封所过州县图经进内,仍赐中书密院、崇文院各一本,以备检阅",宋真宗同意了这一做法。至"(大中祥符)三年十二月丁巳,书成,凡一千五百六十六卷,目录二卷。宗谔等上之,诏嘉奖,赐器币,命宗谔为序"④。刘文富在《重修严州图经序》中也说到了这件事,"大中祥符三年十二月丁巳,诏奖翰林学士李宗谔等上新修诸道图经,由是图籍大备"⑤。宋真宗又下诏令,"重修定大小图经,令职方牒诸州谨其藏,每闰依本录进"⑥。宋神宗元丰年间,下令删定由王曾、李宗谔等修成的《九域图》,元丰三年(1080年)由知制诰王存等纂定《元丰九域志》十卷。宋徽宗大观元年(1107年),"朝廷创置九域图志局,命所在州县,编

---

① (宋)王溥:《唐会要》卷五九,清文渊阁四库全本。
② 《宋史》卷一六三,北京:中华书局,1977年。
③ (宋)李焘:《续资治通鉴长编》卷一二,清文渊阁四库全书本。
④ (宋)王应麟:《玉海》卷一四,《祥符州县图经》,清文渊阁四库全书本。
⑤ (清)嵇曾筠:《(雍正)浙江通志》卷二六三,刘文富《重修严州图经序》,清文渊阁四库全书本。
⑥ (宋)王应麟:《玉海》卷一四,《祥符州县图经》,清文渊阁四库全书本。

纂图经"①，图经修成之后上呈志局以备参考，这一做法开创了后世国家设局修志的先河。宋代继承了前代的编修制度，定期编修志书，并开创志局专门负责志书的编纂工作，地方志的编修活动得以持续进行。

　　元朝建立起空前统一的大帝国，元世祖采纳了札里马鼎的建议，开始编纂《大一统志》，至元二十八年（1291年）一统志修成，共七百五十五卷，此举开创了国家编修一统志的体制。元朝统治者编修《大一统志》的目的在于更好地掌握全国的形势，显示国威，"垂之万世"，以巩固其统治。正如许有壬在《大一统志序》中所说："是书之行，非以资口耳博洽也。垂之万世，知祖宗创业之艰难。播之臣庶，知生长一统之世。邦有道穀，各尽其职于变时，雍各尽其力，上下相维，以持一统。我国家无疆之休，岂特万世而已哉，统天而与天悠久矣。"②由于原修之书缺漏甚多，元成宗下令重修一统志，于大德七年（1303年）最终完成。元代编修《大一统志》，开创了明清两代编修一统志的先例。

　　明朝继承了前代编修总志和地方志书的传统。明朝政权建立不久，为了彰显自己统一全国、建立明朝政权的功绩，也为了尽快了解天下局势，加强自己的统治，朱元璋便仿照前代编修总志和地方志的旧例，开始倡导纂修志书。洪武三年（1370年），朱元璋就下令将天下州、郡、县的地理形势、降附始末编辑成书，呈送中央，以供他审阅和参考之用。儒士魏俊民、黄篪、刘俨、丁凤、郑思先、郑雄等六人领命编修，并于当年十二月最终完成，这次编修的就是全国地理总志《大明志书》③。洪武九年（1376年），明太祖朱元璋又诏令天下州郡县纂修志书，这是明朝建立之后第二次全国范围内大规模地纂辑志书的活动。

---

① （清）乾隆《鄞县志》卷三〇，黄鼎《乾道四明图经序》，清乾隆五十三年（1788年）刻本；（清）陆心源：《皕宋楼藏书志》卷二九，清光绪万卷楼藏本。
② （元）许有壬：《至正集》卷三五，清文渊阁四库全书补配清文津阁四库全书本。
③ 《明史》卷九七，北京：中华书局，1974年；（明）雷礼：《皇明大政纪》卷二，明万历刻本。

朱同在《重修新安志序》中就谈到了此次修志活动："洪武九年春,有旨令各府州县纂辑图志。"当朝廷下令全国各地修志,地方官均不敢怠慢,"知徽州府事臣张孟善、复关同知徽州府事臣金石提督之,于是期集儒宿,摭采庶务,而命布衣臣朱同类辑成编"①,朱同《新安志》就是在这种情况下编修出来的。明朝政府在这个时候下令全国范围内修志,其目的非常明显,主要是想在国朝建立之初,利用修志的机会,尽快掌握全国各地的基本情况,以便更好地建立正常的统治秩序,加强对全国的统治。方志"资治"的功能被明初统治者深刻认识并充分加以利用。洪武十一年(1378年)朝廷又颁旨令天下各郡县纂修图志,地方志书的编修由此而全面展开。为了进一步完善志书的编修工作,明代永乐十年(1412年)朝廷为了纂修《一统志》而制定并颁布《修志凡例》,共十六则,这是迄今发现的最早的由朝廷颁布的修志细则。到永乐十六年(1418年),明成祖再次下令制定并颁布《纂修志书条例》二十一条,详细规定志书每个类目的名称、每个类目的具体内容以及如何编纂方志等方面的事项。由于明代洪武年间编修的《大明志书》过于简略,既不能够反映明朝大一统局面的盛况,也不能够为后世提供了解古今历史变化的实迹,明成祖决定重新编修一部全国总志。为了修好这部全国总志,明朝政府下令先由全国各地编纂府州县志,并将修好的志书呈献朝廷,以备编修总志之需,全国各地编修地方志的活动再一次全面开展。但是由于工程太大,这部志书还没有来得及修完,明成祖离世,编修总志的工程不得不中断。这就是所谓的"成祖采天下郡县图经,命儒臣纂辑为一书,亦未及成而中辍"②。明代宗景泰六年(1455年),代宗为了完成先帝的遗愿,下令继续编纂此书,到景泰七年(1456年)五月,这部全国总志终于成书,共一百一十九卷,此志名曰《寰宇通志》,书成之后由大学士陈循等进呈景泰帝,景泰帝撰写序文一篇。书成之后颁行天下。明英宗复位后,又觉得《寰宇通志》一书去取失当,繁简失宜,便命令儒臣李贤等重新编修,并于天顺五年

---

① (明)朱同:《覆瓿集》卷四,序,清文渊阁四库全书本。
② (清)永瑢等:《四库全书总目》卷六八,北京:中华书局,2008年,第596页。

(1461年)四月修成,共九十卷,英宗赐名《大明一统志》,"御制序文冠其首,锓版颁行"①。明代几朝皇帝都非常重视纂修全国总志和各府州县地方志,他们的目的不仅在于宣扬明朝大一统的盛世,教育其后世子孙记住祖宗开创之功来之不易,要世世代代地保住大明江山,也在于要利用这些志书及时而全面地了解全国各地的风土人情、地方物产、军情险情等,以便加强控制,巩固明朝的统治基础。由于明代皇帝相继倡导编修总志和地方志,明代修志成风,万历年间出现了"凡郡国县道,靡不有志"②的局面。明朝全国十三个布政使司,均有志书的编修,有些地方的通志、府志还一修再修,如《山西通志》于成化、嘉靖、万历三次纂修,《广西通志》则于弘治、正德、嘉靖三次纂修,浙江《萧山县志》于永乐、宣德、弘治、正德、嘉靖、万历、天启七次纂修,《杭州府志》则在洪武、永乐、正统、景泰、成化、万历六次编修,《徽州府志》则于洪武、景泰、成化、弘治、嘉靖(嘉靖朝两次编修徽州府志)六次纂修。

清朝则进入了地方志发展的鼎盛时期,清朝政府积极倡导编修全国总志和地方志书,以获取全国各地的地理、政治、经济、文化、军事、人物等各方面的基本情况,从而加强对全国的管理和控制,稳定清朝大一统的局面。

清朝步入全国统一、较为稳定的发展阶段之后,清朝政府即下令地方编修方志。顺治十四年(1657年),贾汉复任河南巡抚,清朝政府就命令贾汉复督修方志。贾汉复受命,开设馆局,并聘沈荃总其事,亦饬令河南辖境各州县编修地方志,志成之后呈报上级,以供编修河南通志之用。顺治十七年(1660年)《河南通志》修成,这是清代最早修成的省志,具有典范性作用。康熙十一年(1672年),康熙皇帝采纳了保和殿大学士卫周祚的奏请,诏令各省"纂辑通志",限期成书,以备汇纂《大清一统志》之用。为了规范各地通志的编修,清政府还将顺治《河南通志》"颁诸天下以为式"③。康熙二十年(1681年),清政府

---

① (清)永瑢等:《四库全书总目》卷六八,北京:中华书局,2008年,第596页。
② (明)万历《祁门县志》,余士奇序,明万历二十八年(1600年)刻本。
③ (清)永瑢等:《四库全书总目》卷六八,北京:中华书局,2008年,第607页。

诏令纂修一统志,"天下郡邑皆遵例修志"①。康熙二十二年(1683年),礼部奉旨檄催各省设局纂修通志,再一次强调遵照《河南通志》体例来编修通志。当时各省、府、州、县所修方志大多仿照顺治《河南通志》的体例。康熙二十九年(1690年),河南巡抚在通令所属府、州、县编修志书的同时,又颁发了"修志牌照",规定了二十三条凡例,对时代断限、内容抉择、史实考订、行文叙事、地图绘制等,都提出了全面而具体的要求。康熙三十二年(1693年),"命各省直各修其地之志,而上之于朝,诚有取于周汉五史计书之遗意也"②;"我国家一统志之盛也,征十五国通志,省下诸郡,郡下诸各邑,合郡志之志以上于省。大僚董其事,集绅儒纂成,然后达于京师,则今日天下郡邑宜莫不有志矣"③。康熙年间诏令全国各地编修志书,修志之风盛行,全国各府州县几乎都编修了志书。雍正六年(1728年),又针对修志中出现的问题,明确要求"各省督抚,将本省通志重加修辑,务期考据详明,采摭精当,既无阙略,亦无冒滥,以成完善之书"④。雍正年间还颁布一道命令,要求各省府州县志六十年一修,这道诏令的颁布进一步促成地方志编修的定期化。道光初年,"大中丞长沙陶公奏请纂修安徽省志,奉诏许可,饬所属郡邑重修旧志以备采择"⑤。这道命令一下,各地便着手编修地方志,徽州地区也不例外,道光《休宁县志》在道光三年(1823年)修成,道光《徽州府志》则在道光七年(1827年)修成。

清政府督促各省府州县编修地方志,是为进一步纂修一统志提供基础。地方志是一统志的基础,一统志荟萃了地方志的精华,正如人们所言"今方大修《一统志》,由县而州,而府而省,

---

① (清)道光《徽州府志》卷八,《中国地方志集成》本,南京:江苏古籍出版社,1998年。
② (清)康熙《休宁县志》,廖腾煃序,《中国方志丛书》本,台北:成文出版社,1970年。
③ (清)康熙《休宁县志》,汪晋徵序,《中国方志丛书》本,台北:成文出版社,1970年。
④ (清)光绪《重修安徽通志》卷四,清光绪四年(1878年)刻本。
⑤ (清)道光《徽州府志》,白麟庆序,《中国地方志集成》本,南京:江苏古籍出版社,1998年。

各籍其所属,以上于史馆"①,《大清一统志》的编修离不开地方志。为了便于一统志汇辑资料,早在康熙十一年(1672年)朝廷就要求各省编修的通志必须包括一统志所包含的"山川、形势、户口、丁徭、地亩、钱粮、风俗、人物、疆域、险要"等内容,并"照河南、陕西通志款式,纂辑成书"②。《大清一统志》共修了三次:第一次,康熙二十五年(1686年),康熙皇帝下令编纂《大清一统志》,其体例基本仿照《大明一统志》,但到康熙皇帝去世时,这部总志仍未完成。雍正皇帝继位后重加编辑,但仍未成书。直到乾隆八年(1743年)才最终成书,共三百四十二卷。第二次,乾隆时期清朝的社会情况已发生了很大的变化,原来的《大清一统志》已不能适应当时的需要了,乾隆二十九年(1764年),乾隆皇帝下令续修《大清一统志》,以反映社会的发展变化,满足统治的需要。此次修志历时二十年,到乾隆四十九年(1784年)才最终成书,共五百卷。第三次,嘉庆年间,清朝统治区域内又发生了不小的变化,为了补充这些发展变化,反映时代特色,嘉庆十七年(1812年)仁宗下令重修《大清一统志》。这次修志前后历时三十年,至道光二十二年(1842年)成书,共五百六十卷。《大清一统志》的编修带动了地方志的纂修,地方志的纂修又为《大清一统志》的编修提供了资料,地方志书的编修在清朝呈现出繁盛的局面。据《四库全书总目》著录,在雍正九年(1731年)到乾隆六年(1741年)短短的十年时间里,仅通志就纂修了十六种,如《畿辅通志》、《广东通志》、《贵州通志》等③。

清代皇帝对《大清一统志》的编纂非常重视,常常亲自过问修志工作,亲自审阅志稿。因为地方志是为一统志提供材料的,所以清朝皇帝格外重视地方志的编修,要求地方志的编修者态度要认真,工作要严谨,同时也要求编修《大清一统志》时必须审慎严肃,采录的资料必须经过严格考证,确保翔实可靠,

---

① (清)劳必达修,陈祖范纂:(雍正)《昭文县志》,劳必达序,清雍正九年(1731年)刻本。
② (清)康熙《莱阳县志》卷首,清康熙十七年(1678年)刻本。
③ (清)永瑢等:《四库全书总目》,北京:中华书局,2008年。

资料不能有所阙漏,但也不能滥收资料。康熙嘱咐《大清一统志》纂修官,"恪勤乃事,务求采搜闳博,体例精详,阨塞、山川、风土、人物指掌可治,画地成图,万几之余,朕将亲览"①。雍正也曾下旨称:"志书与史传相表里,其登载一代名宦、人物,较之山川、风土尤为紧要,必详细确查,慎重采录,至公至当,使伟绩懿行,逾久弥光,乃称不朽盛事。"并将方志编纂的公正、严谨程度作为吏部年终评议地方官政绩的重要依据之一,"如所纂之书,果能精详公当,而又速成,著将督抚等官,俱交部议叙。倘时日既延,而所纂之书,又草率滥略,亦即从重处分"②。乾隆皇帝对《大清一统志》的纂修也非常重视,凡是志书稿本呈送上来,他都要亲自审阅,详加核查,斟酌推敲,并提出修改意见;如果有一些重要的意见,他还常常以上谕的方式颁示内外,并以此作为编修地方志乃至一统志的规范。同治年间,各地编修志书的活动依然频繁。同治八年(1869年)"皖邦大府倡修安徽通志,檄各府州县修志以备采择"③,安徽省也曾下令所属各府州县纂修地方志书,为编修安徽通志提供参考。安徽省各地再次掀起修志热潮,同治年间徽州地区也编修出多部地方志书,如同治九年(1870年)曹光洛编修的《歙县采访册》④、沈璟编修的《婺源县续志》⑤、谢永泰、程鸿诏纂修的《黟县志》⑥、同治十二年(1873年)周溶、汪韵珊纂修的《祁门县志》⑦、同治年间喻肇祥、宋垚金、宋庆嵩等纂修的《绩溪县续志》⑧。

正是因为明清两朝政府对一统志、地方志编修质量的重

---

① 《清圣祖实录》卷一二六,北京:中华书局,2008年。
② 光绪《重修安徽通志》卷四,清光绪四年(1878年)刻本。
③ 同治《祁门县志》,《中国地方志集成》本,南京:江苏古籍出版社,1998年。
④ 中国科学院北京天文台主编:《中国地方志联合目录》,北京:中华书局,1985年,第470页。
⑤ 光绪《重修安徽通志》卷三三九,清光绪四年(1878年)刻本。
⑥ 中国科学院北京天文台主编:《中国地方志联合目录》,北京:中华书局,1985年,第474页。
⑦ 中国科学院北京天文台主编:《中国地方志联合目录》,北京:中华书局,1985年,第473页。
⑧ 光绪《重修安徽通志》卷三三九,清光绪四年(1878年)刻本。

视,以及将地方志编修情况作为考核地方官员的内容之一,各级地方官员和纂修官员大多能够坚持修志、认真修志。也正是因为明清两朝统治者治理天下的需要,各类志书的编修活动才一直持续不断。明清时期,徽州方志的编修活动正是在这种氛围下进行的。

民国时期继承了编修总志和地方志书的传统,民国建立不久,浙江省即于1914年率先设立通志局,专门负责浙江通志的编修工作,并正式启动《浙江通志》的编纂。同一年,教育部咨令全国各地编修乡土志,一方面为学校教育提供参考,另一方面则为清史馆编修《清史稿》所准备。1916年,教育部会同内务部咨文全国,要求各省纂修地方志书,不少省份成立了通志馆、通志局等相关机构,具体负责编修通志的工作。同时,也要求全国各县按照各省的模式,设立相应的志局,专门负责编修地方志书的工作。在这种情况下,全国各省各县普遍开始修志。为了使修志工作顺利展开,并保证志书的质量,某些省份还拟定修志凡例,以为规范。1917年,山西省首开其端,公布了《山西各县志书凡例》,规定县志的体例由图、略、传、表、考五个部分组成,要求"凡重修县志者皆准之。其无力重修,但拟赓续者,同于前志则不便,异于前志则非续,宜惠曰新志,仍准此凡例"①。民国政府也十分重视各地志书的编修,不仅多次下令全国各地编修地方志书,还屡次颁布修志凡例,对修志活动进行规范和管理。1927年,行政院令各省、县一律修志。1929年,内政部颁布了《修志事例概要》共22条,通令各省市县修志,统一地方志书的形式,规范各地修志行为。1931年,又咨令各省、市、县修志,并规定"须聘学识优长,并富有时代思想者主编"②。全国各地掀起了编修地方志书的又一次热潮,全国省、市、县志书编纂速度加快。据不完全统计,到1937年,共纂修及刊印志书626种,约占民国时期所修方志总数的39%,年均出书56种。其中尤以1936年为盛,有志87种问世。民国时期徽州地区地方志书的编纂依然十分活跃。

---

① 《中国地方志大辞典》,附录,杭州:浙江人民出版社,1988年,第511页。
② 《编修地方志档案选编》,沈阳:辽沈书社,1983年,第11页、第28页。

抗战胜利前后，政府又重新启动志书编修工作。1944年，内政部又颁布《地方志书纂修方法》，规定志书应分为省志、市志、县志3种类型，各地应该设立志馆专门负责志书的编纂工作，每部志书志稿完成以后，应该将志稿送交内政部，由内政部专门组织"志书审核委员会"，该委员会对志稿进行核定，以促成志书的完成。即使在志书出版以后，还要将出版的志书送交内政部、军政部、教育部、中央图书馆等部门，存档备查。《地方志书纂修方法》还规定省志30年一修，县志15年一修。1946年，内政部重新公布《地方志书纂修办法》、《各省市县文献委员会组织规程》等，规定全国各地都要设立文献委员会，专门负责征集、保管、编纂文献资料。据不完全统计，这一时期共修地方志书950种左右。

民国时期，政府依然重视地方志书的编纂，多次颁布修志办法或修志凡例，进一步规范地方志书的编修工作，并屡次下令全国各地编修省志、市志和县志，明确规定省志30年一修，县志15年一修。正是在这样一个环境下，徽州地区的方志编修工作得以正常进行，并取得不少成果。根据《中国地方志联合目录》的统计，这一时期徽州编修的包括乡土志在内的府志、县志就有11种之多。①

二、地方官员的重视

由于中央政府将地方官员主持编修地方志书的工作纳入考核体系中，并把编修地方志书以及地方志书质量的好坏作为考察地方官员是否恪尽职守的条件，所以编修地方志书就成为关系到地方官员仕途的因素之一。各地地方官员出于职责所在，当中央政府下令督修当地地方志书时，地方官员无不认真对待，各尽其职，徽州地方官员也无例外。正因为如此，一旦中

---

① "中央政府的需要"这一部分内容的撰写参考了仓修良《方志学通论》（北京：方志出版社，2003年）、黄苇《方志学》（上海：复旦大学出版社，1993年）中的成果。

央政府督令各地修志,徽州地方官也都能尽心尽力,完成修志工作。比如,洪武九年(1376年)春,朝廷下旨令各府州县纂辑图志,徽州知府张孟善、复关同知徽州府事金石共同负责组织修志的工作,"期集儒宿,摭采庶务",命"布衣臣朱同类辑成编"①,修成明代第一部徽州府志。

徽州地方官员重视修志还有另外一个原因,就是他们已经认识到地方志书在存史、资政、教化方面所具有的独特价值,因而当他们到徽州就任时,首要之事就是查阅当地地方志书,而一旦发现旧志湮灭不可查寻,或旧志残缺不可利用,或编修时间久远不能反映近期徽州地区社会历史发展的新变化,即招集儒宿,搜集资料,编修新志。

欧阳旦,"字子相,江西吉安府安福县人。成化辛丑进士,授知休宁,历广东左布政使。正德八年升应天府尹,九年升南京都察院右副都御史"②。欧阳旦曾于明代成化年间在休宁做知县,他上任以后即着力于休宁县志的编修,几经辗转,最终得以成书。关于欧阳旦专注于修志的事情,弘治《休宁志》"程敏政序"中有较为详细的记载,序曰:"安成欧阳君以成化辛丑冬来知休宁县事,明年春以县志为属,会予服阕将还朝久弗克成也。乙巳秋,掇拾而成焉。盖书之为图者一,为志者十有八,文之附者十有六,诗之附者四,总之为卷三十八。君得之又大加搜辑而校刻之,刻成以监察御史召。故书虽就绪,而其间字之伪者未整也,乃复以摹本来俾,有所是正,而后印布焉。戊申冬予以斥归田,君亦出按于蜀,庚戌秋则又以书抵予,与继知县事中山张君请卒其事。值予病中不能执笔。明年夏疾少间,而张君复有台宪之征,始克翻绎旧本,则知张君尝以其暇日重加校阅,可传矣,乃为之序"③。由此可知,欧阳旦是在明代成化辛丑年(成化十七年,1481年)冬天到休宁县做知县的,上任之后不

---

① 弘治《徽州府志》卷一一,《天一阁藏明代方志选刊》本,上海:上海古籍书店,1964年。
② (明)雷礼(辑):《国朝列卿纪》卷一四一,明万历徐鉴刻本。
③ 弘治《休宁志》,程敏政序,《北京图书馆古籍珍本丛刊》本,北京:书目文献出版社,1998年。

久就嘱托程敏政编修休宁县志,但不巧的是程敏政在休宁的任期已到即将返回京城,当时修志的事情就没有办法立即进行。到乙巳秋(成化二十一年,1485年)程敏政才编纂完成,此志总共三十八卷。欧阳旦得到这部志书的初稿后即详加审定,予以整理,而在此志刻完之后,他即升为监察御史离开徽州。虽然志书已经修完,但还没有来得及严加修订,错误之处亦有不少,程敏政便"以摹本来俾,有所是正",以便加以刻印。戊申冬(弘治元年,1488年)程敏政因事被斥回到休宁,而此时欧阳旦也被派到蜀地做官。欧阳旦虽身在异地,仍惦记着休宁县修志之事,庚戌秋(弘治三年,1490年)再一次请程敏政继续修订原志志稿,以促成修志的最终完成。此时程敏政准备和时任休宁知县的中山人张锌一同来完成这个工作,但因身染疾病,没能及时着手修志,而是到第二年(弘治四年,1491年)病情有所好转后,才正式进行这项工作。当他翻阅志稿时,才知道知县张锌已在闲暇之时对志稿"重加校阅"。至此这部志书才正式完成,并予以印行。这部《休宁县志》虽最终成于明代弘治四年(1491年),但实际修志活动至迟在明成化二十一年(1485年)就已经开始了,在这六七年时间里,无论是在休宁知县任上,还是调任他处,欧阳旦都一直关心着这部休宁县志的编修工作,参与审定和整理,并反复督促,最终促成志书编修工作的圆满完成。欧阳旦对于地方志书编纂的重视程度非同一般。

清朝乾隆年间知徽州府事的徐硕士对地方志也非常重视,他强调"志犹史也,史以纪朝廷之功,实详统御之经权,志则山川之险易,户口之登耗,与夫风俗之淳漓,政治之纯驳,俱于是焉,系志不綦重哉"①,方志在记录一个地区社会历史发展状况方面具有特殊价值。自清康熙二十九年(1690年)靳治荆纂修《歙县县志》之后,近八十年时间里竟然无人再修《歙县县志》,时任歙县知县的张佩芳对此颇为感慨,"夫山川则有险易,宜详守御之方;土地则有肥硗,宜讲旱潦之备。观其植产,知任土作贡之宜;考其人物,知毓秀储才之用。况歙自程忠壮之后,代不乏人,名卿、硕彦、孝子、贞媛,莫不有关名教之大,可任其冥漠

---

① 乾隆《歙县志》,徐硕士序,《中国方志丛书》,台北:成文出版社,1970年。

而无传哉"?① 鉴于此,徐硕士与张佩芳等人协手再度修志,并于乾隆三十六年(1771年)完成《歙县县志》的编修工作。

道光年间休宁县知县何应松对于方志的功能亦有自己的认识,他认为"邑之有志非徒志一邑之盛,以为观美也。山川之阨塞,营建之废兴,户口之登耗,风俗之淳漓,物产之丰啬,人才之盛衰,官吏之得失,皆于是乎考焉"。在何应松看来,方志不仅仅能彰显一地之盛事,还能够让人们了解到这个地区社会历史发展变化方方面面的情况,并且可以让地方官知道为政之得失,从而更好地治理该地区。而"《休宁县志》自康熙癸酉廖莲山先生修后,至乾隆戊申济南太守徐公日簪为令时始重修之,旋以调任去,其书虽刊未印,引事征文亦未尽精核,典章文物之大、沿革损益之繁缺焉,弗纪者,盖百二十余年矣",《休宁县志》自清康熙年间廖腾煃编修之后,虽于乾隆年间徐日簪重修,但志虽修成,未及印布,即调任他处,这一百二十多年间休宁县的发展变化未曾收入《休宁县志》中,何应松有感于此,"睹邑乘之未备",于是决定"搜新辑旧,勒为全书",再修一部《休宁县志》,以补充记载这一百二十年来休宁县的新变化。他"与学博方君崇鼎质疑订讹,本之旧志,以集其成,稽之群籍,以补其缺,益以癸酉以后九十余年之事迹,以昭其备典,瞻详博实,具有搜辑之苦心。其在书曰:若稽田既勤敷菑,惟其陈修为厥疆畎;若作室家既勤垣墉,惟其涂塈茨今兹之役,其可藉之为始基矣。"何应松此次修志是以前志为基础,补充前志所未记载的内容。何应松修志极其严谨,他以乾隆戊申志为参照,"去其冗,删其繁,并斟酌其位置之宜,精审其条例之当,以蕲至于无憾而后已"。②

程怀璟于清朝道光元年(1821年)"奉命守徽州"时,见自康熙年间赵吉士修郡志后,无人再修,而"先生距今又百余年,人文辈出,鼎盛辐臻,理学经儒,在野不乏其间,制度之沿革、习尚里居之转易迁移,亦稍稍有待于补缀",程怀璟觉得应该再修一部郡志,以补充自康熙《徽州府志》之后徽州地区的发展与变

---

① 乾隆《歙县志》,张佩芳序,《中国方志丛书》,台北:成文出版社,1970年。
② 道光《休宁县志》,何应松序,《中国地方志集成》本,南京:江苏古籍出版社,1998年。

化。因此,在到徽州任职的第二年,程怀璟便"合郡诸君子慨然思修",得到了徽州当地人的支持,"士农工商无不踊跃",但"议既成",程怀璟却很快被调任凤阳知府,修志之事被迫中止。程怀璟虽调任凤阳,但却对修志之事不能释怀,当听到马步蟾在他之后继任徽州知府,并主持纂修郡志时,程怀璟才放下心来,并颇有感慨,"与余不言而心相符,志相合",而听说"邑之踊跃从公者亦与尔时同",他感到十分欣慰,赞言道"此其俗化之美,与其乡先生教泽之长不益可想见耶"!① 徽州地方官重视修志,徽州人积极参与修志,保证了徽州志书编修的正常进行和顺利完成。

清道光四年(1824年),马步蟾奉命任徽州知府,到官之后即"谘询民瘼,征考故实",他了解到"郡志有自康熙迄今不修者将百三十年矣,前太守龚公丽正延歙孝廉汪公龙重加编纂,旋以上计他擢,事遂止,继程公怀璟、麟公庆皆有志修明,亦以迁调不果",自康熙三十八年(1699年)郡人给事中赵吉士纂修徽州府志后,汪龙、程怀璟、白麟庆等先后重加编纂,但皆因调任他处,修志之事不得不中止。马步蟾有所担忧,"今余来此不敢令垂成之业废然中辍",他决心要续修郡志,以完成前人未成之事。于是他"请于程封翁道锐,日与悉心商榷",经过几个月时间的商讨,修志章程最后得以确定。为了保证志书编修的顺利进行,马步蟾"遂延郡之硕彦,开局于试院"②,不仅设立了专门的修志机构,还聘请了诸如夏銮这样的文人硕儒来参加修志,以确保修志工作的进度和质量。在马步蟾的关注下,在夏銮的努力之下,道光七年(1827年)一部十六卷的《徽州府志》最终完稿。

石国柱曾任歙县县长,"初至歙,求县志不得,悬重直亦无应者。盖自前令劳君修纂后垂百余年,镂板阙矣,传书希矣",《歙县县志》自清朝道光八年(1803年)劳逢源修成之后的百余

---

① 道光《徽州府志》,程怀璟序,《中国地方志集成》本,南京:江苏古籍出版社,1998年。
② 道光《徽州府志》,马步蟾序,《中国地方志集成》本,南京:江苏古籍出版社,1998年。

年时间里,无人续修。石国柱觉得"歙虽山县,而严壑雄奇,林溆清异,闳儒硕师,孝子悌弟,义夫贞妇,洎夫抗节犯难之士,殊能绝群之才,比肩接踵,与其出而体国经野发名成绩者相辉映,芬响郁茂,称其山川伟哉。固神州之隩区,南服之名邑也",歙县值得记载的事情实在是太多了,但"百年以来志事旷不举",如果再不修志,将这些内容记录于歙县志中,那么就会出现"岁愈久而文献愈无征"的情况,"后之人即欲纂述,其艰辛当视今加甚矣"①。正是出于对方志编修的重视,石国柱才与许承尧、楼文钊等人共修《歙县县志》,并于民国二十五年(1936年)成书。

上文列举的欧阳旦、徐硕士、何应松、程怀璟、马步蟾、石国柱等人是众多徽州地方官员中的代表,他们关心修志、重视修志、参与修志的事例已足以说明徽州地方官在促成该地区地方志书编修方面所作的努力。他们在徽州地方官任期之内,亲自参加修志,督促修志,并下令各地搜访资料,以供修志之用;他们调离他处之时,亦牵挂着修志之事,常常询问修志活动的进展情况,也经常督促修志人员要抓紧时间修志,以免修志工作被拖延、推迟,乃至于搁置。正是由于地方官员对地方志书的重视,徽州地区地方志书的编修才能够得以进行,并持续发展,编修出了数量可观、类型多样的徽州地方志书。

三、文人硕儒的参与

徽州地区是一个人才济济、文人辈出的地方,自宋元两代就涌现出众多知名人士,如程洵、吴儆、王炎、滕璘、滕珙、吴昶、祝穆、汪莘、胡方平、朱熹、罗愿、胡一桂、程直方、胡斗元、胡炳文、陈栎、程复心、汪炎昶、倪士毅、赵汸等,到明清以后文人硕儒的人数更是大为增加,如朱升、范准、朱同、汪循、李希士、范涞、余懋衡、施璜、吴曰慎、江永、戴震、凌廷堪等。这些文人硕

---

① 民国《歙县志》,石国柱序,《中国地方志集成》本,南京:江苏古籍出版社,1998年。

儒不仅文风严谨，而且颇有学术成就，往往著作等身。他们在专心研究学术的同时，也非常关注地方志书的编纂，积极参加修志活动，促进了徽州地区修志活动的开展，而且他们将自己严谨的学风贯彻于修志活动中，从而提高了徽州地方志书的编修质量。

朱同曾于明朝洪武九年（1376年）编修了一部十卷本的《新安志》。关于朱同的才学和能力，文献中多有记载。如弘治《休宁志》称"朱同，字大同，学士升之子。资敏，尽传其家学。通群经，诸艺毕给。洪武十年举明经，任本郡教授，修《新安志》进之。十三年举人材，授吏部司封员外郎，寻升礼部右侍郎"，"有文集曰《覆瓿稿》"①；弘治《徽州府志》载：朱升"子同，字大同，小字外生。资性超迈，为文敏捷。洪武中举明经，为本郡教授。十三年举人才，为吏部司封员外郎。十五年二月以升恩升礼部侍郎"，"所著有《覆瓿稿》、《新安志》"②；道光《休宁县志》亦称"朱同，字大同，学士升之子。举明经，任本府儒学教授。又以人才举为吏部司封员外郎备员。东宫懿文太子崇重特甚，晋礼部侍郎，大被宠遇，凡太常典礼多其制作"，"有《覆瓿集》八卷"③。由此可知，朱同是学士朱升之子，有着良好的家庭基础，也深受家学的影响，再加上自己聪明好学，因而能够师承家学，"经术无愧其父，为文亦谨严有法"④。朱同"通群经诸艺，有文武才，工绘图，时称三绝"⑤，因此他能够连续升迁，"洪武十年举明经，任本郡教授"，"十三年举人材，授吏部司封员外郎"，"十五年二月升礼部侍郎"⑥。朱同博学笃行，为乡人所推重。朱同

---

① 弘治《休宁志》卷一二，《北京图书馆古籍珍本丛刊》本，北京：书目文献出版社，1998年。
② 弘治《徽州府志》卷七，《天一阁藏明代方志选刊》本，上海：上海古籍书店，1964年。
③ 道光《休宁县志》卷一二，《中国地方志集成》本，南京：江苏古籍出版社，1998年。
④ 民国《歙县志》卷七，《中国地方志集成》本，南京：江苏古籍出版社，1998年。
⑤ 蒋元卿：《皖人书录》卷三，合肥：黄山书社，1989年，第341页。
⑥ 弘治《徽州府志》卷七，《天一阁藏明代方志选刊》本，上海：上海古籍书店，1964年。

有两部著作问世,即《新安志》和《覆瓿集》。《新安志》已经亡佚,《四库全书总目》对其《覆瓿集》有较高评价:"集凡诗三卷,多元末之作,爽朗有格。文四卷,议论纯粹,不愧儒者之言。"①清人陈田在《明诗纪事》中对朱同也多有赞誉:"大同兼长书、画、诗,格高老,亦明初一作家。"②朱同不仅才学出众,对家乡的修志工作也是十分关心,因而当"洪武九年春,有旨令各府州县纂辑图志"时,当徽州地方官张孟善、金石邀请他编修方志时,他便欣然应允,主持编修了一部十卷本的《新安志》。这部《新安志》是明代第一部徽州府志。虽然朱同编修的《新安志》早已亡佚,但根据朱同的才学和能力可推出这部《新安志》的质量当属上乘。

程敏政也是一位学识过人、成就突出的徽州人。关于程敏政的情况,文献记载称:"程敏政,字克勤,休宁人。父信以河间学生举进士,官至南京兵部尚书,谥襄毅。十余岁随襄毅公参政,蜀藩巡抚侍郎罗绮以神童荐之朝,英宗召试出题命对,曰:'鹏翮高飞搏扶摇之九万。'敏政云:'龙墀独对陈礼乐之三千。'上首肯之,且喜其拜起如老成人,命赐食,诏馆阁试之,即日赋圣节及瑞雪诗并经义各一篇,援笔立就,文采粲然,诸阁老翰长嗟异之。暨进呈,上喜甚,诏读书翰林院,官给廪馔。时大学士南阳李贤安、成彭时、学士嘉兴吕原中允、寿光刘珝咸当世硕儒,皆就之讲授。李公尤爱之,因妻以女。逾冠,举进士,中成化丙戌科第一甲第二名,授翰林院编修,同修《英宗实录》。己丑同考礼部贡举,时刊布《大明一统志》、《洪武正韵》、《资治通鉴纲目》,皆同校勘,寻同修《续资治通鉴纲目》。""著有《篁墩稿》、《续稿》、《三稿》、《新稿》共百二十卷,《行素》一卷,《编类皇明文衡》一百卷,《苏氏梼杌》若干卷,《道一编》六卷,《瀛贤奏对录》若干卷,《新安文献志》一百卷,《宋逸民录》十五卷,修定《程氏统宗谱》四十卷,《陪郭支谱》三卷,《程氏贻范集》四十卷,附

---

① (清)永瑢等:《四库全书总目》卷一六九,北京:中华书局,2008年,第1467页。
② (清)陈田:《明诗纪事》甲签卷一五,清陈氏听诗斋刻本。

注《真文忠公心经》三卷,《大学》有重定本"①。嘉靖《河间府志》亦载:"程敏政,字克勤,号篁墩,沈阳中屯卫籍,直隶徽州人,襄毅公之子也。年数岁即工诗句,善书写,与西涯李公齐名。后登进士及第,授翰林院国史编修。每侍经筵,数进谠言,有裨于世。后卒于官,所著有《篁墩集》行于世。"②从这些记载看,程敏政年幼之时即已表现出超越常人的能力和才学,并且得到明英宗的赏识和肯定。因程敏政才智过人,明英宗特许程敏政在翰林院学习,一切花费全部由政府承担。在翰林院学习的这段时间里,程敏政得到了求学于当时的硕儒李贤安、成彭时、吕原、刘珝的机会,这对他的成长和发展有着非常重要的作用。程敏政以第一甲第二名的身份考取成化丙戌科进士,因此被授予翰林院编修一职,此后他得以参加编修《英宗实录》、《续资治通鉴纲目》,并且也参与校勘《大明一统志》、《洪武正韵》、《资治通鉴纲目》等书。程敏政还敢于谏言,经常向皇帝提出一些建议,因其言有裨于世,均被皇帝采纳。程敏政学识非常人可比,一生著述丰富,如《篁墩稿》、《续稿》、《三稿》、《新稿》、《行素》、《编类皇明文衡》、《苏氏梼杌》、《道一编》、《瀛贤奏对录》、《新安文献志》、《宋逸民录》、《程氏贻范集》、《大学重定本》、《心经附注》等,还参与修定《程氏统宗谱》、《陪郭支谱》等族谱。程敏政亦热心于地方志书的编修,先后修成两部徽州地方志书,一部是弘治四年(1491年)编修的《休宁县志》,一部是弘治十年(1497年)编修的《新安文献志》。

赵吉士,字天羽,一字恒夫,休宁人,顺治辛卯(顺治八年,1651年)顺天举人,官户科给事,"居杭入钱塘籍"③。《清史稿》亦称:"赵吉士,字天羽,安徽休宁人,寄籍杭州。顺治八年举人,康熙七年授山西交城知县。"④看来,赵吉士本是徽州人,后因长期居住于杭州,就寄籍于杭州钱塘,亦可称为"钱塘人"。

---

① (明)过庭训:《本朝分省人物考》卷三六,明天启刻本。
② (明)樊深:《嘉靖〈河间府志〉》卷二四,明嘉靖刻本。
③ (清)阮元:《两浙輶轩录》卷三,清嘉庆刻本。
④ 《清史稿》卷四七六,北京:中华书局,1977年。

赵吉士一生著述颇丰,著有《续表忠记》八卷①,《寄园寄所寄》十二卷②,《万青阁全集》八卷,《林遥卧集》三卷,《千顷波余续编》一卷,《补遗》一卷,《庚辰匪岁杂感诗》一卷,《辛巳匪岁杂感诗》一卷③,《寄园七夕集字诗》一卷,《七夕别韵倡和》一卷,《四景绝句》一卷,《寄园诗》一卷④,《交山平寇录》⑤等书。从他编著的书籍类型来看,赵吉士的才学涉及多个方面,文史皆备,这是他编修康熙《徽州府志》的基础。

赵吉士称自己是"自少时留心志乘",可见他对方志是十分重视的,其原因主要源自于对方志功能的深刻认识。他对方志的功能有着精辟的论述,"志书之作与国史相为表里,其大者足以著盛衰、昭得失、明彰劝,而其末亦不失为士君子参稽考镜之资。上自户口、风俗、食货、兵防以下,逮乎琐闻轶说,靡不笔之于书。盖所为酌古准今,以敷政而宜民者,皆将于是乎取之非苟焉已也"。赵吉士一生为官,对于为政之道亦有所心得,认为"为政者,当熟悉民情之良悍,察风俗之淳漓,观土物之臧否,量时运之盈绌,而后政之轻重缓急之序可得而审,而后其权轻重、度缓急而施之者,足以惬一方之人心,而不失其宜",而当"太守幸惠爱吾民,而风土是询"之时,赵吉士觉得自己"荒陋寡闻,不足以塞明",虽然"问即毕所闻一一为太守陈之",但"终不若纪诸书者之详且核,则有郡乘具存可取而征也",人的记忆终归不如志书记载那样有据可考。赵吉士虽然长期不在徽州生活,但当他了解到《徽州府志》自明代嘉靖四十五年(1566年)汪尚宁纂修之后,一百三十年来竟无人再修时,赵吉士对此深为感慨,"顾独恨郡志自前明迄今久未修辑,时移事易,恐未可执旧辙以敷新猷"⑥。当赵吉士奉命赴京"充会典馆纂修,得观国家典籍之富,而又窃见有明一代吾郡先进人物之盛,慨然叹兴以谓幸,

---

① (清)丁仁:《八千卷楼书目》卷五,民国铅印本。
② (清)丁仁:《八千卷楼书目》卷一三,民国铅印本。
③ (清)丁仁:《八千卷楼书目》卷一七,民国铅印本。
④ (清)丁仁:《八千卷楼书目》卷一九,民国铅印本。
⑤ 光绪《重修安徽通志》卷一八六,清光绪四年(1878年)刻本。
⑥ 康熙《徽州府志》,赵吉士序,《中国方志丛书》本,台北:成文出版社,1970年。

一日得退休从容归里门,当益广征博采辑为一书,上接周潭旧志以传",赵吉士对于一百三十年来无人纂修徽州府志之事耿耿于怀,决意要纂修一部志书以续前志。他最终如愿以偿,于康熙三十八年(1699年)修成一部十八卷的《徽州府志》。在赵吉士看来,"邑志不修,吾辈之责也"①。

方信,字好古,歙灵山人,太学生,"颇嗜书,以好古自命,始艾则已重听,因补西汉书《许丞传》不失班门法,他文则不同"②。方信喜爱读书,颇具汉代班固文风,曾以一己之力纂修《徽州郡志》,并于嘉靖四十一年(1562年)修成《新安志补》,共八卷。

程一枝,"字仲木,休宁秦塘人,郡诸生",好学,博览群书,"一意著述,王元美、汪道昆及海内诸名家咸折节重之",著有《青藜阁草》、《史铨》、《汉铨》、《鄩大事记》、《程典》诸书。程一枝研习学问范围广泛,文史皆长,为当时名家所推崇,曾参与修志活动,并于嘉靖年间修成《休宁县志补》一书③。

潘之恒,字景升,岩镇人。"汪道昆举白榆社之恒以少隽与焉,所削语时时颖出,由是知名。再试太学,不遇,弃去",自此以后"颛精古文词,工诗歌,恣情山水,海内名流无不交欢。出入座客常满,彝鼎陈前,丝簧列后,虽澹囊冷突时亦然,有集曰《鸾啸集》"。潘之恒喜爱纂修山水之志,"所游行山水必录记之,成新安、越中、三吴、江上诸山水志"。晚年之时,潘之恒特别钟情于黄山,并纂成一部黄山专志,即"末年尤属意黄山,辑成一书曰《黄海》"④。

汪士铉,原名征远,字扶晨,一字栗亭,潜口人。"工诗古文辞,康熙中召对行在。生平喜交游,笃风谊"。著有《四顾山房

---

① 康熙《休宁县志》,赵吉士序,《中国方志丛书》本,台北:成文出版社,1970年。
② 道光《徽州府志》卷一一,《中国地方志集成》本,南京:江苏古籍出版社,1998年。
③ 道光《徽州府志》卷一一,《中国地方志集成》本,南京:江苏古籍出版社,1998年。
④ 民国《歙县志》卷一〇,《中国地方志集成》本,南京:江苏古籍出版社,1998年。

集》、《谷玉堂诗》、《续黄山志》①。

汪洪度,字于鼎。汪洋度,字文冶。歙松明山人。汪洋度"早世所为诗拔俗,有逸致,仿晋人尺蹏便面,人争购之"。汪洪度工古文词,王司寇阮亭合洋度而谓之曰:"松山二汪,声价比于仪麋。"兄弟二人兼有才名。清康熙年间,歙县地方官准备纂修歙县地方志书,因汪洪度才学出众,所以聘请汪洪度专门负责山水志的纂修。"洪度著《新安大好山水志》,其黄山、新安江诸作最为名流所赏"②。汪洪度还著有《息庐文集》、《新安女史征》、《黄山领要录》等书,亦为时人所重视。

黄崇惺,原名崇姓,字次荪,潭渡人。"幼颖异,长遭兵乱,客汉皋。咸丰辛亥浙榜举人,同治辛未进士。历任福建归化、福清知县,署汀州同知,所至有政声"。黄崇惺不仅政绩卓著,而且"诗文皆雅健,著述甚富"。他的著作大多是有关家乡的"掌故之作"。他编著的《凤山笔记》一书,专记太平军入徽始末,内容丰富而且详细。同治年间,徽州地区商议纂修府志,黄崇惺积极参与,并修成《郡志辨证》③一书,此志修正了道光《徽州府志》中的错误"凡数十事,皆精确"。黄崇惺还著有《劝学赘言》、《集虚斋赋存》、《文存》、《二江草堂诗集》、《草心楼读画诗》等书④,可谓成果丰硕。

徽州文人学者众多,上文所列朱同、程敏政、赵吉士、方信、程一枝、潘之恒、汪士铉、汪洪度、黄崇惺等人只是徽州文人学者中的代表,他们才学出众,热心于地方志书编修,也积极参加修志活动,所以当中央政府下令全国各地编修地方志书,当地方官员聘请他们参加修志活动时,他们都积极响应,竭尽所能,最终促成徽州修志活动的完成。由于这些文人学者的参与,徽州地方志书往往能够在质量上得以保证。

---

① 民国《歙县志》卷一〇,《中国地方志集成》本,南京:江苏古籍出版社,1998年。
② 道光《徽州府志》卷一一,《中国地方志集成》本,南京:江苏古籍出版社,1998年。
③ 此志在《中国地方志联合目录》中称是清代道光年间所修。
④ 民国《歙县志》卷七,《中国地方志集成》本,南京:江苏古籍出版社,1998年。

四、良好的修志传统

由于地方官员的重视和文人硕儒的参与，地方志书的编修在徽州地区受到特别的重视。从南朝梁起徽州地区即已开始编修地方志书，如太守萧几编修的《新安山水记》、王笃纂修的《新安记》①等，而到宋代方志体例和内容基本定型之后，徽州地区的修志活动日益得到发展，并逐渐形成一种风气。根据现存徽州方志、《中国地方志联合目录》、《中国地方志综录》等文献的记载，自南朝梁至民国时期，纂修者姓名和书名两者皆可考证的徽州地方志就有百部之多，如果再加上有书名无撰者的徽州方志和一百多种徽州专志，徽州地区曾经编修出的地方志书的数量则是非常可观的。其中明代以前编修的、纂修者姓名和书名两者都可以得到考证的徽州地方志书则有近三十部。另外，还有一些只有书名，但纂修年代和纂修者无从考证的地方志书。明代以前徽州地区编纂的地方志书数量十分可观，而且在修志实践中，方志编修者不仅逐渐积累起丰富的经验，还注意总结修志理论和修志方法。这些经验、理论和方法为后世徽州方志的编修提供了指导和参考。

明代以前徽州地区编修的地方志书中，罗愿编修的十卷本的《新安志》最具代表性。根据文献记载，明代以前编修的徽州方志除宋代淳熙二年（1175 年）罗愿编修的十卷本《新安志》仍存于世，其他的都已亡佚。罗愿《新安志》也是目前保存下来的四十部宋代方志（包括从其他文献中辑佚出来的宋代方志）中的一部。这部志书在方志理论上做了一定层次的探讨，在方志编纂内容和编纂体例上进行了规范，这些都为后世方志编修提供了参考和借鉴。

罗愿《新安志》的内容十分广泛，包括自然地理、人文地理、经济、职官、选举、教育、人物、文化、军事、遗事等方面的内容，

---

① 道光《徽州府志》卷一六，《中国地方志集成》本，南京：江苏古籍出版社，1998 年。

"凡山川、道里之险易,丁口、顷亩之息耗,赋贡、物产之狭阔,以至州土、吏治、风俗、人材,皆条理错综,聚见此书,曾无遗者"①。这些内容成为方志编纂必不可少的要素,此后编修的方志基本上都包括这些方面的内容。《新安志》对于地方志的功能亦有所探讨,"罗愿序"曰:"夫所为记山川、道里者,非以示广远也,务知险易,不忘戒也;其录丁口、顷亩,非以览富厚也,务察息耗,毋骎夺也;其书赋贡、物产,非以给嗜欲也,务裁阔陋同民利也。"②在罗愿看来,地方志可以为各级官员了解一个地区山川要塞之险恶、人口土地之数量、土地物产之丰歉提供参考,有助于政府和地方官员加强对这一地区的管理,地方志"资政"的作用十分显著。罗愿,字端良,"七岁赋青草,以寿其父",其才学已初露端倪。罗愿"博学好古,法秦汉为词,朱子称其文有经纬,著有《新安志》、《尔雅翼》、《鄂州小集》,论者以为南渡后第一人"③。罗愿博学好古,治学严谨,并将这一态度贯穿于修志活动中,他在编纂《新安志》时也十分讲究"上下千载间,博采详摭,论正得失,皆有据依"④,这种修志风气对后世影响颇深。从总体上看,《新安志》采用的是纲目并列的方志体例,在具体编排内容时,则采取"总——分——总"的格式,第一、二卷先总叙徽州的州郡、物产和贡赋,第三、四、五卷则分述徽州六县的基本情况,后五卷则总述徽州地区的先达、进士题名、义民、仙释、牧守、杂录等方面情况,条理清晰,层次分明。《新安志》内容丰富翔实,体例周全完备,结构清晰完整,详今略古,古今皆述,简而有要,文词典雅,是宋代方志体例和内容基本定型时期的代表作,也是一部受后人推崇的名志佳作。元代方回曾赞曰:"今《新安志》行于世,与马、班等。"⑤清朱彝尊则称:罗愿"所撰《新安志》简而有要,篁墩程氏取其材作《文献志》,此地志之最善

---

① 淳熙《新安志》,赵不悔序,清嘉庆十七年(1812年)刻本。
② 淳熙《新安志》,罗愿序,清嘉庆十七年(1812年)刻本。
③ 民国《歙县志》卷七,《中国地方志集成》本,南京:江苏古籍出版社,1998年。
④ 淳熙《新安志》,赵不悔序,清嘉庆十七年(1812年)刻本。
⑤ (元)方回:《桐江集》卷三,宛委别藏清钞本;(清)朱彝尊:《经义考》卷二三八,清文渊阁四库全书本。

者"①。清王先谦对罗愿《新安志》也颇为赞赏,称:"观其叙述有体,征引赅备,多补前史志传之阙,洵考古者不可少之书矣。"②

宋代端平二年(1235年)李以申编修的《新安续志》、咸淳五年(1269年)洪从龙和胡升编修的《星源志》、元代延祐六年(1319年)洪焱祖编修的《新安后续志》虽均已亡佚,但三部志书的"序"均被保存下来,根据志序可以了解到三部志书的编修者在方志编修理论方面所作的总结,这些修志理论均有利于后世徽州方志的编修。

李以申在序中说到:"前志成于淳熙乙未之春,迨今阅一甲子。四明刘侯炳治郡二年,约已裕民,百废具兴,独念是邦。比岁以来,生聚日蕃,事物日新,人杰地灵,相望辈出,照暎当世。至若朝廷蠲减之特恩,郡邑惠养之善政,所以培邦本而宽民力,前言往行,明谟钜业,所以范乡闾而光竹帛者不相继,而书之诚为阙典,兹续志之所由作也。"③由此可知,自宋代淳熙二年(1175年)罗愿修志已经过去六十年的时间了,在这期间徽州地区各方面的情况都发生了很大的变化,正所谓"生聚日蕃,事物日新,人杰地灵,相望辈出",但在这六十年时间里一直没有修志,徽州地区这些历史发展的新变化都没有通过地方志记录下来。李以申希望通过续修方志来记载这些历史变化的新情况,这就是李以申修志的主要原因。李以申认为记录历史的发展变化是方志的一个最主要的功能,也就是人们所说的方志具有"存史"的功能。根据罗愿《新安志》"罗愿序"④、朱同《新安志》"朱同序"⑤和弘治《徽州府志》"汪舜民序"⑥等志序所言,由于各种各样的原因,到宋代端平二年(1235年)李以申修志时,

---

① (清)朱彝尊:《曝书亭集》卷四四,四部丛刊景清康熙本。
② (清)王先谦:《虚受堂文集》卷五,清光绪二十六年(1900年)刻本。
③ 弘治《徽州府志》卷一一,《天一阁藏明代方志选刊》本,上海:上海古籍书店,1964年。
④ 淳熙《新安志》,罗愿序,清嘉庆十七年(1812年)刻本。
⑤ 弘治《徽州府志》卷一一,《天一阁藏明代方志选刊》本,上海:上海古籍书店,1964年。
⑥ 弘治《徽州府志》,汪舜民序,《天一阁藏明代方志选刊》本,上海:上海古籍书店,1964年。

在此之前编修的徽州府志如南朝梁萧几的《新安山水记》、王笃的《新安记》、唐代的《歙州图经》、宋代太平兴国年间的《新安广记》、大中祥符中的《新图经》等均已亡佚,唯罗愿《新安志》、姚源《新安广录》仍存于世,李以申修志时能够参考的徽州方志十分有限,其修志的难度可以想见。由"今纲目大体多循其旧,凡无所增损废置者,前志既已备矣,今皆不书"一句可以看出,李以申所修《新安续志》在纲目上大多遵循旧志,主要参考的就是罗愿的《新安志》,在内容的选取上也有些原则,对前志已经记录而又没有太多变化的内容皆略而不录,对淳熙二年(1175年)后六十年间徽州地区发生的新变化则做重点记述。从这一点看,李以申编修的《新安续志》应该是以补阙前志为基本原则的。这一修志原则为后世徽州方志所继承,"补阙前志"、"详近略远"则成为徽州方志编修的主要原则。

洪从龙曾于宋代咸淳五年(1269年)主持编修婺源县第一部方志,他在"志序"中称:"婺源为邑,由唐迄今五百有余年矣,因革废置,不知其几。未有笔之书以传远者,邑一大缺典也。"① 婺源县虽始设于唐朝开元年间,设县时间较早,却一直没有单独编修婺源县志,从唐开元年间到宋咸淳五年(1269年)已经有五百多年的历史了,而这期间婺源县的建置又几经变化,但这些发展变化都没有被记录下来,洪从龙来婺源做官,对此深有感触,并聘请担任国史编修的胡升具体负责志书的编修工作。洪从龙是非常重视修志人员的素质的,他延请胡升正是因为看中了他的才学和能力。关于胡升的学识和能力,文献中多有记载,如康熙《婺源县志》称"胡升,字潜夫,淳祐庚戌以布衣领乡荐,登进士第,入史馆,授国史编校,逾年,史进赐迪功郎","所著有《四书增释》及《丁巳杂稿》"②。胡升当时已任国史编校一职,而且是"史馆名笔",本人已经具备了扎实的学术功底和编纂志书的基本能力。胡升确实没有辜负洪从龙的希望,不到两个月时间就修成历史上第一部《婺源县志》。这部《婺源县志》的内容也是经过精心设计的,一方面综合而全面地记录了

---

① 康熙《婺源县志》卷一二,清康熙三十三年(1694年)刻本。
② 康熙《婺源县志》卷九,清康熙三十三年(1694年)刻本。

婆源县自设县以来社会历史发展的基本情况，另一方面为了加强方志的"教化"作用，对于朱熹这位"集诸儒之大成"的人物，给予详细记载，以求"大有功于名教也"①。"存史"、"教化"的功用在第一部《婆源县志》中得到了很好的体现。

元代延祐六年（1319年）洪焱祖编修了一部《新安后续志》，他在修志理论和方法上也有所探讨和总结。洪焱祖认为"图志之传将以垂鉴戒，示久远"，地方志在"存史"方面具有重要的价值。当时的太守朱霁考虑到"端平乙未到今八十余年，不为不久，况于中更归附，物有变迁，政有因革，今昔非可同日语，使二志不续，后将何所考乎"？于是"属焱祖领其事"，负责编修志书，以记载宋代淳祐以后徽州地区社会历史发展的新情况。《新安后续志》在体例上基本遵循前志，虽然无法见到原志的全部面貌，但是由于洪焱祖非常推崇罗愿的修志理念，因此，"贡赋之重轻、户口之息耗，以至州土、吏治、风俗、人才"等方面的内容应当是这部志书的重中之重。从志序看，洪焱祖已涉及对志书的评论问题，他对《新安广录》和《新安广录续编》的评价不高，认为前者"太半列记序诗文"，后者"特载郑守（郑密）事迹"，而且这两部志书对于事物变迁、政治因革等问题的记载不够丰富。洪焱祖、朱霁此次修志对资料的选取非常讲究，一方面派人访求《新安广录》、《新安广录续编》墨本，校正重刊，以为参考，这是对旧志的充分利用；另一方面还派人"询访耆年，网罗石刻"，获取口述资料和石刻资料，并益以"已所访闻"、"合州县报章"②，尽可能地充实资料，使志书的编修建立在全面而丰富的资料基础之上。这种做法使地方志能够全面而系统地记录一个地区历史发展的全过程，提升了地方志"存史"的功能。

徽州地方志书的纂修历史悠久，在长期的修志实践中，明代以前徽州方志的编修者不断探索，善于创新，注重总结，对方志"存史"、"资政"、"教化"的功用进行了总结，对方志评论、方志取材、修志人员素质等问题进行了探讨和总结，并将修志经

---

① 康熙《婆源县志》卷一二，清康熙三十三年（1694年）刻本。
② 弘治《徽州府志》卷一一，《天一阁藏明代方志选刊》本，上海：上海古籍书店，1964年。

验运用于修志活动中。徽州方志的编修者在方志理论和修志方法上也多有收获,这些理论和方法为明代以后徽州地区的修志活动提供了参考和借鉴。

五、深厚的文化底蕴

徽州地区钟灵毓秀,是一个文化底蕴深厚、人才辈出的地方。南宋以后,徽州地区更是文风昌盛。随着文化积淀的日益深厚,新安理学、新安画派、皖派朴学、徽派刻书、徽派版画、徽派建筑、徽派篆刻、徽州科技等方面的成就日渐丰富,并形成自己的特色。徽州人在各个文化领域中都取得了令人瞩目的成就。

徽州丰厚的文化土壤孕育了众多的文人学者,集诸儒之大成的朱熹就是生长于此,而罗愿、祝穆、程若庸、胡炳文、陈栎、倪士毅、朱升、汪道昆、浙江、戴震、罗聘、俞正燮等名人相继涌现,也激励着后世学子们的学习热情,从而形成了徽州地区崇尚治学的风气。正如道光《休宁县志》所言"新安自南迁后,人物之多,文学之盛,称于天下。当其时自井邑田野以至于远山深谷居民之处,莫不有学有师有书史之藏,其学所本则一以郡先师子朱子为归。凡六经、传注、诸子百氏之书,非经朱子论定者,父兄不以为教,子弟不以为学也。是以朱子之学虽行天下,而讲之熟、说之详、守之固,则惟新安之士为然。故四方谓'东南邹鲁',其成德达材之出为当世用者代有人焉"。"新安名多士地,而吾邑又特著。自南渡来,师友渊源得所从受,故士多长于谈经,旁郡及他邑之学为文章者多即吾里,吾里之士每时从乡老献书,若太学上春官者,视他邑率不乏。及既仕立朝驰驱四方,大者名节粹称一时,而其余亦练达有宦业不苟焉,以干禄利为者"[①]。徽州人以朱子之学为宗,父授子,兄教弟,无论是井邑田野之处,还是远山深谷之地,皆研习六经、传注、诸子百氏

---

① 道光《休宁县志》卷一,《中国地方志集成》本,南京:江苏古籍出版社,1998年。

之书。对于朱子之学"讲之熟、说之详、守之固"无人能与徽州人相比,成材显名、为当世所用者代有人出。徽州人重视文化的传承,不仅崇尚教育,也注重文献典籍的收藏和整理,因而世人常称之为"东南邹鲁"、"文献之邦"。

深厚的文化底蕴,丰富了徽州方志的内容;众多的文人学者,提高了徽州方志的质量;文化典籍的收藏和整理,提供了地方志书编修的资料来源。这一切均为徽州方志的编修提供了良好的基础。

六、严谨的修志态度

参与编修徽州地方志书的人基本上都是学有所成、才识过人、治学严谨的文人学者,他们认为地方志书在"资政"、"存史"、"教化"方面所具有的价值不可忽视,因而地方志书的编修不能随意和轻视。正是在这种思想的指导之下,他们在编修地方志书时坚持着一贯严谨的治学态度。

编修地方志书的工作不是一件容易的事情,廖腾煃曾言:"古人常言修史有五难,志犹史也。"编修志书也和编修史书一样有"五难"。虽然编修志书困难不少,但廖腾煃认为编修地方志书是非常重要的,不能因为存在的困难而有所退缩,即所谓"其难正等,但欲激励以立教化,则不因微贱而屏弃;欲甄别以正是非,则不畏豪强而疑阻"。编修志书不能因私情、仇怨而有失准则,应当"舍仇怨之隙,绝请托之私",编修的志书应该"论断严而综核当",这样才以够"质之鬼神而无愧"[①],编修的地方志书的质量才能够有所保证。

汪晋徵在编修康熙《休宁县志》时,花费了大量的心血,"考程宗伯弘治志之体要,宋奉新嘉靖志之简严,邵都谏万历志之详核,以及甲午、癸卯、壬子志之残编断简,莫不折中损益,删削廓清,凡历四阅月。昼夜不辍,乃得脱稿"。汪晋徵在修志的过程中也遇到了种种困难,但他坚持原则,始终不动摇,正如他在

---

① 康熙《休宁县志》,廖腾煃序,《中国方志丛书》本,台北:成文出版社,1970年。

序中所言:"于是向之冒滥其中者,或以利诱,或以势临,或以刀挟,百计以要其入,而予不敢入。或忠臣、义士、邃学、绝技,子孙零落,湮没无闻,人情所必遗者,而予不敢遗。惟平心静气、辞严义正,质诸理之公是公非,一无所容心于其间。"①

马步蟾主持修志时,"簿书之暇,翻阅赵给谏吉士旧志,窃谓摭取虽富,而体例未精,爰为之补其阙略,正其讹舛,与诸君子斟酌",最终"考订之书"修成②。在马步蟾眼里,赵吉士所修之志虽内容丰富,但仍存在着体例不精的问题,严格说来仍然没有达到志书的最佳水准。马步蟾以此为鉴,以赵志为基础,补充其阙遗,订正其讹误,反复斟酌,详加考订,修成道光《徽州府志》。

民国二十二年(1933年)歙县开始编修县志,许承尧主纂,并"甄求县之贤俊助之"。根据修志人员的特长,对修志人员进行了分工,包括"采访、制表、析类、画域、分征"等事。在各类修志人员的共同努力之下,"九阅月而竟遂事",志稿初成,随后又进行了更为精细的整理和校勘,"纪述逾年而粗成,益以精密之探讨,往复之校勘,更定旧志之遗阙",到民国二十五年(1936年)春天,整个修志工作才全部完成。在许承尧等人的努力下,经过精心的修纂、整理、校勘、考订,新修之志"视前志丰赡有加矣,然义富而文约,洪纤备,名实核,有求一名一数之正确,咨询勘验至十余度者,有补一文一事之阙佚,旁稽群籍至十余种者",质量较前志有很大的提高。这一成果的取得是与参加修志的人员的努力工作分不开的,正所谓"编纂诸君以敝精竭虑,以各举其职也"。这部志书的修成,凝结了石国柱的心血。石国柱曾任歙县县长,后迁任督察专员兼治邻县。他在歙县县长任上即专注于修志活动,迁任他职,"仍得就近商榷,与观厥成",还没有放弃对歙县县志编修活动的关注。当他得知县志修成,"且时省而费俭"之时,不禁感叹道:"如初愿焉,欣幸为何如也!"关于地方志书的编修,石国柱亦有自己的看法,他认为,

---

① 康熙《休宁县志》,汪晋徵序,《中国方志丛书》本,台北:成文出版社,1970年。
② 道光《徽州府志》,马步蟾序,《中国地方志集成》本,南京:江苏古籍出版社,1998年。

"县之有志,长期积累易,而临事采辑难。虽极致精,终不能无疏失。必职有常设,责有专承。凡县事之应纪者,日记而岁会,乃可综合不遗,以待造作。民国建设之后,经纬尤繁,斯职尤要,是又县之人所当豫为筹策者矣"!① 地方志书的编修不应该是一种临时性的任务,如果随便应对任务也能够修出志书,这种志书的质量无法得以保证,价值也会因此而大打折扣。编修地方志书应该是一项长期的工作,平时就应该注重资料的搜集和整理,也应该设有专职官员,专门负责修志一事,这样才能够保证志书的质量,最大限度地发挥地方志书的功能。

清朝道光年间,何应松主持编修《休宁县志》之时可谓尽心尽力,"簿书之暇,恙心披览,去其冗,删其繁,并斟酌其位置之宜,精审其条例之当,以蕲至于无憾而后已。若夫戊申以来三十余年之事实,与事在戊申以前旧志容有未载者,则又遴诸生中才行兼备之士,广为采访,爰进而告之曰:'毋或滥其假托虚辞不足以风世励俗者,虽势力之豪盛,必有摈;毋或遗其忠孝节义以及一行之善,一技之长,虽子孙零落淹没不彰者,必以录;毋或怠其穷乡僻壤为往来道路所不经者,必亲至而确谘之,以殚厥力'"。经过几个月的搜访、整理,编修休宁县志所需要的材料已经全部准备齐全,此后又"朝夕论订,严为去取",何应松希望编修出一部质量上乘的地方志书,"有当于公是公非,而不参以一己之见"。但志书还未全部修成,何应松即"奉檄署灵璧凤阳篆务,又以俸满循例入都",修志的工作不得不暂时停止。后来"适奉陶大中丞巡抚皖江,创修《安徽通志》,以征阖省文献之盛,檄饬各州县造送底本",《休宁县志》编修工作才重新开始,"遂汲汲缮修,至癸未秋月而其书乃竣","庶几百数十年之缺焉,弗纪者犁然具备"②。

编修方志可以有两种办法:第一种办法,是以前志为基础,只要直接将前志的内容加以继承,并补充前志编修之后当地社

---

① 民国《歙县志》,石国柱序,《中国地方志集成》本,南京:江苏古籍出版社,1998年。
② 道光《休宁县志》,何应松序,《中国地方志集成》本,南京:江苏古籍出版社,1998年。

会历史发展的新情况，就可以完成修志任务，这种修志方法是既简单又轻松。如果是采用这种办法修志，正如吴甸华所言"若钞计簿以为书，则吏之善书者足以次之矣"①，根本不需要文人学者的参与，只要会抄会写的人即可完成修志任务。第二种办法，亦是以前志为基础，但并不是简单地将前志的内容直接继承，而是要对前志所载内容进行考证，修正讹误，补充阙漏，再补充以前志编修之后的时间段里当地所发生的社会历史发展的新变化，才能够修成新志。这种修志方法耗费的时间和精力均超过前一种方法，难度也会增加不少，但志书的质量会更加有所保证。当然按照这种办法修志，则不是一般人所能胜任的，需要由学识和能力兼有所长的人才能完成。对于这两种修志方法，汪晋徵曾发表过自己的看法，他说："邑志滥冒已极，今日欲成信书，须尽翻窠臼，若只依样葫芦，则宁袖手旁观，不敢载笔从事。"②汪晋徵是坚持采用第二种修志方法的，在他看来与其照葫芦画瓢般地编修志书，还不如什么都不做。修成的志书质量不高，还不如无书。

要想修出一部质量上乘的地方志书，必须要以旧志为最基本的参考，对旧志内容进行补充，对旧志中存在的讹误进行校勘、考证，然后再补充以旧志编修之后当地的社会发展的新内容。按照这一方法修志，势必要参阅大量的文献资料。"黟之为邑最古，由秦汉至今二千余年，屡经更置。而邑志昉于前明，自正德时陈君九畴迄我朝乾隆丙戌孙君维龙，中间王君家光、窦君士范、王君景曾，志凡五辑，而前明旧志邑中久矣不存"。嘉庆十三年（1808年）吴甸华到黟县做知县时，"邑适有从吴门觅得万历时王君所续陈志来者，邑人以修志请，且多言孙志之疏"。吴甸华听言说："责人斯无难孙君，盖有鉴夫康熙时王志之滥，不假手于人，而独修者也。搜辑容有未详，其版复锓于去任之后，故不无遗议耳。今欲重修，非采访纂述各得其人，博览旁搜要于至当，而更有为之校勘者不可也。"吴甸华认为，如果

---

① 嘉庆《黟县志》，吴甸华序，《中国地方志集成》本，南京：江苏古籍出版社，1998年。
② 康熙《休宁县志》，汪晋徵序，《中国方志丛书》本，台北：成文出版社，1970年。

要修新志，必须要"采访纂述各得其人"，要聘请学有专长的人来参与修志，并各取所长，分工协作，这样才能保证志书的编修质量。还要"博览旁搜要于至当"，要进行严格的校勘工作，最大限度地减少讹误的存在，进一步提高志书的质量。在这一思想的指导下，吴甸华召集了一大批有才学的人，并"设局于外"，开始进行修志的工作。为了获取更为丰富的资料，吴甸华命人广泛查阅"自二十四史、《江南通志》、淳熙《新安志》、宏治、嘉靖、康熙三府志、程篁墩《新安文献志》，以至一切山经、地志、诗集、文集有关黟邑者，皆酌取焉"。除此之外，还让人访寻"邑中坊额所载，金石所镌，及巘山、绝壑磨崖之书"。吴甸华亲自参加志书的审阅工作，"四审其异同，辨其遗误，参订其次第，然后取从前五志之阙者补之，略者详之，伪者正之，更增入丙戌以来四十余年之事"，最后成书十六卷，"为类八，曰图表，曰地理，曰职官，曰选举，曰人物，曰政事，曰杂志，曰艺文，为件共五十有三"。志稿修成之后，又请"邑中绅士公同检阅"，然后才予以付梓。由吴甸华主持编修的嘉庆《黟县志》"凡三易寒暑而成"。对于这部志书的编修质量，吴甸华自言虽"未敢谓毫发无憾，然采访、纂述、校勘诸君实可为勤且公矣"①。吴甸华和其他修志人员确实花了不少精力，广泛搜集资料，认真进行校勘，订旧志之讹误，补旧志之阙漏，最终完成志书的编修，将严谨的修志态度贯穿修志活动的始终。

民国《婺源县志》的编修者也非常注重志书的质量，认为"修志云者非徒录旧增新也，讹者正之，漏者补之，疑者阙之，苟传闻异辞自应参考订正，即诸前辈历届修葺，亦非一切沿袭，观旧凡例可见今大致仍旧，而不无增补删削于其间，倘有舛谬，仍俟后贤"②。对于前志中能修正的地方进行订正，阙漏的地方进行补充，力求准确、完整，而无法考证、修订的内容则以存疑处之，让后世之人进行补充、订正。力求内容的准确和完整，这是民国《婺源县志》编修时注重的一个方面，而对所收的人物、书

---

① 嘉庆《黟县志》，吴甸华序，《中国地方志集成》本，南京：江苏古籍出版社，1998年。
② 民国《婺源县志》，凡例，民国十四年（1925年）刻本。

籍等也需核实才予以收录,其"凡例"中即称:"孝友、义行各条历届举报,多滥,此次公议,各区由采访员报经区董核转,似较切实,其从前登载有实迹者,仍其旧,无实迹者斟酌去留。""凡举报文苑暨著述须将所著诗文集送局公核方得登载"①。这些要求和做法也是为了保证收录内容的准确性。

徽州修志者认为,编修地方志书不仅要广征博引,而且每条资料均应注明出处。道光《徽州府志》的"凡例"中就有相关的明确规定:"每门所引书籍必注明出自某人某书,见非杜撰。旧志不注出处,易起后人疑义。今每门每条一一注明,庶几不至卤莽承袭。"②明、清两朝地方志书的编修往往是遵循一统志的体例,"其事目亦遵《大明一统志》立例,但一统志乃天下之事,不得不简,本志特一郡之事,不得不详,故于其已载而未备者增之,未载而可采者补之,事无可考者阙之,事有当纪者续之,旧志舛讹者兼考史传以正之"③。徽州方志的编修者认为,遵循一统志编纂类目的同时,也要考虑到地方志书与一统志之间的差异,并根据具体情况对地方志书的内容做出相应的调整。对于同一事物的记载,地方志书的内容应该详于一统志,因此就必须要广泛采撷,详加记载,该完备的内容要进行完备,可补充的内容要进行补充,无法考证的事情应以疑阙处之,需要订正讹误的地方应详细校勘、考证。由此则可以保证地方志书的编修质量。

徽州方志多为文人学者所编修,他们具有严谨的治学态度,并将这种态度贯穿于修志活动的全过程。他们修志态度严谨,重视地方志书的质量,对于修志方法和原则、修志人员的选择、志书内容的选取、体例的设置、资料的广泛性和准确性、资料的出处等方面的问题都非常讲究,均有严格的规定和要求。而这些正是保证徽州方志质量的先决条件。

---

① 民国《婺源县志》,凡例,民国十四年(1925年)刻本。
② 道光《徽州府志》,凡例,《中国地方志集成》本,南京:江苏古籍出版社,1998年。
③ 弘治《徽州府志》,汪舜民序,《天一阁藏明代方志选刊》本,上海:上海古籍书店,1964年。

中央政府的需要、地方官员的重视、文人硕儒的参与、良好的修志传统、深厚的文化底蕴、严谨的修志态度是徽州地区方志编修的良好基础。正是在这样的基础上，明清以来徽州地区才能够编修出数量众多、质量上佳的地方志书。徽州方志记录了徽州地区历史发展的全过程，突出了徽州地区的地方特色，是研究徽州历史的重要参考资料。

徽州方志编纂的特点

徽州方志的编修者不仅关注地方志书的编修,积极参予方志编修活动,他非常注重地方志书的质量。他们秉承着严谨的修志态度,广泛选取材料,认真考证和校勘所用资料,充实志书的内容,补充前志的阙失,订正前志的舛讹,力求编修出质量上乘的地方志书。根据对现存徽州方志的梳理和研究,明、清、民国时期编修的徽州地方志书主要有以下几方面的特点。

一、方志编纂的连续性

由于中央政府加强统治的需要、地方官员对编修地方志书的重视和一批文人硕儒的积极参与,徽州地区地方志书的编修得到了充分的保证,并呈现出持续进行的状态。徽州地方志书的编纂具有非常明显的连续性特点。

根据徽州府志、《中国地方志联合目录》以及其他文献中关于徽州府志编修源流的记载,徽州府志的编修自南朝梁开始,包括乡土志在内,到民国时期总共编修过二十七次,修成二十六部。

（南朝梁）新安太守萧几纂成《新安山水记》。（已佚）

王笃纂成《新安记》。（已佚）

（唐）《歙州图经》。（已佚）

（宋）太平兴国年间奉诏纂成《(新安)广记》。（已佚）

大中祥符年间李宗谔奉诏纂成《新图经》。（已佚）

淳熙二年（1175年），郡人鄂州守罗愿纂成十卷本《新安志》，时太守宗人赵不悔。

嘉定壬午（1222年），郡人姚源纂成《新安广录》，时太守吴兴倪祖常。（已佚）

端平乙未（1235年），教授四明李以申纂成《新安续志》，共八卷，时太守四明刘炳。（已佚）

淳祐中纂成《新安广录续编》，时太守吴门郑宷。（已佚）

（元）延祐己未（1319年），郡人休宁县尹洪焱祖纂成十卷本《新安后续志》，时太守北谯朱霁。（已佚）

（明）洪武九年（1376年），郡人礼部侍郎朱同奉诏纂成《新安府志》，共十卷，时知府张孟善。（已佚）

景泰中，知府福山孙遇纂成《新安府志增编》。（已佚）

成化中，知府吉水周正纂成《新安府志续编》。（已佚）

弘治十五年（1502年），郡人都御史汪舜民纂成《徽州府志》，共十二卷，时知府长沙彭泽。①

嘉靖四十一年（1562年），方信私纂《新安志补》一部，共八卷。②

嘉靖四十五年（1566年），郡人都御史汪尚宁、温州知府洪垣纂成《徽州府志》，时知府猗氏何东序，共二十二卷。③

嘉靖间，程瞳曾纂修《徽州府通志》，但未脱稿。④（已佚）

（清）康熙十二年（1673年），高晫修成《徽州府志》，共二十六卷。

康熙二十二年（1683年），林国柱修成《徽州府通志续编》，

---

① 道光《徽州府志》卷一六，《中国地方志集成》本，南京：江苏古籍出版社，1998年。
② 道光《徽州府志》卷一一，《中国地方志集成》本，南京：江苏古籍出版社，1998年。
③ 道光《徽州府志》卷一六，《中国地方志集成》本，南京：江苏古籍出版社，1998年。
④ （明）程瞳撰，王国良等点校：《新安学系录》，附录二，《富溪程氏书籍考》，合肥：黄山书社，2006年，第328页。

共八卷。①

康熙三十八年（1699年），郡人给事中赵吉士纂成《徽州府志》，共十八卷，时知府安邑丁廷楗。②

康熙年间，吴度修成《补遗郡志四考》。③（已佚）

乾隆三十六年（1771年），戴知诚修成《徽州府志》。④（已佚）

嘉庆十年（1805年），邵棠修成《徽州补正》一卷。

道光七年（1827年），马步蟾修、夏銮纂成《徽州府志》。此志十六卷首一卷。

道光年间，黄崇惺修成《徽州府志辨证》一卷。⑤

道光年间，徐起霖纂成《徽郡志记略》。⑥（已佚）

民国十一年（1922年），程敷锴编成《徽州乡土地理》。⑦

在二十七次徽州府志的编纂活动中，明代至民国时期有十七次，平均每三十二年纂修一次徽州府志，共修成十六部。这十六部徽州府志，或以新安为名，这是因为方志编修者崇尚古地名，或以徽州为名，这是遵循了明代以后徽州建置沿革的变化。

根据现存文献的记载，历史上第一部《歙县县志》修于明代万历三十七年（1609年），是由张涛和谢陛纂修的，自此以后到民国时期，包括乡镇志、采访册和乡土志在内，总共进行了十三次编修志书的活动，平均每二十五年就编修一次。

（明）万历三十七年（1609年），修成《歙志》（三十卷），知县

---

① 中国科学院北京天文台主编：《中国地方志联合目录》，北京：中华书局，1985年，第469页。
② 道光《徽州府志》卷一六，《中国地方志集成》本，南京：江苏古籍出版社，1998年。
③ 道光《徽州府志》卷一五，《中国地方志集成》本，南京：江苏古籍出版社，1998年。
④ 光绪《重修安徽通志》卷三三九，清光绪四年（1878年）刻本。
⑤ 中国科学院北京天文台主编：《中国地方志联合目录》，北京：中华书局，1985年，第469页。
⑥ 孙殿起（录）：《贩书偶记续编》，上海：上海古籍出版社，1980年。
⑦ 中国天文史料普查整编组：《中国地方志联合目录·安徽省》（初稿），1978年，第44页。

事张涛创修,邑人谢陛纂。"邑有志自此始"。①

天启四年(1624年),知县戴东旻修成《歙志》(三十六卷)。②

(清)顺治四年(1647年),修成《歙志》(十四卷),知县事宋希尹修、吴孔嘉等纂。

康熙二十九年(1690年),修成《歙县志》(十二卷),知县事靳治荆修、吴苑等纂。③

雍正十二年(1734年),修成《岩镇志草》(四卷),佘华瑞纂。④

乾隆三十六年(1771年),修成《歙县志》(二十卷首一卷),知县事张佩芳修、刘大櫆等纂⑤。

乾隆四十年(1775年),修成《橙阳散志》十五卷,江登云纂、江绍运续纂⑥。(江绍运应为江绍莲)

道光八年(1828年),修成《歙县志》(十卷首一卷),知县事仁和劳逢源修、沈伯棠等纂。⑦

同治九年(1870年),曹光洛编成《歙县采访册》(不分卷)。

民国四年(1915年),许家栋纂成《歙县乡土志》(一卷)。

---

① 民国《歙县志》卷一六,《中国地方志集成》本,南京:江苏古籍出版社,1998年。

② 中国科学院北京天文台主编:《中国地方志联合目录》,北京:中华书局,1985年,第469页。此志现仅存卷一~十九、二十三~二十九、三十五~三十六,共二十八卷。乾隆《歙县志》卷二〇,(《中国方志丛书》本,台北:成文出版社,1970年)亦称天启歙志为戴东旻修。民国《歙县志》卷一六,(《中国地方志集成》本,南京:江苏古籍出版社,1998年)称其为"戴东明"修,误,应为"戴东旻"。

③ 民国《歙县志》卷一六,《中国地方志集成》本,南京:江苏古籍出版社,1998年。

④ 中国科学院北京天文台主编:《中国地方志联合目录》,北京:中华书局,1985年,第470页。

⑤ 民国《歙县志》卷一六,《中国地方志集成》本,南京:江苏古籍出版社,1998年。

⑥ 中国科学院北京天文台主编:《中国地方志联合目录》,北京:中华书局,1985年,第470页。

⑦ 民国《歙县志》卷一六,《中国地方志集成》本,南京:江苏古籍出版社,1998年。

民国二十六年(1937年),修成《歙县志》(十六卷),石国柱、杨文钊修,许承尧纂。①

民国二十六年(1937年),修成《西干志》(七卷),许承尧纂(稿本)。②

民国年间,《丰南志》(十卷),吴吉祜纂(稿本)。③

根据文献记载中关于休宁县建置沿革的情况,休宁县历史上曾有"休阳"、"海阳"、"海宁"等名。休宁县志很早就开始编修了,文献记载称"人言考休宁初志肇自海宁"④,"海宁"之名最早在晋太康年间就已经出现了,因此从休宁县志的编修源流看,最早的休宁县志可以追溯到晋太康年间,只不过是"有志远弗可考"⑤,关于休宁县志最早修于何时的问题已无法考证清楚了。文献记载亦言:"休宁旧有《海阳诸志》,多详于宋元略于本朝(明朝)。"⑥由此可知,宋、元以及明代弘治以前都曾编修过以"海阳"为名的休宁县志,其内容详于宋元而略于明朝。笔者在查阅现存徽州方志时发现,道光《休宁县志》在记述"真武堂"时,曾转引过"元《海阳志》"中的一段资料,即"形家以县治为真武坐坛形,面玉。凡诸峰为六丁六甲,东墩为龟,南巳街为蛇,前直街为剑,阳山为皂纛旗,故祠之。祠横五楹,径二楹。垣外前庭如之,东向土地,祠横三楹,径二楹"⑦。根据这一线索,可以确定元代确曾编修过《海阳志》,但是由于缺乏足够的线索,目前尚无法弄清这部志书的具体编修时间以及相关的编修

---

① 中国科学院北京天文台主编:《中国地方志联合目录》,北京:中华书局,1985年,第470页。
② 中国科学院北京天文台主编:《中国地方志联合目录》,北京:中华书局,1985年,第470页。
③ 中国科学院北京天文台主编:《中国地方志联合目录》,北京:中华书局,1985年,第470页。安徽省博物馆仅存卷一~二、四~五、九~十,其中祥异记事至民国三十三年。
④ 康熙《休宁县志》,廖腾煃序,《中国方志丛书》本,台北:成文出版社,1970年。
⑤ 康熙《休宁县志》卷七,《中国方志丛书》本,台北:成文出版社,1970年。
⑥ 弘治《休宁志》,凡例,《北京图书馆古籍珍本丛刊》本,北京:书目文献出版社,1998年。
⑦ 道光《休宁县志》卷二,《中国地方志集成》本,南京:江苏古籍出版社,1998年。

情况。

以"休宁"为名的最早的一部方志,有文献记载称:"始修于太史程克勤(程敏政),继辑于邑令宋奉新(宋国华)。"①而笔者在查阅道光《徽州府志》时了解到,张旭曾纂修过一部《休宁县志》②。据道光《休宁县志》记载,张旭是明成化十年(1474年)甲午科举人③,而弘治《徽州府志》则称"休宁人,易经魁"④。那么张旭的这部《休宁县志》与明代弘治四年(1491年)程敏政编修的那部《休宁志》是什么关系?是早于程敏政《休宁志》的另一部《休宁县志》吗?弘治《休宁志》有程敏政所写的志序,序中如此写道:"安成欧阳君以成化辛丑冬来知休宁县事,明年春以县志为属,会予服阕将还朝久弗克成也。乙巳秋,掇拾而成焉,共三十八卷。君得之又大加搜辑而校刻之,刻成以监察御史召。故书虽就绪,而其间字之伪者未整也,乃复以摹本来俾,有所是正,而后印布焉。戊申冬予以斥归田,君亦出按于蜀,庚戌秋则又以书抵予,与继知县事中山张君请卒其事。值予病中不能执笔。明年夏疾少间,而张君复有台宪之征,始克翻绎旧本,则知张君尝以其暇日重加校阅,可传矣。"⑤由此可知,欧阳旦于明代成化辛丑年(成化十七年,1481年)冬到休宁县做知县,上任之后即嘱程敏政编修《休宁县志》。程敏政编修的《休宁县志》虽最终成于明代弘治四年(1491年),但实际修志活动至迟在明成化二十一年(1485年)就已经开始了,并已修成初稿,后来几经周折,在原稿三十八卷的基础上进一步完善、修订,最终于弘治四年(1491年)定稿印行。张旭是明代成化十年(1474年)甲午科举人,欧阳旦在明成化辛丑年(成化十七年,1481

---

① 康熙《休宁县志》卷七,《中国方志丛书》本,台北:成文出版社,1970年。
② 道光《徽州府志》卷一五,《中国地方志集成》本,南京:江苏古籍出版社,1998年。
③ 道光《休宁县志》卷九,《中国地方志集成》本,南京:江苏古籍出版社,1998年。
④ 弘治《徽州府志》卷六,《天一阁藏明代方志选刊》本,上海:上海古籍书店,1964年。
⑤ 弘治《休宁志》,程敏政序,《北京图书馆古籍珍本丛刊》本,北京:书目文献出版社,1998年。

年)到休宁县做知县,前后仅七年左右的时间,他们之间是什么关系?弘治《休宁志》收录了张旭的一首诗,即《寄贺欧阳令君升侍御》,诗曰:"张纲去后几知名,今日抡材惬众情。山岳骤惊骢马出,朝阳初听凤凰鸣。民思父母情无极,天眷君臣庆有成。依旧满城桃李在,何时含笑再相迎。"①张旭《梅岩小稿》中也收录了这首诗,内容完全相同,只是诗名为《寄贺欧阳公子相升侍御》②。这首诗应该是张旭为祝贺欧阳旦升任监察御史一职而写的。能为欧阳旦写诗,并满怀情谊,用"民思父母情无极,天眷君臣庆有成"来歌咏欧阳旦,看来张旭和欧阳旦不仅认识,而且关系十分密切。那么,弘治四年前张旭是否在休宁县呢?《四库全书总目》称:张旭"字廷曙,休宁人,成化甲午举人。历官孝丰、伊阳、高明三县知县"③,从"历官"二字看,张旭应该是依次担任孝丰县、伊阳县、高明县知县的。而弘治《徽州府志》则载:张旭"以易经魁成化甲午乡荐,授浙江孝丰县知县,入广东高明县,又改河南伊阳县"④,看来张旭应该是先任孝丰县知县,再任高明县知县,最后才任伊阳县知县的。这与《四库全书总目》所载不同。万历《湖州府志》在介绍明代孝丰县历任知县时称:"张旭,休宁人,举人,弘治六年任。"⑤《广东通志》称张旭在明代弘治九年(1473年)任高明县知县的⑥,《河南通志》在介绍伊阳县历任知县时有如下记载:"张旭,江南休宁人,弘治十三年任。"⑦依据这三条记载中的时间,可知弘治《徽州府志》所言张旭任官次序是正确的。另外,张旭以易经领乡荐,且著有《梅岩小稿》一书,说明他也是有些才能的。根据以上分析,可

---

① 弘治《休宁志》卷三八,《北京图书馆古籍珍本丛刊》本,北京:书目文献出版社,1998年。
② (明)张旭:《梅岩小稿》卷八,明正德元年刻本。
③ (清)永瑢等:《四库全书总目》卷一七五,北京:中华书局,2008年,第1562页。
④ 弘治《徽州府志》卷八,《天一阁藏明代方志选刊》本,上海:上海古籍书店,1964年。
⑤ 万历《湖州府志》卷一〇,明万历刻本。
⑥ 雍正《广东通志》卷二八,清文渊阁四库全书本。
⑦ 雍正《河南通志》卷三四,清文渊阁四库全书本。

以推论,在明代弘治六年(1493年)前,张旭应该还在休宁县,他应该也受到邀请并参加了欧阳旦组织的修志工作,不过主纂人是程敏政,而不是张旭。据此,道光《徽州府志》称张旭纂修过一部《休宁县志》实有不妥。经过以上分析,道光《徽州府志》所言张旭之志与明代弘治四年(1491年)程敏政所修之《休宁志》实为一部志书,这部志书就是最早的一部有据可考的以"休宁"为名的休宁县志。

根据现存文献记载,有据可考的《休宁县志》的编修活动共进行过十四次,修成十二部,其中一部未及印布即已残缺。

(元)《海阳志》。① (已佚)

(明)弘治四年(1491年),学士程敏政修成《休宁志》(三十八卷)。②

嘉靖二十七年(1548年),修成《休宁县志》(八卷),知县宋国华修,吴宗尧、陈有守纂。③

嘉靖年间,程瞳修成《休宁县后志》。④ (已佚)

《休宁县志补》,嘉靖年间程一枝纂修。⑤ (已佚)

万历三十五年(1607年),知县李乔岱修成《休宁县志》(八卷)。

(清)顺治十一年(1654年),休宁修邑志未成。

康熙二年(1663年),休宁修邑志未成。

康熙十二年(1673年),休宁邑修志成,未印布旋残缺。⑥

康熙三十二年(1693年),修成《休宁县志》(八卷首一卷),

---

① 道光《休宁县志》卷二,《中国地方志集成》本,南京:江苏古籍出版社,1998年。

② 道光《徽州府志》卷一五,《中国地方志集成》本,南京:江苏古籍出版社,1998年。根据《中国地方志联合目录》,此志现只存于北京图书馆,且仅存卷一~十九,二十六~三十八(中国科学院北京天文台主编,北京:中华书局,1985年,第470页)。

③ 康熙《徽州府志》卷一,《中国方志丛书》本,台北:成文出版社,1970年。

④ (明)程瞳撰、王国良等点校:《新安学系录》,附录二,合肥:黄山书社,2006年,第328页。

⑤ 道光《徽州府志》卷一一,《中国地方志集成》本,南京:江苏古籍出版社,1998年。

⑥ 康熙《徽州府志》卷一,《中国方志丛书》本,台北:成文出版社,1970年。

廖腾煃修,汪晋徵纂。①

雍正元年(1723年),修成《休宁孚潭志》(四卷),许显祖纂。②

乾隆五十三年(1788年),徐日簪修成《休宁县志》。③(已佚)

嘉庆十六年(1811年),徐卓纂成《休宁碎事》(十二卷)。

道光三年(1823年),修成《休宁县志》(二十四卷图一卷),何应松修,方崇鼎纂。④

明清两代总共进行过十三次编修休宁县志、乡镇志的活动,平均每二十五年多就修一次,共修成休宁县志和乡镇志十一部,其中康熙十二年(1673年)虽修成休宁县志,但未及刊印就已经残缺了。

根据民国《婺源县志》的记载,第一部《婺源县志》是宋代咸淳五年(1269年)邑人胡升所撰之《星源图志》。从宋代至民国时期,包括乡土志在内,婺源县志共修过二十次,修成十九部。

(宋)咸淳五年(1269年),邑人胡升撰成《星源图志》,知县洪从龙序其端。《婺源县志》创修于此。(已佚)

(元)至正年间,邑人汪幼凤修成《星源续志》。(已佚)

至正年间,俞元膺纂成《婺源县志》。⑤(已佚)

(明)弘治年间,程质修成《星源志》(十二卷)。⑥(已佚)

正德八年(1513年),教谕傅鼎修成《婺源县志》(六卷),自序其端。(已佚)

嘉靖十七年(1538年),冯炫纂成《婺源县志》(六卷),邑人

---

① 康熙《徽州府志》卷一,《中国方志丛书》本,台北:成文出版社,1970年。
② 中国科学院北京天文台主编:《中国地方志联合目录》,北京:中华书局,1985年,第471页。
③ 道光《休宁县志》,何应松序,《中国地方志集成》本,南京:江苏古籍出版社,1998年。
④ 中国科学院北京天文台主编:《中国地方志联合目录》,北京:中华书局,1985年,第471页。
⑤ 民国《婺源县志》卷一,民国十四年(1925年)刻本。
⑥ 道光《徽州府志》卷一五,《中国地方志集成》本,南京:江苏古籍出版社,1998年。

汪思序其端①。现仅存卷四~六。②

万历三十九年（1611年），赵昌期等修成《婺源县志》。（已佚）

天启二年（1622年），黄世臣、卢化鳌等纂成《婺源县续志》。（已佚）

（清）顺治十二年（1655年），婺源知县张弘美聘绅士修邑志。顺治十五年（1658年）七月，南街失火延烧博士公署，纲目等书及县志版俱毁。③

康熙八年（1669年），修成《婺源县志》（十二卷），刘光宿修，詹养沉纂。

康熙三十三年（1694年），蒋灿纂成《婺源县志》（十二卷）。④

乾隆二十二年（1757年），修成《婺源县志》（三十九卷首一卷），俞云耕修，潘继善纂。⑤

乾隆五十二年（1787年），修成《婺源县志》（三十九卷首一卷），彭家桂修，张图南等纂。⑥

嘉庆十二年（1807年），赵汝为纂成《婺源县志》（三十九卷首一卷）。⑦

道光六年（1826年），修成《婺源县志》（三十九卷首一卷），黄应昀、朱元理纂修。⑧

---

① 民国《婺源县志》卷一，民国十四年（1925年）刻本。
② 中国科学院北京天文台主编：《中国地方志联合目录》，北京：中华书局，1985年，第490页。称其为"嘉靖十九年刻本"。
③ 康熙《徽州府志》卷一，《中国方志丛书》本，台北：成文出版社，1970年。
④ 民国《婺源县志》卷一，民国十四年（1925年）刻本。
⑤ 中国科学院北京天文台主编：《中国地方志联合目录》，北京：中华书局，1985年，第490页。民国《婺源县志》称其为"乾隆十九年修"，或为始修时间。
⑥ 中国科学院北京天文台主编：《中国地方志联合目录》，北京：中华书局，1985年，第490页。民国《婺源县志》称其为"乾隆五十一年修"。
⑦ 中国科学院北京天文台主编：《中国地方志联合目录》，北京：中华书局，1985年，第490页。民国《婺源县志》称其为"为册十有二"。
⑧ 中国科学院北京天文台主编：《中国地方志联合目录》，北京：中华书局，1985年，第490页。民国《婺源县志》称其为"道光五年修"。

同治九年(1870年),沈璟修成《婺源县续志》。① (已佚)

光绪九年(1883年),修成《婺源县志》(六十四卷首一卷),吴鹗修,汪正元纂。②

光绪三十四年(1908年),董钟琪、汪廷璋修成《婺源乡土志》(七章)。③

光绪三十四年(1908年),吴国昌编成《婺源地理教科书》。④

民国十四年(1925年),《重修婺源县志》(七十卷末一卷)修成,葛韵芬等修,江峰青纂。⑤

明、清、民国时期婺源县共进行了十七次修志活动,平均二十五年左右就修一次,共修成十六部。

根据文献资料的记载,元代汪元相编修的《祁阊志》是历史上第一部祁门县志,自此之后到民国时期,包括乡镇志、乡土志在内,祁门县总共进行了十二次修志活动,共修成十部祁门县志,两部乡镇志。

(元)顺帝元统元年(1333年)⑥,邑人汪元相修成《祁阊志》。"县有志自此始"⑦。(已佚)

(明)永乐九年(1411年),修成《祁阊志》(十卷),蒋俊修,

---

① 光绪《重修安徽通志》卷三三九,清光绪三年(1877年)刻本。
② 中国科学院北京天文台主编:《中国地方志联合目录》,北京:中华书局,1985年,第490页。民国《婺源县志》称其为"光绪八年修"。
③ 中国科学院北京天文台主编:《中国地方志联合目录》,北京:中华书局,1985年,第491页。
④ 中国天文史料普查整编组:《中国地方志联合目录》(初稿),1978年,江西省,第29页。
⑤ 中国科学院北京天文台主编:《中国地方志联合目录》,北京:中华书局,1985年,第491页。
⑥ 康熙《徽州府志》卷一(《中国方志丛书》本,台北:成文出版社,1970年)则称此志为"元至正元年(1341年)"修。可能是道光《祁门县志》以开始修志的时间为算,而康熙《徽州府志》则以志成时间为准。
⑦ 道光《祁门县志》卷一,清道光丙戌(1826年)刻本。

黄汝济纂。①

弘治十二年（1499年），修成《善和乡志》，程复用纂修。②（已佚）

正德十五年（1520年），邑人程昌（字和溪）修成《祁阊志略》，又名《浮梁志略》。③

正德年间，谢春修成《祁阊志》（十卷）。④（已佚）

万历二十八年（1600年）⑤，修成《祁门县志》（四卷）⑥，余士奇修，谢存仁纂。⑦

（清）康熙二十三年（1684年）⑧，修成《祁门县志》（八卷），同知姚启元修，张瑷等纂。⑨

道光七年（1827年），修成《祁门县志》（三十六卷首一卷），王让修，桂超万纂。

同治十二年（1873年），修成《祁门县志》（三十六卷首一

---

① 道光《徽州府志》卷八，《中国地方志集成》本，南京：江苏古籍出版社，1998年；中国科学院北京天文台主编：《中国地方志联合目录》，北京：中华书局，1985年，第473页。康熙《徽州府志》卷一"建置沿革表"（《中国方志丛书》本，台北：成文出版社，1970年）则称"（明）洪武三年庚戌，黄汝济修邑（祁门）志"，疑误。同治《祁门县志》卷首"蒋俊序"亦称其为《祁阊图志》。康熙《徽州府志》卷十七"杂志上·书籍"（《中国方志丛书》本）称其为"《续祁阊志》"。
② 光绪《善和乡志》卷首，程复用序，《中国地方志集成》本，南京：江苏古籍出版社，1998年。此志为迄今知道的最早的一部徽州府的乡镇志。
③ 康熙《徽州府志》卷一，《中国方志丛书》本，台北：成文出版社，1970年。
④ 康熙《徽州府志》卷一七，《中国方志丛书》本，台北：成文出版社，1970年。
⑤ 道光《祁门县志》卷一，（清道光丙戌（1826年）刻本）称："明神宗万历二十七年己亥，知县余士奇聘邑人谢存仁修邑志成"。
⑥ 道光《徽州府志》卷一五，（《中国地方志集成》本，南京：江苏古籍出版社，1998年）称："谢存仁《万历祁门县志》八卷。"
⑦ 中国科学院北京天文台主编：《中国地方志联合目录》，北京：中华书局，1985年，第473页。
⑧ 《中国地方志联合目录》（中国科学院北京天文台主编，北京：中华书局，1985年，第473页）称此志为"康熙二十二年（1683年）刻本"。
⑨ 道光《祁门县志》卷一，清道光丙戌（1826年）刻本。

卷),周溶修,汪韵珊纂。①

光绪七年(1881年),修成《善和乡志》(八卷),程文翰编修。②

光绪年间,倪望重纂成《祁门县志补》(一册)。

宣统年间,李家骧编成《祁门县乡土地理志》(不分卷)。③

明清两代共进行了十一次编修祁门县志、祁门县乡镇志的活动,平均五十二年编修一次。

根据文献记载,第一部《黟县县志》是明代正德十六年(1521年)知县陈九畴编修的,"黟之有志,昉在明正德时陈君九畴"④。从明代正德年间黟县开始编修县志,一直到民国时期,包括乡土志在内,黟县共进行了十一次编修县志的活动,平均三十七年左右编修一次。

(明)正德十六年(1521年),知县陈九畴修成《黟县志》。"黟有志自此始"⑤。(已佚)

万历年间,知县王家光修成《黟县图记》。(已佚)

(清)顺治十二年(1655年),窦士范修成《黟县志》(八卷)。

康熙二十二年(1683年),修成《黟县志》(四卷),王景曾修,尤何等纂。

乾隆三十一年(1766年),孙维龙修成《黟县志》(十二卷)。⑥

嘉庆十七年(1812年),修成《黟县志》(一志)(十六卷首一卷),吴甸华修,程汝翼、俞正燮纂。

---

① 中国科学院北京天文台主编:《中国地方志联合目录》,北京:中华书局,1985年,第473页。
② 中国科学院北京天文台主编:《中国地方志联合目录》,北京:中华书局,1985年,第473页。此志安徽省图书馆仅存卷一、二、六、七。
③ 中国科学院北京天文台主编:《中国地方志联合目录》,北京:中华书局,1985年,第473页。
④ 嘉庆《黟县志》卷一六,《中国地方志集成》本,南京:江苏古籍出版社,1998年。
⑤ 康熙《徽州府志》卷一,《中国方志丛书》本,台北:成文出版社,1970年。
⑥ 嘉庆《黟县志》卷一六,《中国地方志集成》本,南京:江苏古籍出版社,1998年。

道光五年(1825年),修成《黟县续志》(二志)(五卷),吕子珏修,詹锡龄纂。

同治九年(1870年),修成《黟县志》(三志)(十六卷首一卷),谢永泰修,程鸿诏纂。

《黟县乡土志》,因此志记事止于清同治末,应修于同治末年之后。

民国十二年(1923年),修成《黟县志》(四志)(十六卷首一卷末一卷),吴克俊等修,程寿保等纂。①

民国十四年(1925年),胡存庆编成《黟县乡土地理》(一册)。②

根据现存文献记载,最早的一部有名可考的单独的《绩溪县志》应该是明代弘治十五年(1502年)编修的。从明朝至民国时期,包括乡土志在内,绩溪县曾进行过十三次修志活动,平均三十三年左右修一次。

(明)弘治十五年(1502年),修成《绩溪县志》,程傅修、戴骝主纂。(已佚)

正德十六年(1521年),修成《绩溪县志》,陈约修、张翱等纂。(已佚)

万历九年(1581年),修成《绩溪县志》(十二卷),陈嘉策修、何棠等纂。

(清)康熙七年(1668年),修成《绩溪县志续编》(四卷),苏霍祚修、胡象谦等纂。

乾隆二十一年(1756年),修成《绩溪县志》(十卷),较陈锡修、章瑞钟纂。③

嘉庆十五年(1810年),修成《绩溪县志》(十二卷),清恺

---

① 中国科学院北京天文台主编:《中国地方志联合目录》,北京:中华书局,1985年,第474页。
② 中国天文史料普查整编组:《中国地方志联合目录》(初稿),1978年,安徽省,第59页。
③ 嘉庆《绩溪县志》卷首,《中国地方志集成》本,南京:江苏古籍出版社,1998年。

修、席存泰纂。①

同治年间,修成《绩溪县续志》,喻肇祥、宋垚金、宋庆嵩等纂修。(已佚)

咸丰年间,胡在田修成《绩溪县志补》。②(已佚)

民国十五年(1926年),胡步洲编成《绩溪乡土地理》(一册)。

民国十九年(1930年),汪稼云编成《绩溪乡土历史》(11章)。③

民国二十三年(1934年),修成《新修绩溪县志》,马吉笙修、胡止澄纂。④

《绩溪乡土历史教科书》(一册)。

《绩溪乡土地理教科书》(一册)。⑤

根据上文所作的分析和统计,徽州府志、六县县志、乡镇志的编修一直持续不断,明代以后更呈现出一种迅速发展的趋势,如果笼统地将徽州府志、六县县志、乡镇志合在一起计算,从最早的明代洪武九年(1376年)到最迟的民国二十六年(1937年),总共五百六十多年时间里,徽州地区平均不到六年就要进行一次修志活动。而如果再加上各类专志的编修,徽州地方志书编修的连续性、频繁性特点就会更加突出。

徽州地区各类专志的编修也呈现出连续性的特点,兹以黄山专志为例予以说明。

以黄山为记载对象的专志,有以《黄山图经》为名的,也有

---

① 中国科学院北京天文台主编:《中国地方志联合目录》,北京:中华书局,1985年,第472页。
② 光绪《重修安徽通志》卷三三九,清光绪四年(1878年)刻本。
③ 中国天文史料普查整编组:《中国地方志联合目录》(初稿),1978年,安徽省,第54页。
④ 中国科学院北京天文台主编:《中国地方志联合目录》,北京:中华书局,1985年,第473页。
⑤ 中国天文史料普查整编组:《中国地方志联合目录》(初稿),1978年,安徽省,第54页。

以《黄山志》为名的。清人许楚的《黄山历代图经考》①就曾对《黄山图经》的纂修源流作过梳理。为了进一步对相关问题展开论述,现将许楚《黄山历代图经考》的有关内容摘录如下。

  山有图经,犹人有传神。峰岩洞壑,是名脏腑,林树烟霞,殊备威仪,威仪胅裂,脏腑遁灵。粤稽往古,匠匠综营。鸿恢《禹贡》,良工奥衍,造极道无。若夫披阅之余,身在山中,惟恐其尽,近贤几罕觏矣。吾歙《黄山图经》肇闻北宋景祐间,通守李序云:"因考旧胜,聊缀非文,及阅《图经》尽识英华,则《图经》之见自景祐,不自景祐始也,前此荒邈无稽。"又五十九年嗣镌于县尉雁荡周公,为哲宗元符庚辰。又五十七年三刻于知州彦国胡公,为南宋高宗绍兴丙子。又五十三年四刻于中山焦公东之,为宁宗嘉定戊辰。又一百六十一年五刻于歙纵潭吴氏子容,是为皇明洪武辛亥纪元,见白云唐先生序。又九十五年六刻于祥符寺僧全宁,为天顺六年壬午。又一百一十七年七刻于丰城李侯邦和,为万历九年辛巳,续有乡先达潘石泉、唐心庵嘉靖间倡和诗,学博田公艺蘅碑记。次年壬午又八刻于歙山人程天锡,合白岳诗,有午槐程司徒及家族祖昉阳公佐并天锡三序。自万历壬午至万历己未又三十七年,而景升潘先生《黄海》之纪始出,一时钩深致远,网罗放逸,同普门静庵、智空寓安诸耆宿自神庙庚戌十年以来,搜剔岩壑,标鉴林泉,迄无虚日,令海内之幽人逸子,倾杖怀奇,使节星轺,凌峰触险,可谓表名德之殊勋,劈神皋之巨手,俾后之览者,绰有整齐,衷聚名章,罔艰撰读,当尸祝其河源星宿之自矣。②

  根据许楚的这篇考辨,黄山"图经之见自景祐,不自景祐始也,前此荒邈无稽",虽然在北宋景祐以前就已经编修过《黄山

---

① 民国《歙县志》卷一六,《中国地方志集成》本,南京:江苏古籍出版社,1998年。

② 民国《歙县志》卷一六,《中国地方志集成》本,南京:江苏古籍出版社,1998年。

图经》,但囿于资料的有限,没有办法了解其纂修情况,许楚能够知道的最早的《黄山图经》则是北宋景祐年间编修的。根据许楚的考辨以及现存其他文献的记载,自北宋景祐年间到明代万历壬午(万历十年,1582年)《黄山图经》先后八刻于世,即:一刻于北宋景祐间(1034~1037年),黄山祥符寺僧行明辑成;二刻于宋哲宗元符庚辰(即元符三年,1100年),祥符寺僧文太辑,歙县尉周公为之重刻;三刻于南宋高宗绍兴丙子(即绍兴二十六年,1156年),知州胡彦国重刻;四刻于南宋宁宗嘉定戊辰(即嘉定元年,1208年),中山进士焦源重辑;五刻于明洪武辛亥(即洪武四年,1371年),吴华祖纂辑,洪舜民绘图、唐桂芳作序、吴汇刊行的《黄山图经诗集》;六刻于明天顺六年壬午(即天顺六年,1462年),祥符寺僧全宁辑刻;七刻于明万历九年辛巳(即万历九年,1581年),邑侯李邦和辑刻,续有乡先达潘石泉、唐心庵嘉靖间倡和诗,学博田公艺蘅碑记;八刻于明万历壬午(即万历十年,1582年),程天锡辑刻,与《白岳诗》合本,有午槐程司徒及家族祖昉阳公佐并天锡三序①。许楚《黄山历代图经考》中还指出,万历己未(即万历四十七年,1619年)潘之恒曾辑刻《黄海》一书。由此可见,自北宋景祐年间(1034~1037年)至明朝万历十年(1582年)有明确记载的以《黄山图经》为名专记黄山的志书,至少已有八部之多,其中宋代四部,明代四部,《黄山图经》的编修成果丰富,再加上潘之恒的《黄海》,则有九部黄山专志,其中明代共有五部。

清代对于黄山专志的编修也十分重视,成果较之前代更为丰硕。康熙六年(1667年)僧人弘眉辑成《黄山志》,十卷②;康熙十三年(1674年),程宏志编著《黄山志》,五十卷;康熙十八年(1679年),闵麟嗣又纂成《黄山志定本》,共七卷;康熙三十年(1691年),歙人黄身先纂成《黄山志略》,一卷③;康熙年间,

---

① (清)闵麟嗣编,刘尚恒、王佐校点:《黄山志定本》,前言,合肥:黄山书社,1990年。
② (清)徐乾学:《传是楼书目》,清道光八年味经书屋钞本。
③ 民国《安徽通志稿》,民国二十三年(1934年)铅印本。

汪洪度撰有《黄山领要录》二卷①；康熙时，歙人汪士铉著有《黄山志续集》，六卷②；乾隆三十五年(1770年)，由徐山康、张佩芳纂的《黄山志》成书，二卷③；汪济醇撰有《黄山志》一部④；陈鼎撰有《黄山志概》一卷⑤。清代编修的黄山专志至少有九部之多，其中康熙一朝修有六部。

纵观明清两朝，黄山专志最少修成十四部，平均每三十八年左右就修成一部，其中康熙朝修成的黄山专志最多，至少有六部，十年左右就修成一部。如果将徽州府志、六县县志、乡镇志、黄山专志的编修活动合在一起来进行考察，则更能够显现出徽州地方志书编修的连续性、频繁性特点。

二、方志类型的多样性

根据文献记载和现存徽州地方志书的情况，徽州地方志书包括府志、县志、乡镇志、乡土志、采访册、专志等类型，而专志中又可根据记载对象的不同分为山水志、文献志、金石志、人物志、书院志、会馆志等。徽州地方志书具有类型多样的特点。

乡镇志是一乡、一镇、一村、一里之志，具有具体而微的特色。商品经济的发展促成了经济、文化型市镇的兴起，市镇的兴起，促使了乡镇志的产生。明代乡镇志的编修规模开始加大，乡镇志也基本定型并逐渐发展。明、清、民国时期徽州地区乡镇志也呈现出一个发展的趋势，编修的乡镇志主要有：弘治十二年(1499年)，程复用纂修的《善和乡志》⑥；雍正元年(1723年)，许绪祖编修的《休宁孚潭志》；雍正十二年(1734年)，佘华

---

① （清）丁仁：《八千卷楼书目》卷八，民国铅印本。
② 光绪《重修安徽通志》卷三三九，清光绪四年(1878年)刻本。
③ （清）丁仁：《八千卷楼书目》卷八，民国铅印本；（清）刘锦藻：《清朝续文献通考》卷二六七，民国影印十通本。
④ 光绪《重修安徽通志》卷三三九，清光绪四年(1878年)刻本。
⑤ （清）丁仁：《八千卷楼书目》卷八，民国铅印本。
⑥ 光绪《善和乡志》卷首，程复用序，《中国地方志集成》本，南京：江苏古籍出版社，1998年。此志为迄今知道的最早的一部徽州府的乡镇志。

瑞编修的《岩镇志草》(四卷);乾隆四十年(1775年)江登云纂、江绍莲续纂的《橙阳散志》(十五卷);光绪七年(1881年),程文翰编修的《善和乡志》(八卷);民国时期吴吉祜修成的《丰南志》;民国二十六年(1937年)许承尧修成的《西干志》[①];等等。乡镇志的出现和发展丰富了徽州方志的类型。

乡土志(包括乡土地理志、乡土教科书)是徽州地方志书中的另一种类型。乡土志是一种特殊形式的地方志书,是以一定行政区划为记载单位,反映这一地区自然地理、人文物产等概况的一种志书。它的编修,一是为各地编修乡镇志、县志或府志、省志准备资料;二是作为蒙学教材,起到加强基础教育的作用,能使儿童树立爱乡土进而爱国、忠君的思想。中日甲午战争后,国势更加衰微,民族危机加剧,乡土志的编纂初衷就是为初等小学堂的爱国、忠君教育提供乡土教材。乡土志是清代末期特定时代的产物。

徽州地区曾编修过如下乡土志:光绪三十四年(1908年),董钟琪、汪廷璋编成《婺源乡土志》(七章)[②];光绪三十四年(1908年),吴国昌编成《婺源地理教科书》[③];同治末年修成《黟县乡土志》[④];宣统年间,李家骧编成《祁门县乡土地理志》(不分卷)[⑤];民国四年(1915年),许家栋纂成《歙县乡土志》,一卷[⑥];民国十一年(1922年),程敷锴编成《徽州乡土地理》[⑦];民国十

[①] 中国科学院北京天文台主编:《中国地方志联合目录》,北京:中华书局,1985年,第470至473页。

[②] 中国科学院北京天文台主编:《中国地方志联合目录》,北京:中华书局,1985年,第491页。

[③] 中国天文史料普查整编组:《中国地方志联合目录》(初稿),1978年,江西省,第29页。

[④] 中国科学院北京天文台主编:《中国地方志联合目录》,北京:中华书局,1985年,第474页。

[⑤] 中国科学院北京天文台主编:《中国地方志联合目录》,北京:中华书局,1985年,第473页。

[⑥] 中国科学院北京天文台主编:《中国地方志联合目录》,北京:中华书局,1985年,第470页。

[⑦] 中国天文史料普查整编组:《中国地方志联合目录》(初稿),1978年,安徽省,第44页。

四年(1925年),胡存庆编成《黟县乡土地理》(一册)①;民国十五年(1926年),胡步洲编成《绩溪乡土地理》(一册);民国十九年(1930年),汪稼云编成《绩溪乡土历史》(十一章);民国时期编成《绩溪乡土历史教科书》(一册)、《绩溪乡土地理教科书》(一册)②;等等。

采访册实际上就是为编纂各省通志而修成的各个地方的地方志书的草稿,也具有地方志书的性质。徽州地区采访册的编修虽不频繁,修成的采访册数量亦不算多,不过也曾进行过采访册的纂修,如同治九年(1870年),曹光洛即编成《歙县采访册》(不分卷)③。

专志是以某一地区的某一特定事物为记载对象的地方志书,是地方志书中的一种独特类型。专志与地方志虽各有特点,但可以互为补充,能够更为全面地反映一个地区历史发展的相关情况。根据记载对象的不同,专志可分为不同类型。徽州地区编修的专志类型多样,主要有以下几种类型:

第一种,专记山水的。除上文所举黄山专志外,徽州地区还编修了几部齐云山专志。如,明代景泰年间,歙人方汉撰成《齐云山志》(七卷)④;嘉靖年间修成《齐云山志》(六卷)⑤;万历间,休宁知县鲁点纂成《齐云山志》(五卷)⑥;明朱宗相编《齐云山志》(六卷)⑦;明代所编《齐云山志》(二册),未著撰者名氏⑧;

---

① 中国天文史料普查整编组:《中国地方志联合目录》(初稿),1978年,安徽省,第59页。
② 中国天文史料普查整编组:《中国地方志联合目录》(初稿),1978年,安徽省,第54页。
③ 中国科学院北京天文台主编:《中国地方志联合目录》,北京:中华书局,1985年,第470页。
④ (明)焦竑(辑):《国史经籍志》卷三,明徐象枟刻本。
⑤ (清)丁丙(辑):《善本书室藏书志》卷一二,清光绪刻本。
⑥ (清)嵇璜:《续文献通考》卷一七一,清文渊阁四库全书本。
⑦ (清)丁仁:《八千卷楼书目》卷八,民国铅印本。
⑧ (清)范邦甸:《天一阁书目》卷二之二,清嘉庆文选楼刻本。

丁惟暄纂《齐云山志》①；等。另著有：明代丁惟曜纂《海阳山水志》②；明人潘之恒纂《新安山水志》（十卷）③；清人汪洪度著《新安大好山水志》；洪榜著《新安大好纪丽》（四卷）；黟县汪有光著《黟山水记》④；乾隆年间编修的《歙县舆地志略》；光绪年间纂修的《绩溪山水志》；等等。

第二种，专记人物的。如，明代程曈撰《新安学系录》（十六卷）⑤、《紫阳风雅》；汪心纂《婺源贤宦录》（一卷）；程岩长著《新安孝行录》；范涞著《休宁理学先贤传》；清人许楚著《新安外纪》；清代汪洪度著《新安节烈志》、《新安女史征》（二十卷）；程云鹏著《新安女行录》⑥；等等。

第三种，专记宗族的。如，明人戴昭著《新安名族志》二卷⑦；曹嗣轩撰《休宁名族志》；程傅撰《程氏志略》；清人程之康著《程氏人物志》（八卷）；等等。

第四种，专记文献的。如，明弘治十年（1497年），程敏政编《新安文献志》⑧；嘉靖二十八年（1549年），程曈编《补新安文献志》⑨；程质著《文献录》⑩；程廷策著有《续新安文献志》；朱泰阳撰《新安文征》；苏大编撰《新安文粹》（十五卷）；金德铉著《新安文辑》⑪；孙阳编《新安文粹》；胡光钊撰《祁门县艺文考》；清人方椿撰《歙艺文志》；吴荫培著《吴氏艺文略》；等等。

第五种，专记金石的。如，江绍前撰《金石录》；方豫立著

---

① 光绪《重修安徽通志》卷三三九，清光绪四年（1878年）刻本。
② 道光《徽州府志》卷一五，《中国地方志集成》本，南京：江苏古籍出版社，1998年。
③ （清）黄虞稷：《千顷堂书目》卷八，清文渊阁四库全书本。
④ 光绪《重修安徽通志》卷三三九，清光绪四年（1878年）刻本。
⑤ （清）嵇璜：《续文献通考》卷一六五，清文渊阁四库全书本。
⑥ 光绪《重修安徽通志》卷三三八，清光绪四年（1878年）刻本。
⑦ 光绪《重修安徽通志》卷三三八，清光绪四年（1878年）刻本。
⑧ 康熙《休宁县志》卷一，《中国方志丛书》本，台北：成文出版社，1970年。
⑨ 康熙《休宁县志》卷一，《中国方志丛书》本，台北：成文出版社，1970年。
光绪《重修安徽通志》卷三三八，清光绪四年（1878年）刻本称此志为"《新安文献补》"。
⑩ 光绪《重修安徽通志》卷三三八，清光绪四年（1878年）刻本。
⑪ 康熙《休宁县志》卷八，《中国方志丛书》本，台北：成文出版社，1970年。

《歙县金石考》;黄云龙著《歙县金石志》;叶为铭撰《歙县金石志》;等等。

第六种,专记歙砚的。如,婺源江贞著《歙砚志》(两卷)①;婺源人叶良贵撰《歙砚志》(四卷)②;等等。

第七种,专记书院的。如,明代施璜撰《紫阳书院志》(十八卷)③;清人董桂敷撰《紫阳书院略志》(八卷);施璜撰《还古书院志》(十八卷)④;清人吴瞻泰著《紫阳书院志》(四卷);等等。

第八种,专记会馆的。如,明嘉靖二十八年(1549年)程瞳编《徽州会志》⑤;光绪三十年(1904年)汪廷栋编《歙县馆录》;徐上镛辑《重续歙县会馆录》;等等。

此外,徽州还有专记古迹、天文、寺观、交通等方面内容的专志。徽州专志类型的丰富性特点非常突出。

三、方志体例的灵活性

方志的编纂在内容多寡、表现形式、体例设置、语言表达等方面都没有一个固定的模式,一般都是由编纂者根据编修宗旨选择记载内容的范围和编纂体例。总的来说,明、清、民国时期徽州方志主要有两种体例形式,一种是细目并列的平目体,一种是分纲列目的纲目体。

平目体的特征是各类目平行排列,无纲统属。平目体结构的优点是类目清晰,编纂省事,检索方便。徽州方志基本上采用的都是纲目体,只有个别方志用的是平目体,如嘉靖四十五年(1566年),汪尚宁、洪垣等人编纂的《徽州府志》(二十二卷)采用的就是平目体。

---

① 光绪《重修安徽通志》卷三四二,清光绪四年(1878年)刻本。(清)嵇璜撰《续文献通考》(卷一八一,清文渊阁四库全书本)称此志为"三卷"。
② 《明史》卷一三四,志一〇八,北京:中华书局,1974年。
③ (清)丁仁:《八千卷楼书目》卷八,民国铅印本。
④ (清)丁仁:《八千卷楼书目》卷八,民国铅印本。
⑤ 同治《祁门县志》卷一,《中国地方志集成》本,南京:江苏古籍出版社,1998年。

纲目体的特征是先设若干纲,各纲之下酌分细目,以纲统目。自宋元以来,地方志书的记载内容更加丰富,门目日渐增多,于是分纲列目之体使用的越来越多,大类之中,再分细目,由于经过归类,比之细目并列,查阅较为方便。清朝中后期以后,纲目体逐渐占据地方志书体例的主流,平目体虽然还在使用,但已不占主要地位。

在运用平目体和纲目体纂修地方志书的基础上,徽州方志编修者还善于根据实际需要对两种方志体例采取灵活变通的方法,往往将平目体和纲目体相结合,从而出现了在同一部徽州地方志书中平目体和纲目体兼而有之的情况。这样一种处理方法,能够将两种方志体例的特点充分发挥出来,更好地容纳地方志书中收录的不同内容。

康熙《休宁县志》和民国《歙县志》就是非常典型的纲目体志书,兹将两志纲目列于下表(见表一),以示纲目体志书之大概。

表一

康熙《休宁县志》			民国《歙县志》		
卷数	纲	目	卷数	纲	目
卷一	图说	山川、隅都、城郭、坊市、县治、学宫、山水、县境	卷一	图	
	方舆	建置沿革、象占、疆域、坊市、隅都、山川、风俗		舆地志	晷度、疆域、沿革、山川、都鄙、风土、古迹、丘墓
卷二	建置	城池、公署(各置附)、学校(社学、书院附)、约保、坛祠、坊表、津梁、塘堰	卷二	营建志	城池、公署、学校、秩祀、寺观、水利、津梁
				官司志	职官、名宦
卷三	食货	户口、公赋、徭役、储蓄、恤政、物产	卷三	武备志	兵防、兵事
				食货志	物产、赋役、贡品、盐法、茶纲
				恤政志	仓储、院局、蠲赋、振济、优老
卷四	官师	职官表、兵防、名宦	卷四	选举志	荐辟、科目
卷五	选举	进士、乡举、荐辟、贡士、武略(武职戚畹附)、武科第、舍选、椽史、封赠(恩荫附)	卷五	选举志	武科目、仕宦、勋爵、殊恩、封荫

续上表

康熙《休宁县志》			民国《歙县志》		
卷数	纲	目	卷数	纲	目
卷六	人物	儒硕、勋贤、忠节、文苑、风节、宦业、孝友、隐逸、学林（风雅附）、笃行、寓贤、方技、列女	卷六	人物志	勋绩、宦迹
卷七	艺文	制书、奏疏、纪述、题咏	卷七	人物志	忠节、儒林、文苑
卷八	通考	祀祥、古迹、书目、丘墓、寺观、仙释、佚事	卷八	人物志	材武、孝友
			卷九	人物志	义行
			卷十	人物志	士林（诗林附）、遗佚、方技
			卷十一	人物志	列女
			卷十二	人物志	列女
			卷十三	人物志	列女
			卷十四	人物志	列女
			卷十五	艺文志	书目、奏疏、序、记
			卷十六	艺文志	书、文、碑碣、考辨、议、颂、说、纪事、墓志、行状、诗赋
				杂记	祥异（人瑞附）、拾遗、志源、人物志姓名备查表

　　康熙《休宁县志》和民国《歙县志》两部徽州方志皆采取分纲列目的纲目体编纂体例，纲目清楚，隶属明确，线索清晰，层次分明。而两书在具体的纲目的设置上和隶属关系上有所不同，这也反映了徽州方志编修者不同的修志思想。

　　为了说明徽州方志体例的多样性，并列举平目体和纲目体方志的差别，现以嘉靖《徽州府志》[①]和弘治《徽州府志》为例予以说明（见表二）。

---

① 嘉靖《徽州府志》，《北京图书馆古籍珍本丛刊》，北京：书目文献出版社，1998年。

表二

平目体		纲目体		
嘉靖《徽州府志》		弘治《徽州府志》		
卷数	目	卷数	纲	目
	图			图
卷一	建置沿革志(有表)、分野志、疆域志、坊市志、厢隅乡都志、城池志	卷一	地理一	建置沿革、郡名、分野、疆域(里至附)、形胜、风俗、山川、城池、坊市、厢隅乡都
卷二	山川志、形胜志、风俗志	卷二	地理二	桥梁(津渡附)、古迹、丘墓
			食货一	田地、户口、水利、土产、土贡
卷三	监司职官志(有表)	卷三	食货二	财赋(军需、徭役附)
卷四	郡守职官志(有表)	卷四	封建	(戚畹附)
			职制	郡县官属、兵卫官属、名宦
卷五	县职官志	卷五	公署	
			学校	(书院、堂塾、楼舍、社学附)
			祀典	坛壝、祠庙
			恤政	仓局(库院、义冢附)、蠲赋(赈饥、养老附)
卷六	名宦传、公署志	卷六	选举	科第、岁贡、荐辟、吏材
卷七	食货志上	卷七	人物一	勋贤、儒硕、文苑
卷八	食货志下(物产)	卷八	人物二	宦业
卷九	学校志	卷九	人物三	忠节、孝友、义勇、武功、封赠、隐逸
卷十	祀典、恤政志、水利、桥梁	卷十	人物四	寓贤、列女、艺术、仙释
			宫室	
			寺观	
			祥异	
卷十一	兵防志	卷十一	词翰一	辞命、表疏、书、题跋、论、杂著、启、上梁文、祭文、铭箴、赞颂、辞赋、诗章、序
卷十二	选举志上(荐辟、岁贡)	卷十二	词翰二	记、拾遗
卷十三	选举志中(科第、武举附)			

续上表

平目体		纲目体	
嘉靖《徽州府志》		弘治《徽州府志》	
卷数	目	卷数	纲	目
	图			图
卷十四	选举志下（舍选、输粟、吏材、恩荫）			
卷十五	朱子世家、儒林列传			
卷十六	勋烈列传、名贤列传、忠节列传			
卷十七	宦业列传			
卷十八	文苑列传、材武传			
卷十九	孝友列传、隐逸列传（质行附）			
卷二十	列女传、寓贤列传、艺术列传			
卷二十一	封建志、宫室、丘墓、古迹、书籍			
卷二十二	寺观、仙释列传、祥异、拾遗			

从总体上看，嘉靖《徽州府志》是平目体的地方志，众目平行，互不统属，线索简单明了，但其中亦有一些纲目体的特点，如第十二、十三、十四卷，以"选举"作为大类，而下面则实际再分细目，分别对荐辟、岁贡、科第、武举、舍选、输粟、吏材、恩荫等选举方式进行叙述，这是一种变通的形式，也反映了徽州方志在编修体例上的灵活性。

明代弘治四年（1491年）程敏政纂修的三十八卷的《休宁志》则是平目体和纲目体结合的又一例证。兹将其类目设置情况详列于下表（见表三），以此说明徽州方志在体例设置方面所存在的灵活性特点。

表三

卷数	纲	目
		图
卷一		建置沿革、疆域、山川、风俗形胜、治所、公署、门坊、隅都、学校、社学、书院、家塾、坛场、仓囤、邮传、贡赋、田亩、租税、户口、物产
卷二	宦绩一	
卷三	宦绩二	县官题名、学官题名
卷四		古迹、祠庙
卷五		寺院、宫观、镇市、塘堨、池井、桥梁
卷六		宫室、坟墓
卷七		书目一、书目二
卷八	人物一	勋贤
卷九	人物二	儒硕
卷十	人物三	忠义
卷十一	人物四	孝行
卷十二	人物五	宦业
卷十三	人物六	遗逸（义民）
卷十四	人物七	进士题名
卷十五	人物八	荐举题名、科贡题名
卷十六	人物九	武臣
卷十七	人物十	列女
卷十八	人物十一	方技、流寓
卷十九	附文一	山川、桥堨
卷二十	附文二	学校、书院、家塾
卷二十一	附文三	坛庙
卷二十二	附文四	公署、古迹
卷二十三	附文五	宦迹
卷二十四	附文六	寺观
卷二十五上下	附文七	宫室
卷二十六	附文八	人物行实
卷二十七	附文九	人物行实
卷二十八	附文十	人物行实
卷二十九上下	附文十一	人物行实
卷三十	附文十二	人物列女
卷三十一	附文十三	人物制命□□
卷三十二上下	附文十四	人物序
卷三十三	附文十五	人物书
卷三十四	附文十六	人物祭文赞词
卷三十五	附诗一	公署、宦迹
卷三十六	附诗二	山川古迹
卷三十七	附诗三	山川宫室
卷三十八	附诗四	人物杂□

弘治《休宁志》采用的是平目体和纲目体相结合的方法,卷一、卷四、卷五、卷六、卷七用的是平目体,按所要论述的具体内容拟定细目,一一列出,并列编排,一目了然。其他各卷则使用纲目体,先设大纲,纲下设目,并根据每纲每目论述内容的多少设置卷数,内容多者单独列为一卷,或列为几卷,内容少者一个纲下的几个目合在一起列为一卷,有纲有目,归属明确,条理清晰。平目体和纲目体两者杂糅,灵活多变。

徽州方志在体例的使用上还有一种方式,即以纲目体为基础,纲下设目,有些目下再设细目,总体上采用"纲——目——细目"的分层方式对所录内容进行编排,这也是方志体例灵活变化的一种形式。民国十二年(1923年),吴克俊、程寿保等纂修的《黟县志》①(十六卷首一卷末一卷)即是这种形式的代表。为了更为清晰地了解这种体例的特点,现将其纲、目、细目的设置情况列表于下(见表四)。

表四

卷数	纲	目	细目
卷首		目录、职名、凡例	
卷一	图表	九区总图一(附表)、九区分图九、村名补注图一、纪事表	
卷二	地理志	山川、村名补注(图见前)	
卷三	地理志	风俗(方言附)、物产	
卷四	职官志	县职、学职、名宦	
卷五	选举志	选举补志、科第、荐辟、贡生、仕宦、武职(军功附)、封荫	

---

① 民国《黟县志》,《中国地方志集成》本,南京:江苏古籍出版社,1998年。

续上表

卷数	纲	目	细目
卷首		目录、职名、凡例	
卷六	人物志	人物补传	余庄、卢培、卢又绅、余之焕(宦业补)、江大璋、汪令愷、程五寿、金正熹、金华稠、程尚武、程连宗(子尚镛附)、胡灶讬(忠节补)、余应焕、余学德(孝友补)、前明姚双(质行补)、许永崇(人瑞补)、王国泰、舒德兆(尚义补)、戴荣基、舒显宗(文苑补)、李廷梁(武略补)、卢云乘、欧阳世启(艺术补)、查显宗(隐逸补)
		宦业	孙云、江允康、姚振玉、江有声、舒凤焘、舒之翘、叶森、黄铭鼎、王家瑞、李淦、孙鹏仪、郑恭、程寿保、叶新第、金庆慈、黄廷珍(子占吉附)、汪奎、胡嘉铨、何宗逊、叶新藻、王士暄、程锡麒、黄存厚、何缉熙
		忠节	舒廷坚、舒学忠、李能谨、朱荣宠、何朝贵、王德蒸、王学书、余明麟、余世守、胡进财
		儒行	舒英、程鸿诏、余联成、汪浚、汤球、程绶、余文榜、戴承烈、汤作霖、姚绅、程朝仪、黄敦礼、胡兆联、舒学诗、胡朝贺、胡文郁、余嘉辰、余嘉植、范鸿渐
		孝友	姚必源(弟必清附)、江勋、汪国卿、汪国杞、姚联达、汪必封、胡学济、徐舜廷、姚成基、孙景荣、孙天庆、孙茂祥、叶懋蒸、叶效良、孙元旦、汪令钰、查邦达、李汝泗、李有忠、余邦煌、余国炳、李光杰、李元黑、黄美銮、余成垩、舒兴发、余国英、余朝洪、余士恩、余守鑫、余士鉴(弟士镰附)、余联科(弟联桂附)、欧阳暮、舒遵纯、汪崇镛、王康吉、汪学礼、黄永寿、江元拔、余有镛、林万美、舒良玉、舒殿传
		质行	俞懋麟、舒友兰、程尚适、余寿朋、孙雨亭、吴序铺、胡蕃、黄庆鸿、余国谨、李永杰、程士爽、江礼门、舒君赐、孙美时、舒庆超、余益富、胡樾、卢鲲、戴祺、余之叶、李春华、李守恭、李肇柏、汪心存、叶贤、江煦、丁士贤、汪文雅、汪振基、卢作霖、叶煮、余兆骥、余毓彪、余荣麟、汪绍煋、汪福南、江庆模、查永安、黄美沄、王福启、汪国玺、胡之兰、余俊懋、余顺、余肇名、李长庚、李嘉铭、李应庚、吴学烜、吴国珍、金起国、江元善、江元凤、王鉴、叶效英、孙树昌、王国椿
		人瑞	孙肇齐、欧阳烈、舒义义、余士锜、李光荣、王以诚、汪选楠、许廷佐

续上表

卷数	纲	目	细目
卷首		目录、职名、凡例	
卷七	人物志	尚义	汪元镇、胡启玺、汪联洪、舒祖谟、舒怀勋、叶自耀、姚胜隆、韩文治、孙时泰、孙式道、孙大纲、江镛、汤大本、王安淼、戴吉先、吴家修、汪汝雯、韩家合、余邦烋、余达、余光焕、余邦辉、汪守宽、余笏、黄祥喜、项登社、项绍裘、江云翔、汪培基、李昺、江元庆、江元长、汪廷琛、李林选、李宗煟、金起本、孙希祖、孙式达、舒凤翔（子殿衡附）、叶勋、胡朝金、姚嘉长、姚成盈、范崇松、姚振钟、黄庆鳞、吴永祥、江元魁、朱汝霖、朱汝鉴、赵有贵、程上进、王仁宅、吴长峤、余邦朝、余世铉、余寿山、余大庆、余开禧（弟开蔚附）、李锡禄、舒之翔、欧阳萱、李彬彦、舒君淦、胡思正、余灿文、叶赏钺、韩庆琛、余锡、李元榜、欧阳茂、胡臻松、余增祥、余国泰、叶晓春、汪华钰、舒廉（子德祥附）、舒法甲、黄美渭、林道宏、吴謇、叶寿萱、林世昌、王定国、许廷佐、叶赏清、程宏弼、胡士诰、胡树勋、汪律、韩国仪、孙正清
		文苑	胡有壬、胡朝贺（弟朝赞附）、汪承恩、舒文、朱麟、江廷凤、舒帷、余兆元、江维城、许懋修、何家俊、黄树田、汪福谦、胡光硕、叶克昌、江有声、叶效洛、叶效倚、叶效璈、余昌庆、汪琪、汪漳、程毓芳、汪联魁、王以诚、程士盈、汪润烈、胡宝书、吴锡年、舒曜华、舒曜衢、许懋和、程元超、朝文耀（子琡附）、叶梦衢、孙式荣、汪斯伟、程锡书、程锡光、程锡昌、汪骞、黄辉瑞、胡德藩、许琳、舒济、叶霖、胡立培、江汝和、余良弼、余丽清、江汝猷、吴发焕、舒怀、舒文钰（子廷沅、廷澧附）、孙彦博、胡腾声（弟腾达附）、汪懋彝、叶同科、叶文藻、江元良、邵恺、范扬芳、胡麟瑞、何宗敏、余翔麟、江汝济、李秋、程定保、王征瑞、汪维骏、孙赓虞、胡殿元、舒龙骧、汪宝成、范维翰、韩绍祖、舒作云、汪口、孙应台、汤英俊（俞时英合）、叶德成
		武略	李壮士、金殿铺、江廷琛、舒之翼、林文台、余毓龙
		隐逸	李连塘、余汝济、程煦、黄瑞莲

续上表

卷数	纲	目	细目
卷首		目录、职名、凡例	
		艺术	李能谦、程门（子言、盈附）、黄士陵、余之莱、姚嘉通、姚文昌、胡承颢、汪兴昱、汪毓金、韩仁寿、叶德发、余光宗、汪大度、汪绍勋、程其萱、李能敬、孙树藻、孙茂蕃、孙茂芳、叶峻华、孙光祖、方士恩、林承翰、孙式元、孙美善、汪棣、叶锡邕、许家璧、何应勋、何兴德（弟兴铨附）、何兴巍、何崇明、程倬
卷八	人物志	列女	孝女、孝妇、贞女、烈女、烈妇、贤妇、寿妇、才女、节孝、殉难妇女三志补遗
卷九	政事志	民治（附表）、户口、田地（附表）、赋税（附盐政）、仓储、城垣（岭隘附）、公署	
卷十	政事志	学校一、学校二（附表）、义学、坊表	
卷十一	政事志	祀典、祠堂、桥梁、亭宇、塘堨、义冢	
卷十二	艺文志上（采录前志）		
卷十三	艺文志下		
卷十四	杂志	文录	传、赞、序、跋、碑、记、铭、咏、杂体文
卷十五	杂志	诗录（词附）	
卷十六	杂志	古迹、丘墓、寺观	
卷末		志校、订伪、拾遗、抄存县署公函、后跋	

民国《黟县志》在"人物志"下设宦业、忠节、儒行、孝友、质行、人瑞、尚义、文苑、武略、隐逸、艺术、列女等目，目下再设细目。在民国《黟县志》中"纲——目——细目"的形式主要采取两种方法来排列：第一种方法是，"列女"一目下仍按列女类别来设立细目，如孝女、孝妇、贞女、列女、列妇、贤妇、寿妇、才女、节孝、殉难妇女三志补遗等，通过这种形式设置的细目，可以让读者对所要叙述的各种类型的列女有一个宏观的认识。这是

方志编纂的一种传统模式,也是一种常用模式;第二种方法是,"人物志"中其余各目下皆是以人名直接为细目名称,如"卷六·人物志·儒行"下列"舒英、程鸿诏、余联成、汪浚、汤球、程绶、余文榜、戴承烈、汤作霖、姚绅、程朝仪、黄敦礼、胡兆联、舒学诗、胡朝贺、胡文郁、余嘉辰、余嘉植、范鸿渐"等为细目,"卷六·人物志·人瑞"下列"孙肇齐、欧阳烈、舒尧义、余士锜、李光荣、王以诚、汪选楠、许廷佐"等人名为细目。这样以人名来设置细目,直观明晰,可以让读者直接从人名来了解每一类人物所包含的具体人物,便于阅读和使用。这种形式在方志编纂中较为少见。

纲目体的地方志比较通行的,一般都采用纪传体,即用纪、图、表、志、传五种体例编写,这应当是受到正史编纂体例的影响。而在具体编写时,各书体例要求也不完全相同,有的是五体齐备,而大多数则只有三四种。从上文所列类目来看,嘉靖《徽州府志》五体具备,主要有:图;表,如:建置沿革表、监司职官表、郡县职官表等;志,如:建置沿革志、分野志、疆域志、厢隅乡都志、城池志、山川志、风俗志、形胜志等;传(或列传),如:勋烈列传、名贤列传、忠节列传、寓贤列传、艺术列传、儒林列传、材武传、列女传等;世家,如:朱子世家。总的来说,嘉靖《徽州府志》在设置细目时就直接使用图、表、志、传(列传)、世家等字作为细目名称,这样的编排方式更为清晰地反映出地方志在体例设置上对于正史的借鉴和参考。有一些徽州方志则是在设置纲目时,除卷首为图、最后一卷为杂记外,则通篇用志,如道光《徽州府志》①设有:舆地志、营建志、食货志、武备志、职官志、选举志、人物志、艺文志等,其中"舆地志"中设有建置沿革表。另外,也有不少徽州方志,除"图"之外,纲目通篇不用志、表、传等字,如康熙《休宁县志》纲目为图说、方舆、建置、食货、官师、选举、人物、艺文、通考等。这是一种较为简单的办法,因方志编纂存在的连续性和继承性的特点,即使不用志、表、传等字,读者也能够明白其中的意思,阅读时也不会产生疑问。

随着西方教育体制对中国的影响,中国史书体裁发生了很

---

① 道光《徽州府志》,《中国地方志集成》本,南京:江苏古籍出版社,1998年。

大变化,章节体史书随着中国近现代教育体制的变化而开始广泛应用于编写教科书。地方志书的编写也受到了章节体史书体裁的影响,清代末期被初等小学堂用于进行爱国、忠君、爱家乡教育的乡土志就采用了章节体的体例形式。

现以光绪三十四年(1908年)董钟琪、汪廷璋编纂的《婺源乡土志》[①]为例,来说明徽州地方志书体例的灵活性特点。光绪《婺源乡土志》开篇设立"绪言",其下共设立七章,即婺源沿革、婺源建置、婺源官制、婺源宦绩、婺源人物、婺源风俗、婺源兵事,每章之下设课,共设一百〇四课。有的一课一个主题,有的几课一个主题。为了说明光绪《婺源乡土志》的结构特点,现将七章一百〇四课标题列表如下(见表五)。

表五

章数	章名	课数	课名
第一章	婺源沿革	第一课	婺源未建置以前
		第二课	婺源既建置以后
		第三课	县治之迁徙
		第四课	城池之建置
		第五课	婺源置县之缘起
第二章	婺源建置	第六课	公廨
		第七课	学宫
		第八课	学制
		第九课	紫阳书院
		第十课	续前一
		第十一课	续前二
		第十二课	崇报书院
		第十三课	试院
		第十四课	刘果敏公祠
		第十五课	京师会馆
		第十六课	文明会(京师公产)
		第十七课	南京试馆
		第十八课	续前
		第十九课	天主教堂

---

① 董钟琪、汪廷璋(编):《婺源乡土志》,清光绪三十四年(1908年)活字本。

续上表

章数	章名	课数	课名
第三章	婺源官制	第二十课	县职
		第二十一课	续前
		第二十二课	学职
		第二十三课	杂职
		第二十四课	武职
		第二十五课	翰林院五经博士
第四章	婺源宦绩	第二十六课	名宦总论
		第二十七课	刘津
		第二十八课	鲜于侁(阆中人)
		第二十九课	张士谦(山东乐安人)
		第三十课	帖木儿不花(元宗室)
		第三十一课	白谦(濠梁人)
		第三十二课	陈金(应城人)
		第三十三课	张槚(江西南城人)
		第三十四课	吴琯(福建漳浦人)
		第三十五课	赵崇善(浙江兰溪人)
		第三十六课	金兰(浙江会稽人)
		第三十七课	刘潜(四川富顺人)
		第三十八课	万国钦
		第三十九课	蒋国祚(镶蓝旗人)
		第四十课	宝祖禹(陕西富平人)
		第四十一课	黄世臣(明县丞广东人)
		第四十二课	张法皋(国朝宣城人)
第五章	婺源人物	第四十三课	人物总论
		第四十四课	名贤人物 宋王炎(武溪人)
		第四十五课	宋滕璘、滕洪(朱塘人)
		第四十六课	明汪应蛟(段莘人)
		第四十七课	明汪仲鲁(名睿,浯溪人)
		第四十八课	明余懋衡(沱川人)
		第四十九课	明汪敬(城西人)
		第五十课	余懋学(沱川人)
		第五十一课	国朝江永(江湾人)
		第五十二课	汪绂(段莘人)
		第五十三课	忠节人物 宋胡闳休(清华人)
		第五十四课	宋朱弁(松岩理人)

续上表

章数	章名	课数	课名
		第五十五课	宋汪介然(大畈人)
		第五十六课	宋许月卿(许村人)
		第五十七课	宋李苶(理田人)
		第五十八课	宋汪立信
		第五十九课	国朝王廷升(城北人)
		第 六 十 课	国朝王友端(词坑人)
		第六十一课	武士道人物　唐汪道安
		第六十二课	唐汪武
		第六十三课	唐胡瞳
		第六十四课	唐程湘
		第六十五课	明汪同(浯村人)
		第六十六课	明吴伯宣(花桥人)
		第六十七课	明游德敬(济深人)
		第六十八课	国朝汪乾(段莘人)
		第六十九课	国朝胡颜春(清华人)
		第 七 十 课	国朝汪节才(凤砂人)
第六章	婺源风俗	第七十一课	风俗举要
		第七十二课	续前一
		第七十三课	续前二
		第七十四课	续前三
		第七十五课	续前四
		第七十六课	续前五
		第七十七课	续前六
		第七十八课	续前七
		第七十九课	续前八
第七章	婺源兵事	第 八 十 课	婺源兵事之缘起
		第八十一课	黄巢之乱
		第八十二课	续前
		第八十三课	方腊之乱及元万户之来
		第八十四课	蕲黄之乱
		第八十五课	续前一
		第八十六课	续前二
		第八十七课	姚源之盗及宸濠之叛
		第八十八课	矿贼及山寇
		第八十九课	唐士奇之叛

续上表

章数	章名	课数	课名
		第九十课	王跳鬼之扰
		第九十一课	耿精忠之叛
		第九十二课	粤西之乱
		第九十三课	续前一
		第九十四课	续前二
		第九十五课	续前三
		第九十六课	续前四
		第九十七课	续前五
		第九十八课	续前六
		第九十九课	续前七
		第一百课	续前八
		第一百一课	续前九
		第一百二课	续前十
		第一百三课	衢州之变
		第一百四课	夏混天之警

上表所列课名中"续前"、"续前一"、"续前二"等即是表明几课主题相同,如第九、十、十一、十三课皆是叙述紫阳书院的,第九课用"紫阳书院"为题,第十课则用"续前一",第十一课则用"续前二";又如,第九十二到第一百二课都是叙述"粤西之乱"的相关情况的,第九十二课用"粤西之乱"为题,其余各课则均以"续前"为题。每课内容均较为简单,只是围绕某一主题简要说明即可,不作过多叙述。因这种乡土志主要用于初等小学堂教学,所以乡土志的这种编排方式非常适合有时间限制的课堂教学使用,也适合初等小学堂学生的认知水平。

以上所举例证表明,徽州地方志书的体例并不是僵死不变的,而是随着编修者的需要有所调整和变化。徽州方志体例设置上的灵活性是其最重要的特征之一。

四、方志体例的严谨性

徽州方志的编纂在体例上的要求非常严谨,不仅大的纲目设置十分讲究,对于纲目的变化也说明得非常清楚,而且每个纲目下应该收录哪些内容也特别注意,另外,每个纲目下撰有小序对本纲本目的情况作一综合而概括的介绍。

明代嘉靖年间,宋国华在主持纂修《休宁县志》时,尝"属庠弟子吴生宗尧、陈生有守、金生琪、金生时中、徐生良玉、汪生阶辈,悉以平日得诸所尝闻见相与讨论,编摩为卷凡若干,纲则大书,目则分注,既立凡例以正其议,又各为小序以括其意,大抵皆出入前志而稍加增损"①。宋国华对于方志体例的设置要求十分严格,召集众生进行讨论,将其日常所见所闻进行交流,并参考前志的体例,反复揣摩,进行适当的调整,最后才形成嘉靖《休宁县志》体例模式。对于体例的结构设置,宋国华也有一些具体的要求,即"纲则大书,目则分注,既立凡例以正其议,又各为小序以括其意",这种编排方式结构清楚,纲目统属明确,各目彼此独立,又环环相扣,"凡例"和"小序"又对纲目设置的相关问题作了进一步解释说明。由纲目的设置,由"凡例"和"小序"则可知全书之大概。

汪舜民等人在编修弘治《徽州府志》时也十分讲究体例的设置,对于纲目编排的前后次序特别注重,根据"汪舜民序"可知弘治《徽州府志》在排列纲目次序上所作的考虑。"汪舜民序"曰:"六县事迹以类纂辑,首地理,次食货,又次封建、职制、公署、学校、祀典、恤政、选举、人物、宫室、寺观、祥异、词翰,而终之以拾遗。盖建立郡邑既定,然后山川、城郭、乡市之类有所附,田地、户口、贡赋之类有所统,由是建官而设属,由是敬神而爱民,由是育材而取士。若夫地因人胜,宫室、寺观、祥异又皆地之所有,而纪其胜非文不可也,略有次第云。"②汪舜民是根据每一纲目之间的联结关系和统属关系来排列纲目先后次序的。只有确定了疆域才能够明确徽州府所拥有的山川河流、厢隅乡都、城市坊郭的基本情况,才能够弄清徽州府所辖区域内的土地数量和户口数额,并据此而确定赋税、贡赋的种类和数量;也

---

① 道光《休宁县志》卷二一,《中国地方志集成》本,南京:江苏古籍出版社,1998年。
② 弘治《徽州府志》,汪舜民序,《天一阁藏明代方志选刊》本,上海:上海古籍书店,1964年。

只有如此,才可以确定应该设置哪些职官、每一官职应设多少名官员来管理这一地域,最后才能够进一步确定开科考试、选取人才的相关情况。凡此种种,都是互相关联的,徽州方志在编纂时充分注意到了这个问题,因而对于体例的设置、纲目的排列要求都十分严谨。康熙《休宁县志》在体例设置上亦经过慎重考虑,"编次首方舆,而后建置、食货等类,以次而列者,盖有境土为之先,然后邑居建,货财殖,人物出,而百事兴,亦自然之次第也"①。康熙《休宁县志》关于纲目设置次序的思考与弘治《徽州府志》是一脉相承的。

在民国《婺源县志》"凡例"中也有关于志书纲目设置原则的一些说明,如"纪述一门关于修志缘起,故弁诸简端。先王疆理天下,辨物土之宜,则疆域尚焉,故首志疆域。经界既正,畚锸斯起,凡百制作,次第兴创,故次以建置。国以民为本,民以食为天,任土作贡,所邮起也,故次食货,有权利,则不能无竞争,有竞争,则不能无保卫,故次兵戎;政纲既立,待人而理,设官分职,民命所寄,故次官师。夫茧丝保障,朝廷所以重司牧之官也,币制干旌,国家是以隆吁,后之典也,婺源分野上应斗枢,人文蔚起,甲于他邑,故选举次之。自虹井发祥笃生朱子,名臣、理学、忠孝、廉节之士后先辉映,故人物次之。勋业文章古今并重,立言之君子,或关系民生国计,与夫地方掌故,则皆卓然可传,故艺文又次之。至若人瑞赐祥异,佚事本不经见,不可为典要附载篇末,而以杂志终焉。此先后叙次之分也"②。这一叙述充分说明了纲目排列先后次序的原因,以及每纲每目所要收录的内容,条理井然,层层相扣。

廖腾煃、汪晋徵编修的康熙《休宁县志》共八卷,每卷一纲,纲下再设目。每纲之下都撰有一个小序,序中较为详细地说明了设置本纲及将本纲列于此处的原因。为了说明问题,现将八卷小序列举如下。

卷一"方舆"序曰:"志首方舆,首所重也。自京师甸服而外为省者十有四,而江南居一焉。江南所隶为郡,若州十有八,徽

---

① 康熙《休宁县志》,凡例,《中国方志丛书》本,台北:成文出版社,1970年。
② 民国《婺源县志》,凡例,民国十四年(1925年)刻本。

居一。徽所隶为县者六焉,休宁居一。休之方舆微矣哉。抑《小雅》之诗曰:普天之下,莫非王土。休虽微,尺尺寸寸,圣天子之威德实式凭之,何其重也。而封畛土田之籍,弗核弗详,岂非邑士大夫与为吏者责与用。是本据旧志只慎缮修增损,惟允既成列志,书八卷第一。"①

卷二"建置"序曰:"于方舆志建置矣,此又曷志乎?尔曰专辞也。专之为义奈何?曰彼也,略此也,详专则吾得详焉。吾于建置不敢以或略也,其不敢略之义奈何?曰休际万山,凡城池、学校之类,畚捐陶甓,初作之劳,视平壤倍焉。追思厥初,恐恐然,惟废坠是惧,而及时整葺,间有废者,务量民力而兴复之,以无弃前劳,此其所以不敢略而详也。列第二。"②

卷三"食货"序曰:"司马迁作《平准书》,班固心知其非。原《洪范》八政,著食货志,以易之,而后之为史者因焉。邑志食货其义一也,余览旧志,举征求滋,苟储蓄不备,以为戒。余谓休赋于江南不在上上之则,而民生日蹙,能御水旱者无几,大约丰则耗,凶则束手待,转徙者比比也。计莫若仿古义仓,大丰亩敛粟斗,小丰半之,各储其乡,俾长厚者,司其钥以俟水旱,而取给焉。此周礼三十年之通计也。古者余于家,今者余于乡,备等耳。休人士倘有迨天未雨者乎?列第三。"③

卷四"官师"序曰:"官师凡可考者,皆这而书之。其有善政者,特书。不善则讳,厚之至也。然而或则贤,或则录录,或簿尉也,而贤或县尹师长也,而录录判若白黑矣。抑余又思,古者大国百里,其时事简民淳,而设官之数参王国之一焉。休幅员甚阔,民之淳,事之简,万万不逮于古,而职官不过数人,是虽曰不暇食,犹惧与碌碌者为伍,又况惰偷与营其私者耶。列第四。"④

卷五"选举"序曰:"仕宦始基厥惟选举哉,他如胥史累劳,富人输粟,膺章服佩,组绶乡里,犹荣之,而科名辟荐可知已。

---

① 康熙《休宁县志》卷一,《中国方志丛书》本,台北:成文出版社,1970年。
② 康熙《休宁县志》卷二,《中国方志丛书》本,台北:成文出版社,1970年。
③ 康熙《休宁县志》卷三,《中国方志丛书》本,台北:成文出版社,1970年。
④ 康熙《休宁县志》卷四,《中国方志丛书》本,台北:成文出版社,1970年。

每见山林肥遁,有尘视名位者,而其实不然。帝王御天下必与天下之贤才共理之,其取之也,各有所尚,若近世尤尚科目矣。科目之众寡即以觇其地贤才之盛衰。余按休邑科目肇于唐,亨于宋,弗绝于元,炽于明。及国朝春秋之试,本庠外籍隽必数人,由是为名公卿大夫者相望焉。呜呼!盛矣,辑而志之,以明贤才之盛,邦国之光,而亦乡里之荣。列第五。"①

卷六"人物"序曰:"天产英奇,如壤出泉,谓必择地而出乎?否也。然以余所历文献大邦,山川秀伟,人杰接踵,地灵若有助焉,抑亦风声习尚渐洽于儿童妇女而然也。论休邑人物者,佥曰地灵所钟,此与大雅嵩高之义无异。然东南邹鲁学道之泽在兹,而徒归功于白岳、渐江过矣。嗟呼!钧休之人耳,或富贵而磨灭,或匹夫匹妇声施烂焉。读斯志者,可以观,可以兴。列第六。"②

卷七"艺文"序曰:"艺文盖难言之,非特以作者之难,工工者之难,知也。其或才藻之美,倾动一时,无何而简断编残,卒归于湮没。惜哉!惜哉!古人勒诸金石有以也,然金有时毁,石有时泐,惟载在史籍者可以流传无穷。而史所不尽载,恃有郡县志,以网罗之,此其大较也。休之为邑旧矣,南宋以前诗文无可考,岂工且知之难与抑,不免于编残简断而湮没,与余甚惜焉。惜其所不存,而其存者宝爱,而欲传之宜也。然是志也,自王言而下,得朱子道院一记,弁其书,其不朽亦可必已。列第七。"③

卷八"通考"序曰:"八志因也,非创也。盖旧志发凡起例,其传久矣。中间节目颇有所更定,而大纲不敢易焉。重改作也,余读通考,而叹士之拘牵常见者,抑何陋哉?休一邑耳,妖祥之变,畸人术士之奇,可喜可愕,此与齐谐志怪凿空无事实者殊矣。若夫录沧桑之故迹,表王公贤哲之荒原,吾知慕古君子过之必有欷歔而凭吊者,用是仍列为志书第八,不忍废云。"④

---

① 康熙《休宁县志》卷五,《中国方志丛书》本,台北:成文出版社,1970年。
② 康熙《休宁县志》卷六,《中国方志丛书》本,台北:成文出版社,1970年。
③ 康熙《休宁县志》卷七,《中国方志丛书》本,台北:成文出版社,1970年。
④ 康熙《休宁县志》卷八,《中国方志丛书》本,台北:成文出版社,1970年。

八篇序文既说明了八个纲排列先后次序的原因,同时也对于每一纲的源流演变、主要内容、分属细目等进行了概括性的说明观此则可知此志的编纂宏旨,亦可知此志编纂的基本结构和内容取舍。

康熙《徽州府志》采用的是纲目体。关于"序"的撰写,康熙《徽州府志》虽略去纲下之大序,却于目下撰有"小凡例"。此志在"凡例"中称:"旧志每传前必有小序,旁引故典,发明大旨。今则每传前将修志鄙见掇为小凡例若干条,读者先观小凡例,自得志中主见。"①由此可知,每目下的"小凡例"实际上起到"小序"的作用,通过它可以了解到这一部分内容的编排原则和基本概况。如,《舆地志上·建置沿革》"小凡例"称:"旧表但有纪年及郡邑名目二层,而志系于后,今移志居前,而于表增作九层,以便观览。"康熙《徽州府志》编写"建置沿革表"时,既有对前志结构的继承,也有适当的调整和变化。"表上层记年,二层记省,三层记郡,以下记六县,而以有关郡邑大事分注其中,胜朝以后加详焉"②。由此可知,康熙《徽州府志》的"建置沿革表"分作九层:世代—总隶(并纪事)—郡(并纪地)—歙—休宁—婺源—祁门—黟—绩溪。由"小凡例"可知建置沿革编写之大概。

康熙《徽州府志》中"小凡例"的设置也是灵活的,其内容可多可少,上文所言《舆地志上·建置沿革》"小凡例"只有两条,而《舆地志上·山川》"小凡例"则有六条,且每条所言皆有不同,可见编者修志之主旨,即:第一条,"弘治郡志散记山川而分注于下,颇称疏朗,惜气脉不贯。嘉靖郡志行文于其间,贯串矣,而小注不详,皆有憾焉。兹以嘉靖志作主,而照弘治志注于下,斯为全备"。弘治《徽州府志》、嘉靖《徽州府志》皆有不足之处,此条反映出编修者在批评前志不足的基础上,借鉴前志的可取之处,再加以完善,从而使志书气脉通畅。第二条,"名山非得名人表彰不足传,诗文故当系之于下。然府志宜简,每山只摘数首。若黄山、白岳各有专志,诗不能载"。编者认为,相比于县志、专志,记载同一个对象,府志的内容要简略许多,因

---

① 康熙《徽州府志》,凡例,《中国方志丛书》本,台北:成文出版社,1970年。
② 康熙《徽州府志》卷一,《中国方志丛书》本,台北:成文出版社,1970年。

而在记载山川时,不能尽收歌咏山川的诗文,只能摘取数首以为代表。第三条,"山川原无消长,似宜照旧,不事加增。然徽在万山中,亦有前人未搜而后人赏之者,有本无庵院而后人点缀者,悉照邑志加入"。如果前志有所阙漏,当加以补充完善,这是康熙《徽州府志》的基本编修宗旨。第四条,"旧志水源谬误,今皆改正"。旧志有讹误之处理当修正,亦可见康熙《徽州府志》编修者的严谨态度。第五条,"每县有大河之水流入歙浦,而诸水前后汇之。今皆以大者为主,余皆条分缕析,尽易前观,庶无迷津之叹"。徽州地区水系丰富,大小河流交织在一起,前志在论述河流水系时,脉络不是非常清晰,康熙《徽州府志》的编者则以大河水道为主线索,其支流小河附之于后,条理清楚,归属明确。第六条,"水既以详晰为主,不便杂入诗歌,遂概系于新安江之末"。虽然也有不少人对徽州地区的河流水系写下歌咏之作,但为了保证水系脉络的清晰,在具体叙述河流情况时不随文收录相关的诗文,而将有关诗文集中列于新安江之后[①]。这六条"小凡例"较为充分地说明了康熙《徽州府志》体例设置的基本原则,也反映了这部志书的编修人员在体例设置上的严谨态度。

徽州方志的编修者编写每纲大序、每目小序,旨在说明此纲此目的发展源流、层次设置、结构安排等方面的问题,除此之外,徽州方志的编修者在每一纲目内容的选取问题上也十分注意。如,道光《徽州府志》"凡例"里即称:"旧志职官冠以监司,窃谓著书必严立体例。府志所载职官即应自知府以下,县志所载职官即应自知县以下。今将监司职官表删去,而郡县职官及武职官仍从旧志编续。"[②]对于收录的职官进行了筛选,严格规定了职官的收录范围。又如,"艺文志专载书籍,而金石附之,其诗词文章概不阑入,从班固《汉书》例也。诗词文章有关典要

---

① 康熙《徽州府志》卷二,《中国方志丛书》本,台北:成文出版社,1970年。
② 道光《徽州府志》,凡例,《中国地方志集成》本,南京:江苏古籍出版社,1998年。

者,附各门下,从旧志例也"①。这里又对书籍和诗词文章的归属问题进行了确定,艺文志之下专载书籍,金石之作也附在其后,而诗词文章则不列于艺文志之下,而是根据其所歌咏的对象分类编入,互不混淆,条理清晰。赵吉士在编纂康熙《徽州府志》时亦注意到了每个纲目门类内容的取舍问题,他在序中即称:"志中人物诸传,固不敢轻为去取,而所传事迹尤必务为精严,求其可信,至于明代巨公往往从国史中窃取附益,独加详备。"②

关于康熙《徽州府志》的体例问题,赵吉士在序中又言:"勉力编摩,自丁丑春迄己卯冬凡阅三十有六月,而书成。为卷者十有八,汇而为纲者九,曰舆地志,曰官师志,曰兵防志,曰食货志,曰营建志,曰恤政志,曰选举志,曰人物志,曰杂志;条而为目者六十,曰建置沿革,曰分野,曰疆域,曰城池,曰厢隅乡都,曰山川,曰形胜,曰风俗,属之舆地;曰监司职官,郡职官,县职官,曰名宦传,属之官师;曰兵制,曰兵署,曰军官,曰陁塞,曰足食,曰义兵,曰武功,属之兵防;曰赋役,曰物产,属之食货;曰学校,曰公署,曰祀典,曰水利,曰桥梁,属之营建;曰仓局,曰蠲赈,属之恤政;曰科第,曰荐辟,曰岁贡,曰舍选,曰武科第,曰吏材,曰恩荫,属之选举;曰朱子世家,曰儒硕传,曰勋烈传,曰经济传,曰忠节传,曰文苑传,曰风节传,曰宦业传,曰武略传,曰隐逸传,曰孝友传,曰绩学传,曰尚义传,曰列女传,曰流寓传,曰方技传,属之人物;曰封建,曰丘墓,曰古迹,曰书籍,曰寺观,曰仙释,曰祥异,曰拾遗,曰郡志源流,属之杂志。大约以府志为经,以邑志为纬,删繁就简,而益以嘉靖以后之人之事,详核而精讨之,字不加多,而文义略具。独人物一志,则前乎嘉靖者以嘉靖旧志为准,后乎嘉靖者以六邑新志为征。若乃众目之所未经见,众耳之所未尽闻,则宁从阙疑之例,不敢以私意轻为采入焉。"③赵吉士详列各纲名称,并细举纲下各目,将纲目的排

---

① 道光《徽州府志》,凡例,《中国地方志集成》本,南京:江苏古籍出版社,1998年。
② 康熙《徽州府志》,赵吉士序,《中国方志丛书》本,台北:成文出版社,1970年。
③ 康熙《徽州府志》,赵吉士序,《中国方志丛书》本,台北:成文出版社,1970年。

列次序、统属关系等说明清楚。赵吉士还指出,康熙《徽州府志》是按照"以府志为经,以邑志为纬"的原则对所收内容进行组织和排列的,这样可以使所述内容条理清晰,层次分明。

康熙《徽州府志》对于体例的设置和内容的选取十分重视,称"旧志有后魏新安公于栗碑、司马准二人,按之皆北朝人,于江南何涉,今删去",对于旧志中内容选取不当之处进行修正;又称"旧志有明谷王降徙新安一条,按之非封建之例,今移入拾遗"①,对旧志中内容归属错误的地方进行纠正,使类目和内容相统一。这种做法体现了徽州方志编修者对于体例设置和内容选取的严谨态度。

"志莫重于人文,自张迄宋,汇类区门,稍涉烦琐。靳志浑而一之,曰人物,又启混收滥入之嫌甚矣。甄别之难也。今晰其目为十二,首勋绩,次宦迹、节概,而儒林、文苑、材武次之,孝友、义行、士林、遗佚又次之,列女又次之,诗林系于遗佚,贞节、孝烈概之曰列女,从其类也。至方技之士专家名世,亦有可纪,故亦次于末编。其流寓诸贤已见山川志中,可毋复,及是亦犹仙释之因缘寺观也夫"②。这是乾隆《歙县志》的编修者在"凡例"中对于"人物志"下应收人物类别所作的说明。在吸取前志之长、摒弃前志之短的基础上,乾隆《歙县志》将"人物志"又细分十二门,也就是十二类人物,确定了各门的排列次序,并对于每门之下的归属关系作了进一步细化,其目的就是为了让读者根据细目即可知其大概的范围和内容。

弘治《徽州府志》对于收录人物有严格规定,如"名宦、人物必没世而后载之,庶无异议。惟科贡所录不间存没,盖止题其名,不系于人之贤否也","名宦"和"人物"两部分中收录的各类人物必须是已经去世的人,生者不能入志,而"科举"一目主要是列出科举名目、时间和人名,因而不论人物存没均可列入志书之中。对于各类人物的收录情况,弘治《徽州府志》也有相关规定,如"孝友所志必其人已没,及虽未没而已沐旌表,则为之作传,其余存者,但于拾遗中志之,以俟将来。盖行父母之遗

---

① 康熙《徽州府志》卷一七,《中国方志丛书》本,台北:成文出版社,1970年。
② 乾隆《歙县志》卷首,凡例,《中国方志丛书》本,台北:成文出版社,1970年。

体,晚或衰惰,一行少亏亦非孝矣"。地方志书中收录的孝友类人物,或为其人已没,或为虽未没而已受旌表者,而其他有孝友之行的生者,则每人撰一小传列于拾遗之中。对于列女类人物,则规定"若贞女、烈妇已沐旌表者,固在所录,或有呈报,郡县不幸未及上闻,亦有上闻未蒙核报,而为乡邦共知者,其诚心苦节足以励俗,今皆慎择而并录之。盖女妇之德惟贞即可录,年过五十亦例所当旌,非士之孝友比也"①,弘治《徽州府志》对列女类人物也严格规定了收录的标准。弘治《徽州府志》的编修者还指出:"由是举凡立例,所当录者不知则已,知则不敢少遗,其所不当录者,一毫不敢少徇。"②该收录的人物不能有所遗漏,不能收录的人物一个也不能随意收入志书之中。

康熙《休宁县志》对于人物收录原则的规定十分细致,称"人物只论本人实行,不当视子孙隆替。旧志传中本人只敷衍数语,即详注子孙某人某仕,殊不合体"。明确指出,只能够根据人物的实际行为确定是否收录该人,而不能因为其子孙的原因而将其收入志书之中。康熙《休宁县志》的编修者还指出旧志中存在的弊端,从旧志的收录情况看,有些人物本人并无实行,而是因其子孙被收入志书,因此就出现了传中涉及本人的情况十分简略,大部分内容则是详述其子孙如何之显盛。这是不合方志体例要求的。康熙《休宁县志》的编修者又指出徽州地区存在的另一种现象,即"郡县匾额原有关风化,今率皆去任时乞空白衔自填者,乡饮宾逐岁多人,亦多不实",针对这种情况,修志者做出了如下处理,即:"旧志匾额乡宾满纸排列,今概从删削。"鉴于旧志中收录人物所存在的问题,康熙《休宁县志》的编修者感慨而言:"本县志从前人物太滥,今不难于征辑而难于廓清,诸传中惟有实迹可纪者录入,其浮泛铺衍漫无足据者不录。"

康熙《休宁县志》的编修者还举出实例,说明他们在收录人

---

① 弘治《徽州府志》,凡例,《天一阁藏明代方志选刊》本,上海:上海古籍书店,1964年。
② 弘治《徽州府志》,汪舜民序,《天一阁藏明代方志选刊》本,上海:上海古籍书店,1964年。

物时的严谨性。如"凡例"所言:"儒硕十三人皆有确据,如范晞阳先生所请建理学名儒坊,载程大昌、吴儆、程若庸、陈栎、倪士毅、朱升、赵汸、范准、汪循九先生之外,程永奇、汪莘二先生则系朱子门人,曾有往复,范涞、汪康谣二先生则系东林崇祀,又《洛闽源流录》与朱升、赵汸、范准、汪循四先生并采合照,《壬子志》仍列儒硕,此外不敢妄增一人。"①

对于人物收录的标准和原则,道光《休宁县志》也有一个总体上的规定,即"人物除职官、选举、仕宦、列女外,必其人已没,然后载入,其现存者,俱不书,盖棺论定乃得其公"②,只有职官、选举、仕宦、列女四个部分可以收录现存之人,其他类型的人物必须是已经没世的,生者不得收录。道光《休宁县志》的编修者明确指出制定这一原则的原因是:"盖棺论定乃得其公。"

道光《徽州府志》对于人物的收录也有一些规定,如"列女一门,旧志分代总叙,今照宪颁安徽省志条例分四类,曰节妇,曰节烈,曰贞女,曰贞烈,而以孝妇、贤淑附焉。每类中已旌者在前,给匾额者次之,年例已符待旌者,又次之"③。道光《徽州府志》的编修者依据安徽省志编修条例的相关规定,对于"列女"类人物进行了再分类,并且也详细规定了"列女"下四类人物中人物的具体排列顺序。此处虽仅举道光《徽州府志》关于"列女"类人物的相关规定,亦可反映编修者在方志体例设置上的严谨态度。

道光《徽州府志》还对书写的格式进行了规范,即"行款须归画一,是书缮写,凡正文俱低二格,有应行抬写者,均分别出格、顶格,以昭敬谨。至如门类下所附国朝诸公碑记,其出格、顶格不论时代均照原文抬写"④。这样一来,读者根据文字格式,即可知其属于何种内容,清晰明了,方便阅读和使用。

---

① 康熙《休宁县志》,凡例,《中国方志丛书》本,台北:成文出版社,1970年。
② 道光《休宁县志》,凡例,《中国地方志集成》本,南京:江苏古籍出版社,1998年。
③ 道光《徽州府志》,凡例,《中国地方志集成》本,南京:江苏古籍出版社,1998年。
④ 道光《徽州府志》,凡例,《中国地方志集成》本,南京:江苏古籍出版社,1998年。

徽州方志体例设置的严谨性是与文人硕儒参与修志活动密切联系的。严谨的治学态度是徽州文人硕儒的一贯作风,他们在编修方志时也一直秉承着这一传统。徽州方志在体例设置方面的严谨性在一定程度上保证了志书的质量。

五、方志类目的变化性

在坚持方志体例严谨性的同时,徽州方志在类目的设置上还具有灵活多变的特点。这一特点是因为徽州方志编修者的想法不同,不同的人对同一个问题的看法不一样,就会在类目的设置上有所区别。另外,根据实际需要对类目的名称、收录内容等进行调整,也是徽州方志类目具有变化性特点的原因。当然,随着时代的变化,有些类目已不合时宜,必须进行调整和变化,这是徽州方志类目具有变化性特点的另一个原因。徽州方志往往在"凡例"、纲下之"序"、目下之"小序"、"小凡例"中说明类目的变化情况,并说明其调整类目的原因。

嘉靖《徽州府志》首创"朱子世家",即"朱子集诸儒大成道统攸属,仿孔子作世家"[1]。康熙《徽州府志》继承了"朱子世家"的设置,并对其内容进行了拓展和完善,主要包括以下几个方面:其一,"朱子自嘉靖志汪周潭副都特于人物之上立世家,仿太史公尊孔子笔法,真卓识也,今仍其旧";其二,"弘治志有《朱韦斋先生传》,自嘉靖志立世家后,不复别为立传。今取其未载者,分志于世家下,并'朱子世家'所未详者皆注之";其三,"朱子自嘉靖时特赐世袭博士,今详载世家后";其四,"朱子各诗文有关新安者附见";其五,"封朱子诰敕附见";其六,"文公阙里系宋理宗御书,今天子崇儒重道,亲洒宸翰,书'学达性天'四字,悬挂阙里,弥见隆重,特附见于后";"藏书阁邑志旧详书院中,阁既在阙里,自当连类附见"[2]。这样一来,"朱子世家"的内

---

[1] 嘉靖《徽州府志》,凡例,《北京图书馆古籍珍本丛刊》,北京:书目文献出版社,1998年。
[2] 康熙《徽州府志》卷一二,《中国方志丛书》本,台北:成文出版社,1970年。

容就更为丰富,并就此确定下来。

嘉靖《徽州府志》还设有新的类目,如,新增"勋烈传",即"程忠壮、汪越国旧概载于勋贤,今特揭二公为勋烈传",将原来收录于"勋贤传"的程忠壮、汪越国二传提取出来,单独设立一个"勋烈传",专记两人事迹。又如,新设"书籍"一目,即所谓"'书籍志'志一郡书目,马端临氏曰:昧兹题品亦可粗窥端倪,盖殚见洽闻之一也"①。

康熙《徽州府志》在"凡例"中对类目的设置和变化作了详细说明。如"建置沿革旧则仅纪地名,今则仿《史记》年月表式列作九层分记,庶几展卷了然"。又如,"新安讲学书院较他郡为多,另作一卷附于学校后",针对于徽州地区的书院数量较他处为多的情况,康熙《徽州府志》的编者作了灵活机动的处理,将"书院"单独列为一卷,置于"学校"之后,专门进行叙述,以反映徽州地区教育发展的特色。又如,"食货遵功令列六邑赋役于前,盖土产、钱粮只以现在者为征验也。若明元宋以前则述其大概,不必连篇累牍,纪无益之数目。他如学田则附之学校后,军田、运粮则载之兵防中,各以类从,庶不淆混"。鉴于土田米粮的类型多样化,康熙《徽州府志》将不同种类的土田米粮列入不同类目之下,如将"学田"附于"学校"之中,将"军田"附于"兵防"之下,"各以类从,庶不淆混"。再如,"'儒林'今易曰'儒硕',以明道学正传至重远也。'勋烈'专载梁、越二公,亦见特书之义。'名贤'之名,今易'经济',以名贤犹为泛指也。'忠节传'之中亦别立'死事'一条,盖严慎之至也。'文苑'、'武略'、'宦业'、'隐逸'而外,新增'风节'、'绩学'、'尚义'三传,而于'隐逸'中又附之以'风雅',所以搜罗广收吾郡之贤而不失乎善。善欲长之意庶乎可以无遗憾矣。若'列女',则新安山川峭激,贞操奇节,原较他郡为多,不忍妄去,以劝风尚也"②。此条"凡例"较为详细地说明了"人物志"下各目的变化情况及其变化原因,为了"明道学正传至重远也",将"儒林传"改名为"儒硕

---

① 嘉靖《徽州府志》,凡例,《北京图书馆古籍珍本丛刊》,北京:书目文献出版社,1998年。
② 康熙《徽州府志》,凡例,《中国方志丛书》本,台北:成文出版社,1970年。

传";为了"见特书之义",在"励烈传"中"专载梁、越二公";因为"名贤犹为泛指也",将"名贤传"易名为"经济传";在"忠节传"中新立"死事"一条,在人物志中又增设"风节传"、"绩学传"、"尚义传",在"隐逸传"中又附之以"风雅",凡此种种皆是希望"搜罗广收吾郡之贤而不失乎善"。

康熙《徽州府志》在纲目下亦撰有序文,序中亦有关于类目设置变化的叙述。如,"建置沿革"序文称"旧表但有纪年及郡邑名目二层,而志系于后,今移志居前,而于表增作九层,以便观览";"表上层记年,二层记省,三层记郡,以下记六县,而以有关郡邑大事分注其中,胜朝以后加详焉"①。将"建置沿革"的叙述次序进行了调整,并增设论述层次,使建置沿革表的结构更趋合理。又如,"经济传"序文称:"嘉靖志旧有'名贤传',而邑志为类不一,或分经济,或分才猷,或分名硕,俱继励烈之后。细考徽属先达勋名赫赫史册者甚众,仅该以'名贤'二字,犹似浮泛,今改其名曰'经济',斟酌旧志,增采邑传,庶几名实相符云。"②此处再次说明了将嘉靖《徽州府志》中"名贤传"改为"经济传"的原因。又如,"绩学传"下序文曰:"旧郡志无绩学传,然徽承紫阳遗训,人自刻励,其著述流传者不少,今拔其尤者,另立一类曰'绩学'";"绩学以著述为的,其无所纂辑者,无论矣。然人情诡诞,书不必其尽可信,亦不必其尽可传,故必其书已传于世,乃为信而有征,否则不如旧志之无矣"③。因受朱熹的影响,徽州地区的文人学者们著述颇丰,针对这种情况,康熙《徽州府志》专门设立"绩学传"一门,将此类人物加以收录。被收入"绩学传"的人是要有条件的,必须是有著述的,且其书已流传于世的人方可收入"绩学传"。

马步蟾在道光《徽州府志》志序中就非常详细地列举了志书纲目的设置情况,并对类目变化的情况作了说明:"旧志分八例,曰舆地,曰秩官,曰兵防,曰食货,曰营建,曰恤政,曰选举,曰人物。而八例之中,恤政志宜省也,艺文志宜增也,曷言之?

---

① 康熙《徽州府志》卷一,《中国方志丛书》本,台北:成文出版社,1970年。
② 康熙《徽州府志》卷一二,《中国方志丛书》本,台北:成文出版社,1970年。
③ 康熙《徽州府志》卷一五,《中国方志丛书》本,台北:成文出版社,1970年。

旧志食货一门，仅列赋役、物产，而恤政分二类，一仓局，一蠲赈，今以仓局并入营建，蠲赈并入食货，而恤政一志可省矣。盖赋役行于丰年，蠲赈行于凶年，互相表里，皆为食货良法。故西京一代蠲免最详，而班书不另立门类，第散见于食货志中，即遍考诸史，亦无以恤政另为一门者，史志之体一而已矣。仓局虽与赋役相通，然如育婴、养济、药局之类，皆与赋役不类，且历代兴置不一，更徙无常，当与学校、公廨同为营建大典，此例之可省则省者也。旧志不立艺文志，'凡例'云：'嘉靖志不立艺文一条，独取其有关政要者，摘入各门之下。'盖一举而三善备焉，一则卷帙不至繁芜，一则与志无涉者不刊自落，一则读其山川、祠宇、建置者，两两印证，事迹自明，然亦知史家艺文志中本无文词乎？'艺文'之作创于孟坚，孟坚作'艺文志'专载书籍卷数，而宏博如贾谊、董仲舒之策对，绮丽如相如、扬雄之词赋，亦止载入本传，未尝混入艺文也。自《隋书》改'艺文'为'经籍'，后人遂歧而二之，于是唐人有《艺文类聚》之作，专辑诗文事实，博采兼收，自是与经籍遂分道而驰矣。新安为人文渊薮，自文公倡明正学，代有通人，撰述之多无虑千万卷，择而录之，一代之文献在是矣。此例之可增则增者也。至于每例之中，各分细目，然必当厘正者，亦往往而有如'舆地志'建置沿革表中记历代大事，殊为不伦。'大事'一门，史家不另立，惟《万季野》①补历代史表，立三国大事表，实为创例。然万意以三国纷争之际，不得不然，其余则均不立也。一郡大事寥寥罕见，俱已附见于各志之中，如贺齐定黟歙、侯景陷新安、汪华起兵保郡之类皆入'武备志'中。隋均土田、唐蠲租庸及陶雅增田赋之类皆入'食货志'中，改'知新堂'为'明伦堂'，改孔子庙像为木主，及我朝颁发学宫匾额之类，皆见'营建志'之'学校'中。赠朱子徽国公，诏礼部修理朱子祠，及我朝升朱子于十哲之次之类，皆见'人物志'之'朱子世家'中。如此则沿革表第纪历代郡县分合之所由来，不必牵引大事矣。此其当厘正者一也。秩官名志实于史家未见，班、史称'百官公卿'，诸史称'百官'者半，称'职官'者半。至'秩官'二字见《国语》，详其文义，自是周书篇名宜改

---

① 笔者注：道光《徽州府志》在此处当缺一"获"字，应为《万历野获》。

'秩'为'职',以合于史家之体例。此其当厘正者又一也。'兵防志'亦不足以该武备,新安居万山之中,父老终岁不见兵革。然自三国贺齐屯林历山取胜,彰彰史册,嗣后代有武功,第以此等大事列沿革表中,体例既乖,采取亦隘,今列'兵防'、'武功'二类,'兵防'专记历代防镇及营汛、驿递诸务,'武功'专记历代兵革、战守、形势,总名之曰'武备志',以见我朝文事武功并行不悖耳。此其当厘正者又一也。至'选举'一门,荐辟最古,汉之明经、孝廉、茂才诸科,皆由荐辟,不失古乡举里选之法。隋唐之间始有进士,则荐辟不当居科第之后,且科目之外区'岁贡'一类,'岁贡'二字虽出《汉书》,而我朝分恩、拔、岁、副、优五贡,则岁贡不足以该诸贡,不若改'贡生'二字较为赅洽,且即附入'科目'中,不另为一类。此其当厘正者又一也。又按人物志,首'朱子世家'仿史公'孔子世家'之例,极有卓识。朱子世家之后,即宜次以'勋烈',以纪程、汪二公事迹,乃以'儒硕'列'勋烈'之前,未免重文艺而轻事功矣。且不曰'儒林',而曰'儒硕',亦史家所未有。至于'经济',则宦业可该,绩学、风节则儒林、文苑可并。此其当厘正者又一也。若夫八例之外,'杂志'一门不可不立,然必诸志中万不可附之事,始入杂志,祥异、拾遗、修志源流三者是也。乃旧志复阑入封建、丘墓、古迹、书籍、寺观、仙释六类,今以封建、丘墓、古迹入舆地,书籍入艺文,寺观入营建,仙释入人物,各从其类,绝不牵涉,但存三目总名曰'杂记',不言志者,恐牵混也。至于先后之次亦不得不略为变通,今亦分八类,首舆地,次营建,次食货,次武备,次职官,次选举,次人物,次艺文,而以杂记终焉,子目通共五十有奇。虽不敢自信为完善之书,而言必准诸古事,必核其实,庶乎得古人补阙拾遗之旨矣。爰不揣固陋,而弁言于卷首。"①

马步蟾在志序中追溯了方志纲目设置的源流,并详细说明了纲目名称更改的情况和原因,以及纲目归属变化的情况。关于方志纲目设置的源流问题,马步蟾指出,"'艺文'之作创于孟坚,孟坚作'艺文志'专载书籍卷数,而宏博如贾谊、董仲舒之策

---

① 道光《徽州府志》,马步蟾序,《中国地方志集成》本,南京:江苏古籍出版社,1998年。

对,绮丽如相如、扬雄之词赋,亦止载入本传,未尝混入艺文也。《隋书》改'艺文'为'经籍',后人遂歧而二之,于是唐人有《艺文类聚》之作,专辑诗文事实,博采兼收,自是与经籍遂分道而驰矣。新安为人文渊薮,自文公倡明正学,代有通人,撰述之多无虑千万卷,择而录之,一代之文献在是矣。此例之可增者也",这也是对"艺文志"设为方志纲目原因所做的说明。关于纲目的变化,主要有两种情况,一种情况是省略某个纲或目,如,"旧志'食货'一门,仅列赋役、物产,而'恤政'分二类,一仓局,一蠲赈,今以仓局并入营建,蠲赈并入食货,而恤政一志可省矣",省去恤政志,将原属于恤政的仓局和蠲赈分别收入营建志和食货志;又如,"仓局虽与赋役相通,然如育婴、养济、药局之类,皆与赋役不类,且历代兴置不一,更徙无常,当与学校、公廨同为营建大典,此例之可省则省者也"。另一种情况则是新增某纲或某目,上文所言增设"艺文志"一纲即是例证。前志没有设立"艺文志",道光《徽州府志》新设,专门著录书籍。

上文所举马步蟾志序非常详细地说明了道光《徽州府志》在类目上的变化,为了更加直观地认识这一问题,兹将康熙《徽州府志》、道光《徽州府志》两者的纲目列表进行比较(见表七)。

表七

康熙《徽州府志》			道光《徽州府志》			备注
卷数	纲	目	卷数	纲	目	
			卷首		凡例、图	
卷一	舆地志上	建置沿革、分野、疆域、城池、厢隅乡都(户口、土田、街坊附)	卷一	舆地志上	分野、建置沿革表、疆域、封建	"封建"、"丘墓"、"古迹"原皆入"杂志",今"以封建、丘墓、古迹入舆地"。
卷二	舆地志下	山川、形胜、风俗	卷二	舆地志下	山水、形胜、乡都、风俗、古迹、丘墓	
卷三	秩官志上	监司职官、郡职官	卷三	营建志上	学校、坛庙、仓局、公署	省去"恤政志",将原属"恤政志"的"仓局"收入"营建志",将"蠲赈"仍以"恤政"之名收入"食货志"。
卷四	秩官志中	县职官	卷四	营建志下	城池、水利、桥梁、寺观	"寺观"原入"杂志",以寺观入营建"。

续上表

康熙《徽州府志》			道光《徽州府志》			备注
卷数	纲	目	卷数	纲	目	
			卷首		凡例、图	
卷五	秩官志下	名宦	卷五	食货志	赋役、恤政、物产（土贡并见）	"赋役行于丰年，蠲赈行于凶年，互相表里，皆为食货良法"。
	兵防志	兵防				
卷六	食货志	赋役、物产	卷六	武备志	兵防、武功	"兵防志亦不足以该武备"，"今列兵防、武功二类，兵防专记历代防镇及营汛、驿递诸务，武功专记历代兵革、战守、形势，总名之曰'武备志'，以见我朝文事武功并行不悖耳。此其当厘正者又一也"。改"兵防志"为"武备志"。
卷七	营建志上	学校（书院、学产附）、公署	卷七	职官志上	郡职官、县职官	"秩官名志实于史家未见，班史称'百官公卿'，诸史称百官者，半称职官者，半至秩官，二字见《国语》，详其文义，自是周书篇名宜改秩为职，以合于史家之体例。此其当厘正者又一也"。将"秩官志"更名"职官志"。
卷八	营建志下	祀典、水利、桥梁	卷八	职官志下	武职官、名宦	
	恤政志	仓局、蠲赈				
卷九	选举志上	科第	卷九	选举志上	荐辟、科目（进士、举人、贡生）	"至选举一门，荐辟最古，汉之明经、孝廉、茂才诸科，皆由荐辟，不失古乡举里选之法。隋唐之间始有进士，则荐辟不当居科第之后，且科目之外区'岁贡'一类，'岁贡'二字虽出汉书，而我朝分恩、拔、岁、副、优五贡，则岁贡不足以该诸贡，不若改'贡生'二字较为赅洽，且即附入'科目'中，不另为一类。此其当厘正者又一也"。将"岁贡"改为"贡生"，而总括恩、拔、岁、副、优五贡在内，列入"科目"之中。
卷十	选举志中	荐辟、岁贡	卷十	选举志下	武科目（武职附）、例仕、封荫	

续上表

康熙《徽州府志》			道光《徽州府志》			备注
卷数	纲	目	卷数	纲	目	
			卷首		凡例、图	
卷十一	选举志下	舍选、武科第（武职附）、吏材、恩荫	卷十一	人物志一	朱子世家、勋烈、儒林、文苑	"又按人物志，首朱子世家仿史公孔子世家之例，极有卓识，朱子世家之后，即宜次以勋烈，以纪程、汪二公事迹，乃以'儒硕'列'勋烈'之前，未免重文艺而轻事功矣，且不曰'儒林'，而曰'儒硕'，亦史家所未有，至于'经济'，则宦业可该，绩学、风节则儒林、文苑可并，此其当厘正者又一也"。改"儒硕"为"儒林"，并将"绩学"收入"儒林"，将"儒林"置于"勋烈"之后，将"经济"列入"宦业"，将"风节"收入"文苑"。
卷十二	人物志一	朱子世家、儒硕传、勋烈传、经济传	卷十二	人物志二	忠义、宦业、武略、孝友、义行、隐逸（风雅附）	
卷十三	人物志二	忠节传（死事传附）、文苑传、风节传	卷十三	人物志三	列女（节妇、节烈、贞女、贞烈、孝妇、孝女、贤淑、才媛）	
卷十四	人物志三	宦业传、武略传	卷十四	人物志四	流寓、方技、仙释	"仙释"原在"杂志"中，今将"仙释入人物"。
卷十五	人物志四	隐逸传（风雅传附）、孝友、绩学传、尚义传	卷十五	艺文志	书籍（碑刻附）	新设"艺文志"，则"新安为人文渊薮，自文公倡明正学，代有通人，撰述之多无虑千万卷，择而录之，一代之文献在是矣"。"书籍"原收在"杂志"中，今以"书籍"入"艺文志"。
卷十六	人物志五	列女传	卷十六	杂记	祥异、拾遗、修志源流	
卷十七	人物志六	流寓传、方技传				
	杂志上	封建、丘墓、古迹、书籍				
卷十八	杂志下	寺观、仙释、祥异、拾遗、修志源流				

道光《徽州府志》在"凡例"中还对调整类目的情况作了进一步说明,如,"沿革之后次以疆域,所以正经界,定至到也。惟'封建'一类,向附入'杂志'中,不知封建以人系地,不以地系人,今改隶'舆地',其所征引悉本各史纪传,参以罗愿《新安志》、程敏政《新安文献志》及旧志。而山水、形胜次之,乡都、风俗次之,古迹、丘墓又次之"。对于"封建"由"杂志"改入"舆地"的原因再次进行说明,认为"封建以人系地,不以地系人",故当列于"舆地"之中,并且强调撰述"封建"内容时广泛参考相关文献记载,以求确当。又如,"旧志'职官'冠以监司,窃谓著书必严立体例,府志所载职官即应自知府以下,县志所载职官即应自知县以下,今将监司职官表删去,而郡县职官及武职官仍从旧志编续"①。此处强调职官的设置等级,府志要记载知府以下职官,而县志则只能记载知县以下职官,所以旧府志中使用"监司职官"一目不太妥当,道光《徽州府志》删去"监司职官"一目,保留"郡职官"、"县职官"和"武职"三目。

道光《徽州府志》在每纲之下,再撰大序,用以说明确立此纲的宏观大旨,并略述纲下所设细目的基本情况。如"列女志"下称:"康熙赵志'列女'一门不分节妇、贞女及已旌、未旌,只于某氏下注明其时。旧志流传甚少,采访亦隘,卷帙不多,故统书一卷。今则国家礼教覃敷,人尚节义,而六县列女多至赵志十倍有余,故分四门编纂,一节妇,一节烈,一贞女,一贞烈,而以孝妇、孝女、贤淑、才媛诸人殿其后。或旌表建坊,或官给额奖,或青年守志,历数十载,未旌、未奖均以类编次。庶几纲举目张,卷帙虽繁而不病其繁。至于细注,则视县志从略,亦府志之体例使然,非有轩轾于其间也。"②康熙《徽州府志》虽列"列女"一门,但门下不再细分种类,而只是在姓名之下标注所在时期,因当时采访不便,故所收列女人数较少,"列女"一门卷帙不大。而道光时期,徽州府下属六县列女增多,较之于康熙《徽州府

---

① 道光《徽州府志》,凡例,《中国地方志集成》本,南京:江苏古籍出版社,1998年。

② 道光《徽州府志》卷一三,《中国地方志集成》本,南京:江苏古籍出版社,1998年。

志》所载人数多至十倍有余,若再如康熙《徽州府志》例不分"列女"种类,混在一起叙述,则会出现杂乱无章的情况。道光《徽州府志》则将所有收入志书的列女分成节妇、节烈、贞女、贞烈四类,并将孝妇、孝女、贤淑、才媛四类附于其后,在这一结构之下,再按已旌、未旌、已奖、未奖等情况分类再编。至此则纲举目张,清晰明了。

　　上文所举主要是以《徽州府志》为例,说明徽州方志中类目设置的灵活性特点,其实在徽州其他方志中亦存在这一特色,兹再举数例,以为说明。

　　"《婺源县志》始于赵宋,叠经诸前辈接续修纂,分析门类,业已纲举目张。惟八门之后殿以'通考',于史例无征,今仿他志例,易名'杂志',余悉仍旧。子目中旧序等类向列卷首,亦与篇中卷一觝触,今开篇增'纪述'一门,从前序例皆编入纪述,合后'杂志',为十大纲。其原列八门,先后间有移易,子目亦略为增损,所以移易增损之故,详述于后"①。这是民国《婺源县志》在类目设置方面所作的调整和改变。查阅史书的体例,没有"通考"一目,故根据其他方志的体例将前志中的"通考"一目改为"杂志";以前编修的志书往往将旧志志序收在卷首之中,常常与卷一内容相抵触,因此在志书开篇新增"纪述"一门,前旧志旧序全部编入"纪述"中,这种编排方式可使志书纲目清晰。

　　民国《婺源县志》在类目上还有多处变动,如"凡例"中又称:"婺邑疆域近年分十七区,每区绘一图,与前志邑境总图不能吻合,然分合参观可觇大概。古迹附在山川之后,物产移入食货,建置增寺观、冢墓,均以类从。前志'兵防'门内分列防守、兵事,似无甚区别,今改称'兵戎',分目为防营、战守。前志'选举'门'武仕籍'附'武科第'后,似与文职先后参错,今于科第、武科、征辟、贡职、监选、掾叙后接纂戎、秩用,昭右文之意,再增入学位、议士两条,重时制也。前志'人物'门儒林后则列名贤,考历代史无'名贤'门类,今查核实录,学术纯正者入'儒林'或'学林',勋业卓著者入'名臣'或'宦迹',而删除'经济'名目。前志'文苑'末附'风雅',今查其可入文苑者入之,有行谊

---

① 民国《婺源县志》,凡例,民国十四年(1925 年)刻本。

者分别移之,余则或删,或改编黉彦方会。后增'仙释'一条,'列女'后增贤淑、才媛二条,艺文、制诰后增列奏疏,'典籍'改'著述','纪述'改'序记','题咏'改'诗词',杂志内但载人瑞、祥异、佚事,参考旧志,略有变通,极知僭逾,无所逃罪。"①在参考以往的《婺源县志》的基础上,民国《婺源县志》对多处类目进行了变化,主要分为以下几种情况:其一,新增类目。"建置"中新增"寺观"、"冢墓","选举"中新增"学位"、"议士";"艺文"中增列"奏疏";其二,删减类目。删除"名贤"一目,而将"学术纯正者入'儒林'或'学林',勋业卓著者入'名臣'或'宦绩'","删除经济名目";其三,调整类目位置。"古迹附在山川之后,物产移入食货";其四,改易类目名称。"'典籍'改'著述','纪述'改'序记','题咏'改'诗词'"。凡此种种,民国《婺源县志》对前志的类目作了较大幅度的变动。

民国《歙县志》在类目上亦有所变动。如《武备志·兵事》下序文称:"歙为徽郡附郭,邑一有兵警,徽防即歙防。东汉之末,孙权已用兵于歙,前志断自唐始殊失之略。咸同之际,徽州一隅以浙赣牵率被兵祸者十年,创巨痛深,全县盛衰系此最大。至今父老言之犹心悸而色变也,兹重为撰述,并易其旧题'武功'曰'兵事'。"②不仅恢复了"兵警"一目,而且还将"武功"改易为"兵事"。

乾隆《歙县志》的编修者在考察前志的基础上,对前志类目进行了调整,如其"凡例"所言:"靳志附寺观于学校,隶古迹、丘墓于疆域,似属位置失伦,今徙此三条于杂志。而以仙释诸传赘系于寺观之中,从《通志》体也。赵黄门郡志以许宣平冠隐逸,盖本朱子语,今从之。而南山观仍附注焉,盖宣平之为仙为逸庶两得之,初不必张皇幻迹以重宣平,而青莲之窥庭倚杖亦可听其或有或无也已。"③乾隆《歙县志》的编者认为康熙年间靳治荆所纂之《歙县志》在类目的归属上存在混乱的现象,如"附寺观于学校,隶古迹、丘墓于疆域,似属位置失伦",故而"徙此

---

① 民国《婺源县志》,凡例,民国十四年(1925年)刻本。
② 民国《歙县志》卷三,《中国地方志集成》本,南京:江苏古籍出版社,1998年。
③ 乾隆《歙县志》卷首,凡例,《中国方志丛书》本,台北:成文出版社,1970年。

三条于杂志"以便理顺纲目归属之间的关系。

道光《休宁县志》新创"氏族志",在"凡例"中详细地说明了增设此门的原因,即"邑皆聚族而居,谱系详明,今作'氏族志',著其所从出。以陈定宇《大族志》、曹嗣轩《名族志》为本,而核之各族宗谱及前人墓志、状传,以订其讹。其有未及周知者,缺之。至各族之下小注地名,则以国初实征粮册地名为定。然一族之中派系非一,如程族,有宗忠壮者,有宗元谭者,汪族有宗越国者,有宗铁佛者,或有非忠壮、元谭、越国、铁佛之族,而牵附之者,兹录其地名,以著族望之蕃,非必程皆出忠壮、元谭,汪皆出越国、铁佛也"①。休宁人喜欢聚族而居,又常纂修族谱,根据这一特色,道光《休宁县志》新增"氏族志"一门,以记载各族各支前后相继、繁衍不息的情况。关于"氏族门"下所收各族的情况,"以陈定宇《大族志》、曹嗣轩《名族志》为本,而核之各族宗谱及前人墓志、状传",如果遇到哪一宗族资料不全,也以阙疑处之。对于同一姓氏却属不同支派的,则详细记载,分别说明,"以著族望之蕃"。由"氏族志"记载的内容,可知休宁各族各家始祖、先祖以及后代子孙方方面面的情况。道光《休宁县志》对于旧志中收录的内容进行了梳理,认为"旧志人物有寓贤类,营建有祠堂类,其寓贤皆族姓始迁之祖,祠堂亦族姓之私,今皆入氏族志"②。

道光《休宁县志》将"水利"单独列为一门,认为"水利为农田衣食之本,旧附建置志",而其内容则仅仅只记载了"塘堨"方面的情况,内容比较单一,于是别立"水利志",详细记载了有关挽运的情况,由此"可以知舟筏之宜,详灌溉可以见利益之普"。道光《休宁县志》的编修者认为,"学校所以明伦育才为治化之原,所系綦重",所以将学校从建置志中提取出来,单独设立"学校志",即其所言"旧志列于建置,今特标一门,以为专志,叙其创建修复",并将书籍、学田、书院排列于学校之后。道光《休宁

---

① 道光《休宁县志》,凡例,《中国地方志集成》本,南京:江苏古籍出版社,1998年。
② 道光《休宁县志》,凡例,《中国地方志集成》本,南京:江苏古籍出版社,1998年。

县志》的编修者认为,"积贮、蠲赈、优老诸大政,既详制于历代,尤渥施于熙朝,固宜大书特书",但是旧志将其附于"食货志"之下,"似为疏略",于是"今别为恤政志"。前志在叙述建置沿革时除用文字直书外,还列有"建置沿革表",但道光《休宁县志》的编修者觉得如再设此表,则会增添志书的篇帙,于是省去"建置沿革表",而采用"挨次直书"的办法,"以便省览,且免卷帙之繁"。"旧志门类各有不同",在作了如上各类的调整后,道光《休宁县志》的编修者"折中前志,参考众论,厘为志,十有四,曰疆域,曰营建,曰学校,曰水利,曰食货,曰恤政,曰职官,曰兵防,曰选举,曰仕宦,曰人物,曰氏族,曰艺文,而继以杂志终焉"①。

民国《黟县志》对于"艺文志"十分重视,关于"艺文志"的作用、设置的情况在其"凡例"中有所论述,即"历朝史书艺文志均只列载书目及编著人姓名而已,《隋书》改称'经籍',名异实同,善乎?金修撰榜之言曰:'艺文志者学问之眉目,著述之门户也'。前志'艺文'一门所录皆诗文,而邑人所著书籍反阑诸'杂志'一门之内,而不入艺文。三志心知其误,特为圆其说,亦未之改。揆诸名实,究有未安,兹编'艺文志'专录邑人所著书目以符往例。至诗文等另创'文录'、'诗录'两门,入诸'杂志'之内"②。民国《黟县志》的编修者非常赞同金榜的观点,认为"艺文志"或"经籍志"是问学之途径,是著述之总结,但以前所修之《黟县县志》大多在"艺文志"中只收录诗文之作,而将书籍归于"杂志"之中,这是十分不妥当的。民国《黟县志》亦设"艺文志",专门著录黟县人的著作,而另外设立"文录"和"诗录",分别收录"文"与"诗",两者皆隶于"杂志"门中。这也反映了方志编修者在相关问题上的灵活处理。

根据实际需要或者遵循时代的变化,徽州方志编修者在类目的设置上采取灵活机动的方法,或新增类目,或调整类目的隶属关系,或更改类目的名称,或调整类目收录的内容,从而形

---

① 道光《休宁县志》,凡例,《中国地方志集成》本,南京:江苏古籍出版社,1998年。
② 民国《黟县志》,凡例,《中国地方志集成》本,南京:江苏古籍出版社,1998年。

成了徽州方志类目多样性的特点,反映了徽州方志编纂的成熟性。

六、方志类目的时代性

鲜明的时代性也是徽州方志的显著特点。徽州方志在类目的设置上突出地反映了这一特点。

同治《黟县志》新增了一些类目,反映出时代发展的新特色。如,"'选举志'子目于旧有外,增'捐职'者缘节奉谕旨捐输军饷,与出力行间无异,应存其名,为急公者劝。增'军功'者团募虽属微劳,然历有年,所为前志所罕见,应存其名,为效力者劝"。对于当时捐输军饷、为国效力建立军功者,国民政府特别给予嘉奖,为了实现教化的功用,同治《黟县志》特别设立新目,即在"选举志"下新增"捐职"、"军功"以为表彰。又如,同治《黟县志》"区分事目仍照前志,以地理、职官、选举、人物、政事为纲,冠以图表,次以杂志、艺文",但又新增"兵事志"一纲[①]。而民国时所修《黟县志》即删去此纲,正如民国《黟县志》"凡例"所言:"三志内兵事志系因洪杨之乱特创此门,同治九年以后既无兵事,自无此志。"类目的时代性特点鲜明突出。

民国时期编修的《黟县志》,也就是《黟县四志》,在类目上有不少反映时代特色的设置。如,"志以图表为最要。三志修于粤匪初平之后,故有'岭防'一图。兹以县之分区始于宣统末年,迨入民国区名复加厘正。特仿前志之图绘为总、分区各图,并附以新旧区名表"[②]。民国《黟县志》在第一卷设置"图表"一纲,又根据当时在徽州地区设置的九个分区的情况,在"图表"下设立了"九区总图"(见图一)、"九区分图"、"村名补注图"、"纪事表"几目,与以往情况有所不同。而且还编了"新旧区名表"列在图后,以说明新旧区名变化的具体情况(见图二)。又如,"欧风东渐以来,民权逐渐发达,民治一项极关重要,兹特增

---

① 同治《黟县志》,凡例,《中国地方志集成》本,南京:江苏古籍出版社,1998年。
② 民国《黟县志》,凡例,《中国地方志集成》本,南京:江苏古籍出版社,1998年。

入'政事志'户口之前,庶不失'民为邦本'之义云"①。此处说明民国《黟县志》在"政事志"下又新增"民治"一目,列于"户口"之前,并与"户口"、"田地"、"赋税"等同列,不仅反映出"民为邦本"的思想,也反映出民国时期在西方政权体制与思想观念影响下,中国所发生的新变化。

民国时期选举制度发生一些变化,"科举停止,学堂改章",民国《婺源县志》的编修者考虑到这一问题,在类目的设置上也有所体现,如其"凡例"所言,即"前志选举门武仕籍附武科第后,似与文职先后参错,今于科第、武科、征辟、贡职、监选、掾叙,后接纂戎、秩用,昭右文之意,再增入学位、议士两条,重时制也"。民国《婺源县志》在"选举志"中新增"学位"和"议士"两目,凡是"公议中学以上毕业生皆得登志,载学位条内",而"民选议员则自省议员以上列入议士",但"不及格者不载,惟本届倡例去留,庸有未当,俟后订正"②。这既体现时代特色,又反映了修志者的严谨态度。

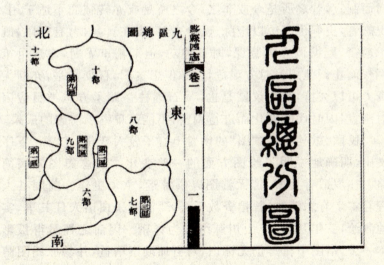

图一:九区总分图

---

① 民国《黟县志》,凡例,《中国地方志集成》本,南京:江苏古籍出版社,1998年。
② 民国《婺源县志》,凡例,民国十四年(1925年)刻本。

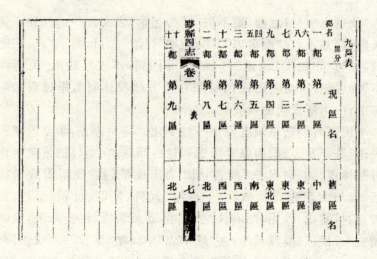

图二:九区表

对于方志类目应具有时代性特点的问题,石国柱在民国《歙县志》中说:"然鉴于昔之屡作屡辍,劳费而无功,则佥议以为仍旧例,省聚讼,课时日,求速成。国柱以为志之有例,本因时而制宜,昔之所是今或非之,今之所是或亦转瞩而不适于用。况志者,史职也。史以纪陈迹、诒来鉴,责在真实,力有所限,既承前籍,则循例亦无訾课,时日趣功,但期精审无苟,率愈可策勤作而止懈弛矧。时方艰危,公私俱患贫困,百废待举,亦断无资力可以久持,则众议诚是也。"① 石国柱强调了方志类目应因时制宜,因时代的变化而进行调整,不能简单继承前志的成果。

民国《歙县志》在"图"的设置上有了较大变化,在"图"下序文中,明确地说明了绘图方面的一些变化:"前志舆图颇病简略。往岁适有兵事,苦无善图以供筹运,急须更作。前闻县人程君霖生有志精测,曾捐资数千金,要汪君采白诸人任其事,实地测绘,三年乃成,于山川脉络最为详密。因商之程君得摄影本一袭,惜图中村落仍无标识,乃更加勘察增益,并易原图阴荫式山脉为晕滃式,以求简显,庶将来政治、军事皆可取资焉"②。

---

① 民国《歙县志》,石国柱序,《中国地方志集成》本,南京:江苏古籍出版社,1998年。

② 民国《歙县志》卷一,《中国地方志集成》本,南京:江苏古籍出版社,1998年。

此处谈到,因为民国之前的《歙县县志》中舆图十分简略,如遇兵事,则无善图可供参阅,因而歙县人程霖生开始致力于绘制更为精准的地图,派人到实地进行测绘,耗资数千金,前后花了三年时间,终于完成了舆图的绘制。虽然此图在山川脉络方面详密,但却没有图标,民国编《修歙县志》时则再次派人实地勘察,并将原来的"阴荫式"山脉改为"晕滃式",使得地图更加清晰明白。"晕滃式"是由德国人莱曼(J. Lehmann)在1799年创制的一种在地图上表示地形的方法。根据光源的位置(直照或斜照),用不同粗细和间隔的线条(晕滃线)来表示地面起伏变化。以短而密的线表示陡坡,以细而疏的线表示缓坡。这样绘制出来的图形富有立体感。这种绘制地图的方法在19世纪曾经是表示地形的主要方法,到19世纪后半叶才逐渐让位于等高线法。民国《歙县志》中的地图采用这一方法,是时代特征的反映。另外,在民国《歙县志》中已经开始在地图中使用"图例"了,"歙县全图"(见图三)和"府县城图"(见图四)均标有"图例",包括名胜、关隘、桥梁、县界、省界、公路、河流、山脉、墓地等的图标,图例清晰,简明易懂,便于查询和使用。

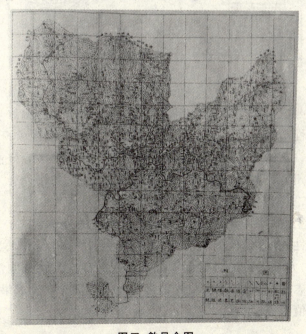

图三:歙县全图

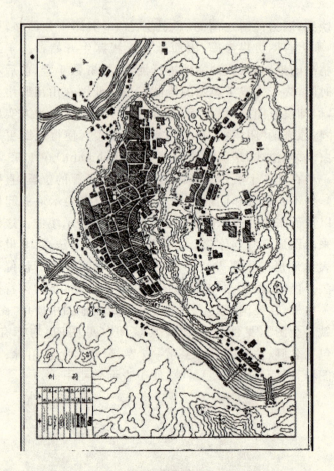

图四：府县城图

徽州方志类目的时代性特征，说明了徽州方志编修者思想的活跃性与时代性，他们因时制宜，根据社会发展的实际情况，不断增设新的类目，也采用新的理论和技术手段来编修徽州方志。徽州方志与时代发展的脉搏相一致，及时反映社会发展的新变化，更加突出了方志所具有的功能。

如上文所言，徽州方志具有方志编纂的连续性、方志类型的多样性、方志体例的灵活性、方志体例的严谨性、方志类目的变化性、方志类目的时代性等特点。这些特点反映了明清以来徽州方志已经发展到非常成熟和完善的阶段，不仅成果丰硕，而且价值很高。

徽州方志的编纂理论

一、关于方志性质的探讨

关于方志的性质,也就是方志是什么类型的书籍,历来就存在着不同的观点。明、清、民国时期主要有以下两种观点。

一种观点认为地方志是地理书,是属于地理学范畴的,这是中国传统的观点之一。这种观点自唐代开始就已流传。如,唐代刘知几称:"九州土宇,万国山川,物产殊宜,风化异俗,如各志其本国,足以明此一方,若弘盛之《荆州记》、常璩《华阳国志》、辛氏《三秦》、罗含《湘中》,此之谓地理书也。"①宋元时期也有不少人认为地方志就是地理书。如,宋司马光在《河南志序》说:"《周官》有职方、土训、诵训之职,掌道四方九州之事物,以诏王知其利害,后世学者,为书以述地理,亦其遗法也。"②清代有很多著名学者也曾参加修志活动,如毕沅、洪亮吉、孙星衍、李兆洛、戴震、钱大昕等,他们都认为建置沿革、山川形势、水利等地理内容是地方志最主要的组成部分,强调地方志是地理书,并形成方志地理学派。

另一种观点则认为地方志是历史书,属历史学范畴。这是

---

① (唐)刘知几:《史通》卷一〇,四部丛刊景明万历刊本。
② (宋)司马光:《傅家集》卷六八,序一,清文渊阁四库全书本。

另一种传统的观点。

宋代开始就有许多学者提出地方志属于史书。宋人郑兴裔在《广陵志》序中就说过："郡之有志,犹国之有史,所以察民风,验土俗,使前有所稽,后有所鉴,其重典也"①。元代也有不少人持有这种观点。如杨敬德在《赤城元统志序》中云:"郡乘古侯国之史。"②又如,杨维桢在《至正昆山志序》中明确说道:"金匮之编,一国之史也;图经,一郡之史也。"③到了明代,在通常意义上来说,很多人认为"志"就是"史",相关的论述颇多,如"志,一方之史也"④;"志也者,邑之史也"⑤。清代这一主张得到了更大的发展,并形成了方志历史学派,章学诚是其中最主要的代表。章学诚在《州县请立志科议》中说:"且有天下之史,有一国之史,有一家之史,有一人之史。传状志述,一人之史也;家乘谱牒,一家之史也;部府县志,一国之史也;综纪一朝,天下之史也。"⑥他在《答甄秀才论修志第一书》中说:"志乃史体。"⑦在《记与戴东原论修志》中说:"方志如古国史,本非地理专门。"⑧

根据现存徽州方志的记载,徽州方志的编修者基本上都认为地方志是史书,对此他们多有论述。如,明朝洪武年间朱同在《新安志》序中说:"郡县之有志,犹历代之有史也,山川、人物之繁夥,制度典章之错综因革之故,古今之变靡不具焉,是故不

---

① (宋)郑兴裔:《郑忠肃奏议遗集》卷下,清文渊阁四库全书本。
② (清)嵇曾筠:《(雍正)浙江通志》卷二六三,清文渊阁四库全书本。
③ (清)张金吾:《爱日精庐藏书志》卷一六,清光绪十三年(1887年)吴县灵芬阁集字版校印本。
④ (明)王心纂(修):《皇明天长县志》,张天附后序,《天一阁藏明代方志选刊》本,1962年。
⑤ (明)刘佃纂(修):《武定州志》,刘佃序,《天一阁藏明代方志选刊》本,1963年。
⑥ (清)章学诚著、叶瑛校注:《文史通义校注》卷六,北京:中华书局,2005年,第588页。
⑦ (清)章学诚著、叶瑛校注:《文史通义校注》卷八,北京:中华书局,2005年,第821页。
⑧ (清)章学诚著、叶瑛校注:《文史通义校注》卷八,北京:中华书局,2005年,第869页。

可以易言也。"①嘉靖时期汪尚宁曰:"郡邑之志乃列国之史,予谓郡邑之志犹有家之籍也。"②胡松亦言:"郡邑志即古列国史也。"③万历间邵庶称:"今之郡邑志即古列国史也,夫省郡有志矣,而邑自为志者岂不以省郡第举其大,而纤悉包举宜莫详于邑。"④顺治年间窦士范称:"邑之有志,犹家之有乘,国之有史也。虽小大异等,然摘词敷事、备观览以风晓来兹者,意无弗同焉。"⑤康熙年间廖腾煃称:"夫国之典章,大者莫过于史,古列国之史即今郡邑之志也。列国史名多不见于书传,其见于书传者,如晋之乘,鲁之春秋,楚之梼杌是已。"⑥宋国华在志序中称:"重修休宁县志成,或曰邑旧有志,修之何,曰志以纪事,事以时起,时有今古,而事乘之《周礼》小史掌邦国之志,外史掌四方之志,夫在圣古已然,今可识矣。"⑦道光年间马步蟾亦言:"史志之体一而已矣。"⑧民国《歙县志》的编修者亦称:"志乃史裁。"⑨等等。

上文所列诸人皆直说方志即是史书,他们认为方志的性质就是史书。其实另外还有一些修志者,他们虽未直接说出地方志是地方史之类的话,但他们在修志时常常参照史书的体例来设置志书的体例和纲目,由此亦可反映出他们也认为地方志是地方史。如,嘉靖《徽州府志》根据《史记》中"世家",在"人物志"下设立"朱子世家"一目,即"朱子集诸儒大成道统攸属,仿

---

① 弘治《徽州府志》卷一一,《天一阁藏明代方志选刊》本,上海:上海古籍书店,1964年;道光《徽州府志》卷一六,清道光七年(1827)刻本。
② 嘉靖《徽州府志》,汪尚宁序,《北京图书馆古籍珍本丛刊》,北京:书目文献出版社,1998年。
③ 嘉靖《徽州府志》,胡松序,《北京图书馆古籍珍本丛刊》,北京:书目文献出版社,1998年。
④ 康熙《休宁县志》卷七,《中国方志丛书》本,台北:成文出版社,1970年。
⑤ 嘉庆《黟县志》卷一六,《中国地方志集成》本,南京:江苏古籍出版社,1998年。
⑥ 康熙《休宁县志》,廖腾煃序,《中国方志丛书》本,台北:成文出版社,1970年。
⑦ 康熙《休宁县志》卷七,《中国方志丛书》本,台北:成文出版社,1970年。
⑧ 道光《徽州府志》,马步蟾序,《中国地方志集成》本,南京:江苏古籍出版社,1998年。
⑨ 民国《歙县志》,例言,《中国地方志集成》本,南京:江苏古籍出版社,1998年。

孔子作世家"①,自此设立"朱子世家"后,后世徽州方志大多继承这一做法。又如,康熙《徽州府志》"凡例"中称:"建置沿革旧则仅纪地名,今则仿《史记》年月表式列作九层分记,庶几展卷了然"②,此处亦仿《史记》之体例来设置方志体例,康熙《徽州府志》的编修者应该是把地方志看作史书的。又如,道光《徽州府志》有多处将地方志体例与史书体例相比照,并按照史书的体例来编修地方志书,即"盖赋役行于丰年,蠲赈行于凶年,互相表里,皆为食货良法。故西京一代蠲免最详,而班书不另立门类,第散见于食货志中,即遍考诸史,亦无以恤政另为一门者,史志之体一而已矣";"秩官名志实于史家未见,班史称'百官公卿',诸史称'百官'者半,称'职官'者半,至'秩官'二字见《国语》,详其文义,自是周书篇名宜改'秩'为'职',以合于史家之体例";"人物志,首'朱子世家'仿史公孔子世家之例,极有卓识,朱子世家之后,即宜次以勋烈,以纪程、汪二公事迹,乃以'儒硕'列'勋烈'之前,未免重文艺而轻事功矣,且不曰'儒林',而曰'儒硕',亦史家所未有"③。以上数条说明,无论是类目的设置,还是类目排列的次序,道光《徽州府志》总是以班固《汉书》、司马迁《史记》、《国语》以及诸家史书为标准。又如,同治《黟县志》在讨论"选举志"的编排形式时称:"选举志旧照职官志例用表体,窃谓职官可表,科第、仕宦、封荫之类不必旁行邪上,今依《史记》仲尼弟子列传例改作直行。"④此处非常明确地指出,"选举志"采用表体,而且完全按照《史记》中列传的体例格式,采用"直行"的形式来编制选举表。再如,"婺源县志始于赵宋,叠经诸前辈接续修纂,分析门类,业已纲举目张,惟八门之后殿以'通考',于史例无征,今仿他志例,易名'杂志',余悉仍旧";"前志人物门儒林后则列名贤,考历代史无名贤门类"⑤,

---

① 嘉靖《徽州府志》,凡例,《北京图书馆古籍珍本丛刊》,北京:书目文献出版社,1998年。
② 康熙《徽州府志》,凡例,《中国方志丛书》本,台北:成文出版社,1970年。
③ 道光《徽州府志》,马步蟾序,《中国地方志集成》本,南京:江苏古籍出版社,1998年。
④ 同治《黟县志》,凡例,《中国地方志集成》本,南京:江苏古籍出版社,1998年。
⑤ 民国《婺源县志》,凡例,民国十四年(1925年)刻本。

这两条皆是民国《婺源县志》"凡例"中的内容。由此可知,编修者在设置类目时皆以史书体例为参照,根据史书体例的有无进行修改或直接删去。例如,民国《黟县志》"凡例"中也探讨了相关的问题,即"前志目录内人物虽分门类,而姓名并未载明,兹仿《后汉书》列传目录体裁,将人物姓名一一标举胪列,偶有附传则依钱大昕所谓以卑附尊之例";"生不立传,史例宜然。但县志者国史之资料也,其或现在生人品行端方,事迹显著,若竟屏而不录,万一续修志乘,采访时又见珠遗,岂非绝大之缺陷。且文录非列传可比,是以兹志文录中序记各类关于立品行事,足以表率人伦,无论存殁,广为收录,似此办理即与史例不背,且以备续修之采择,谅亦诸君子所深许也"①。编修者也同样是把地方志与史书相联系,按照史书体例来确定方志体例形式、类目名称以及每个类目下应收录的内容。

　　以上所举数例,在方志体例、类目设置、编排格式、收录内容等方面,皆将方志与史书相联系,都是按照史书的体例和格式来处理方志编修中的相关问题,只有认为"方志即是史书",这些方志的编修者才会有如上的思想和做法。

　　徽州方志对于"志"与"史"的关系还有进一步的阐释,如康熙《徽州府志》"凡例"称:"世尝谓志与史不同,史关黜陟,志备记载。若稍甄别,便为侵夺史权,此论似是而非也。史兼书善恶,志专纪善不录恶。体虽不同,其为劝惩一也。若曰只备纪载,不必分别前志,彰彰何不并载,匪僻乃隐恶扬善,毫不假借乎?窃谓志书之严,尤当严于人物。"②由此可知,徽州方志的编修者认为,虽然志即是史,但志与史之间还存在着一定的区别,志与史在记载内容上有所不同,"史兼书善恶,志专纪善不录恶",各有侧重,不能笼统地混在一起,不加区别。

　　赵吉士在康熙《休宁县志》序中言:"治天下之理备于经而不及事,治天下之事详于史,而非专为一郡一邑言也,理与事具而又专为一郡一邑言者,莫如志。"③他也认为"史"与"志"是有

---

① 民国《黟县志》,凡例,《中国地方志集成》本,南京:江苏古籍出版社,1998年。
② 康熙《徽州府志》,凡例,《中国方志丛书》本,台北:成文出版社,1970年。
③ 康熙《休宁县志》,赵吉士序,《中国方志丛书》本,台北:成文出版社,1970年。

区别的。

二、关于方志起源的探讨

关于方志的起源是什么,古今历史学家和方志学家长期以来一直在探讨,但其看法并不完全相同。主要有以下几种观点:

一种观点认为,方志起源于《周官》。此观点由来已久。宋代司马光在《河南志序》中说:"《周官》有职方、土训、诵训之职,掌道四方九州之事物,以诏王知其利害。后世学者,为书以述地理,亦其遗法也。唐丽正殿直学士韦述为《两京记》。近故龙图阁直学士宋君敏求,字次道,演之为《河南》《长安》志。凡其废兴、迁徙,及宫室、城郭、坊市、第舍、县镇、乡里、山川、津梁、亭驿、庙寺、陵墓之名数,与古先之遗迹、人物之俊秀、守令之良能、花卉之殊尤,无不备载。"[①]司马光认为方志的源头即是《周官》。章学诚是这一观点的最有力的持有者,也是最有影响的人物。他在探讨方志起源问题时多以《周官》所载为论据。如,"按《周官》外史掌四方之志,注谓若晋乘、楚梼杌,是一方之全书也"[②]。《方志立三书议》称:"余考之于《周官》,而知古人之于史事,未尝不至纤析也。外史掌四方之志,注谓:'若晋《乘》、鲁《春秋》、楚《梼杌》之类',是一国之全史也。"[③]《州县请立志科议》称:"按《周官》宗伯之属,外史掌四方之志。"[④]

一种观点认为,方志起源于《禹贡》。《禹贡》是《尚书》中的一篇。《禹贡》以地理为径,分当时天下为九州,这是撰著者理想中的政治区划。《禹贡》以自然地理实体(山脉、河流等)为标

---

① (宋)司马光:《温国文正公文集》卷六五,四部丛刊景宋绍兴本。
② (清)章学诚:《(嘉庆)湖北通志检存稿》卷一,民国刘氏嘉业堂刻章氏遗书本。
③ (清)章学诚著、叶瑛校注:《文史通义校注》卷六,北京:中华书局,2005年,第571页。
④ (清)章学诚著、叶瑛校注:《文史通义校注》卷六,北京:中华书局,2005年,第587页。

志,将全国划分为九个区(即"九州"),并对每区(州)的疆域、山脉、河流、植被、土壤、物产、贡赋、少数民族、交通等自然地理和人文地理现象,作了简要的描述。《禹贡》是我国最早分地域记载各方地理、物产、贡赋等情况的专篇,因此被后世学者认为是方志的源头。

一种观点认为,方志起源于《山海经》。《山海经》是先秦古籍,是一部富于神话传说的最古老的地理书。它主要记述了古代巴、蜀和楚国及其以外许多地区的四十个邦国、五百五十座山、三百余条水道以及这些邦国中的地理、物产、神话、巫术、宗教、古史、医药、民俗、民族、人物等方面的内容。有学者认为《山海经》是方志起源的一个源头。傅振伦先生即认为,"方志导源于人文地理的《禹贡》和地文地理的《山海经》"①。

一种观点认为,方志起源于古代诸侯国史。持此说者直接提出后世郡县志书是古代诸侯国史,认为一方之志,便是一方之史。宋人郑兴裔在《广陵志·序》中说:"郡之有志,犹国之有史,所以察民风,验土俗,使前有所稽,后有所鉴,甚重典也。"②这种观点在明代非常流行。清代持此说最力者首推章学诚。他在《方志立三书议》中说:"国史、方志,皆《春秋》之流别也。"③"志乘为一县之书,即古者一国之史也"④。近代学者梁启超认为最古之史便是方志。他在《中国近三百年学术史·方志学》开头便说:"最古之史,实为方志。如孟子所称'晋《乘》、楚《梼杌》、鲁《春秋》',墨子所称'周之《春秋》、宋之《春秋》、燕之《春秋》';庄子所称'百二十国宝书',比附今著,则一府州县志而已。"⑤

徽州方志中也有关于方志起源问题的探讨,不同的修志者观点亦不相同,主要有以下几种:

---

① 傅振伦:《中国方志学》,《河北师范大学学报》,1981年第2期。
② (宋)郑兴裔:《郑忠肃奏议遗集》卷下,清文渊阁四库全书本。
③ (清)章学诚著、叶瑛校注:《文史通义校注》卷六,北京:中华书局,2005年,第574页。
④ (清)章学诚:《(乾隆)永清县志》卷二五,清乾隆四十四年(1779年)刻本。
⑤ 梁启超著:《中国近三百年学术史》,北京:团结出版社,2005年,第338页。

第一种观点,认为方志起源于《周官》(亦称《周礼》)。如,明代弘治年间程敏政曾言"古者地理有图有志,盖《周官》职方氏与小史外史所掌"①;明朝嘉靖年间宋国华志序云"重修休宁县志成,或曰邑旧有志,修之何?曰:志以纪事,事以时起,时有今古,而事乘之。《周礼》:小史掌邦国之志,外史掌四方之志。夫在圣古已然,今可识矣"②;万历《歙志》"张涛序"曰"古者,国必有史。尼父修麟经为万世法,而其取裁亦以百二十国宝书,则志不其详哉。故《周官》:小史掌邦国之志,而又有外史,掌四方之志,今郡邑志是已"③。又如,康熙年间廖腾煃曾说:"考《周官》,太史有五官,太史掌建邦之六典、八法八则,小史掌邦国之志,内史掌王八柄之法,外史令掌四方之志,御史掌邦国、都鄙万民之治令。汉武帝令天下计书先上太史,副上丞相,繇此观之,则志之所关于政治匪小也。"④他不仅明确指出方志起源于《周官》,而且还强调方志在资政方面的作用不可小视。又如,乾隆时期徐硕士称:"《周礼》小史掌邦国之志,外史掌四方之志,自班氏《汉书》载地理志而后世之郡县志祖之。盖志犹史也,史以纪朝廷之功实,详统御之经权,志则山川之险易,户口之登耗,与夫风俗之淳漓,政治之纯驳,俱于是焉,系志不綦重哉。"⑤徐硕士亦强调方志起源于《周官》,也进一步指出地方志也是史书,不过地方志与史书两者之间也有一些不同,史书重在记载朝廷之大事,而地方志重在记录地方发展之情况,两者互为补充。再如,道光时期曹振镛序言称:"《周礼·地官》:土训掌道地图,诵训掌道方志。自古志乘之作实昉于此。"⑥另如,

---

① 弘治《休宁志》,程敏政序,《北京图书馆古籍珍本丛刊》,北京:书目文献出版社,1998年。
② 道光《休宁县志》卷二一,《中国地方志集成》本,南京:江苏古籍出版社,1998年。
③ 民国《歙县志》卷一六,《中国地方志集成》本,南京:江苏古籍出版社,1998年。
④ 康熙《休宁县志》,廖腾煃序,《中国方志丛书》本,台北:成文出版社,1970年。
⑤ 乾隆《歙县志》,徐硕士序,《中国方志丛书》本,台北:成文出版社,1970年。
⑥ 道光《徽州府志》,曹振镛序,《中国地方志集成》本,南京:江苏古籍出版社,1998年。

嘉靖《休宁县志》"宋国华序"称:"《周礼》小史掌邦国之志,外史掌四方之志"①;康熙《黟县志》"王景曾序"曰:"考之《周礼》,训方氏掌道四方之政事,与其上下之志;行人掌邦国四方之事,达四方之志。则是宏览舆图,乃资献纳,欲光国史,必赖风谣","邑志与国史相为表里者也"②;道光《祁门县志》"王让序"称:"州邑有志何乎?《周官》:诵训掌道方志,外史掌四方之志"③;永乐《祁阊志》"蒋俊序"称:"在昔成周之制,职方氏所掌有所谓土训之官,小史外史之所掌有所谓诵训之官,而一国一志未尝无所领也。"④从上述所举各家观点看,关于方志起源问题的探讨,有不少徽州方志的编修者都认为方志起源于《周官》。

第二种观点,认为方志起源于《禹贡》和《周官》。如,弘治《绩溪县志》"戴骊序"称:"志之作其来尚矣,仿于夏《禹贡》、周职方。春秋列国皆有史,以纂言纪事。其后秦人废封建而置郡邑,史亦随废而总领于朝。今郡邑志犹列国史也,事之重可知矣。"⑤又如,康熙《绩溪县志》"曹有光序"曰:"郡县有志从来久矣,其原昉于《禹贡》之所载,与《周礼》职方之所掌。而其义例略仿列国之史"⑥;永乐《祁门县志》"蒋俊序"称:"粤稽《禹贡》,分天下为九州,以辨其上下贡赋;《周礼》职方氏掌天下之图,山川、物产因其地之所有而分著之,此志所出来也"⑦;康熙年间赵吉士称:"盖原本于《禹贡》所纪载及《周礼·职方氏》所掌事至重也。"⑧这些资料说明,有些徽州方志的编修者在论述方志起源问题时常常将《禹贡》和《周官》连在一起,他们应该是认为方

---

① 康熙《休宁县志》卷七,《中国方志丛书》本,台北:成文出版社,1970年。
② 嘉庆《黟县志》卷一六,《中国地方志集成》本,南京:江苏古籍出版社,1998年。
③ 道光《祁门县志》,王让序,清道光丙戌(1826年)刻本。
④ 道光《祁门县志》,蒋俊序,清道光丙戌(1826年)刻本。
⑤ 嘉庆《绩溪县志》卷首,原序,《中国地方志集成》本,南京:江苏古籍出版社,1998年。
⑥ 嘉庆《绩溪县志》卷首,原序,《中国地方志集成》本,南京:江苏古籍出版社,1998年。
⑦ 道光《祁门县志》,蒋俊序,清道光丙戌(1826年)刻本。
⑧ 康熙《休宁县志》,赵吉士序,《中国方志丛书》本,台北:成文出版社,1970年。

志起源于《禹贡》和《周官》。

第三种观点,认为方志起源于古诸侯国史。如,万历《绩溪县志》的编修者多持此观点,"何棠序"曰:"志,古史也。""汪季成序"则称:"盖以《春秋》昭一代之典章,为万世之成法也。郡邑之志实基于此。""张应丁后序"又称:"古者列国各有志,如《周志》、《郑志》之类是已。后世郡邑之志实祖之";"汪士达跋"亦称:"今之郡县志即古之列国史也"。[①] 以上诸论说明这些徽州修志者皆认为方志应该起源于古代诸侯国史。

综上所述,关于方志起源的问题,徽州方志的编修者观点各不相同,主要有三种看法,或认为起源于《周官》,或认为起源于《禹贡》和《周官》,或认为起源于古代诸侯国史,而以第一种观点即方志起源于《周官》人数最多。

三、总结方志编修的利弊得失

在长期的修志实践过程中,徽州方志的编修者注重对方志编修理论的总结,他们从方志的体例、内容、类目、结构、编纂原则等方面对方志质量的优劣进行评论,总结其利弊得失,希望就此提高志书的质量。

明代洪武年间朱同在《新安志》"序"中表达了自己对于志书质量、如何修志等问题的看法:"新安则自宋之南渡,郡人罗愿博考遗书,网罗众说,辑成一书,巨细兼该,纲目备举,其问学之博,探索之勤,固有非浅浅者所能企及。"由此可知,朱同是非常推崇罗愿编修的《新安志》的,认为罗愿的志书"博考遗书,网罗众说","巨细兼该,纲目备举",是一部非常优秀的地方志书。关于修志的方法和原则,朱同也有自己的思考。朱同曾言"盖必变而通之,提纲举目,错综比事,芟繁摭逸,旁搜总括,合为一

---

① 嘉庆《绩溪县志》卷首,原序,《中国地方志集成》本,南京:江苏古籍出版社,1998年。

编,然后可以为不刊之典,成一代之言"①。朱同认为,内容丰富翔实、资料考证精当、容纳各家之说是一部优秀方志所应具备的基本质量要求。一部方志要想达到这样的质量标准并非易事,一方面要求修志者自身具有较高的理论素养和研究能力,另一方面不仅要求修志者广泛查阅资料,搜集多方面的材料,而且还要对搜集到的资料进行仔细的筛选,对选取留用的资料进行精确的考证,以保证资料的恰当和准确。因为志书收录的内容和采用的资料非常丰富,朱同认为用纲目体来编排志书是比较合适的,这样不仅可以容纳大量的资料,也可以做到条目清晰,层次分明,既方便阅读,也方便使用。朱同认为继承前志的成果是修志的一般原则。朱同修志不仅秉承了这一原则,而且还提出了新的要求。朱同修志时罗愿、李以申、洪焱祖三志"幸犹不泯",朱同原本可以直接加以借鉴和继承,再补充元代延祐年间到明洪武九年间的内容,就可以完成整个修志任务。但朱同认为"三志之续作者非一,是以体制大纲,虽祖述罗愿,而纪录之法重复驳杂不无有焉",所以要想通过简单地继承前志来达到编修出一部质量上乘的好志书的目的是不可能的。尽管修志时面临很多困难,但朱同不仅没有放弃,而且还对修志提出了更高的要求,不以简单地继承三志为满足。他认为如果仅仅继承前人之志,也可以"续之则成四书",但会出现"首尾一事而翻阅检讨已不胜其烦"的情况,读之必然觉得索然无味,毫无新意。为此,朱同对修志提出了新的标准和要求,不仅要继承三志的优秀成果,而且对三志要"变而通之",希望编修出来的志书"可以为不刊之典,成一代之言"。为了修好此志,朱同和其他编修者确实是下了一番工夫,"错综比事,芟繁撮逸,旁搜总括",最终完成了这部纲目体志书的编修。在修志过程中,朱同一直坚持继承、变通、创新的基本原则。

赵吉士对前志亦多有评论,他认为"有宋而来,郡志屡更修葺矣,罗、李、朱、汪数君子皆伟然具一时制作之才",这些人才学出众,能力超群,编修出来的志书质量均属上乘。对于前志

---

① 弘治《徽州府志》卷一一,《天一阁藏明代方志选刊》本,上海:上海古籍书店,1964年;道光《徽州府志》卷一六,清道光七年(1827)刻本。

的赞赏,赵吉士不吝其辞,称:"其明足以阐幽微,其学足以征远近,故其为书词约而义丰,体严而事备,可以彰往迹而信来兹。"①他的这番评论不仅点明了方志的作用,也表明了他对地方志书编修质量的要求。赵吉士认为如果一部方志"简而核,详而不芜",那么这部志书在资料的选取上"去取也必严"②。一部志书能够达到上述之标准,应该是非常优秀的成功之作。

清代康熙年间汪晋徵在为《休宁县志》撰写序文时,曾对以往的休宁县志进行了回顾。他在"志序"中说,"程宗伯弘治志之体要,宋奉新嘉靖志之简严,邵都谏万志之详核",认为程敏政的弘治志、宋国华的嘉靖志、邵庶的万历志质量都非常高。由此可以看出,汪晋徵认为的好志书应该达到体例完备精密、叙述简明严谨、内容翔实无误等标准。汪晋徵由此亦对康熙《休宁县志》进行了评论:"其间为纲者八,为目五十有七,类各为序,发明作者之指归,于典故则考据精确,于选举、官师则编次明畅,于人物则进退虚公,于艺文则登采雅当,举旧志蒙晦、浮饰、铺衍、俗下之习黜落殆尽。凡邵志以前建邑千五百年,邵志以后缺略八十七年之间,政治之因革损益、形势之险易远近,以及物力盈虚,民生休戚,人材盛衰之故,莫不一览了然如指诸掌,使后之为治者,可考而知焉。"③汪晋徵对康熙《休宁县志》的评价很高,虽其中不泛溢美之词,但由此可以了解到,考评一部志书的优与劣,不能仅仅从某一方面来考察,而应该综合考虑志书各方面的情况,即如汪晋徵所言:纲目设置要条理清晰、归属明确,要能够阐发作者的编修宗旨和思想观点;收录的典故事例则应予以精确的考证,以保证内容的真实性和准确性;各个纲目下记录的内容则应编次明畅、选取合适、登采雅当;志书中收录的内容既要补前志之所无,也要反映前志编修后该地区社会历史发展的新变化;方志的编修始终要注意到它在"存史"、"资政"、"教化"方面的作用,这样查阅志书的人就会有所启迪和借鉴。

---

① 康熙《徽州府志》,赵吉士序,《中国方志丛书》本,台北:成文出版社,1970年。
② 康熙《休宁县志》,赵吉士序,《中国方志丛书》本,台北:成文出版社,1970年。
③ 康熙《休宁县志》,汪晋徵序,《中国方志丛书》本,台北:成文出版社,1970年。

黄云企曾对康熙《休宁县志》多有褒扬，他在"志序"中写道："义例胜于前规，考证采诸舆论，举凡建置之更张，田野之荒辟，民户之登耗，赋役、征徭之烦简，吏治、政令之异同，选举、艺文之盛衰，食货、物产之损益，靡不精核，具列视前志较详且慎焉。"①在黄云企看来，一部志书要想保证质量必须要注重义例设置的严密性，要考虑收录内容的丰富性，要注意所述内容的变化性，也要注意对收录内容严加考证。

清乾隆年间的张佩芳对志书的优与劣也有自己的看法，他认为一个地区的发展变化是非常频繁的，而且历时久远，要编修这一地区的方志，就必须要广泛地收录有关这一地区地理、经济、政治、文化、军事、人物等各方面的情况，也要反映该地区历史发展变化的基本情况，以及历史发展的阶段性，在方志内容的选取上要"酌其丰约，详而不失之滥，核而不失之苛"，而要达到这一标准，则要求修志者"持公慎之心，殚勤劬之力"②，否则无以成事。

在进行方志评论、总结方志利弊得失的时候，徽州方志编修者各抒己见，即使是对同一部志书，也或许会有不同的看法。

程怀璟对于罗愿《新安志》和赵吉士编修的《徽州府志》都非常推崇，认为"若郡志自有宋罗鄂州，逮我本朝赵恒夫先生，距数百年，先后纂辑，凡夫山川、图籍、土俗、人风披是书者如了指，然宇内修志家往往圭臬奉之懿哉，茂矣！"③，将这两部志书看作方志的典范。而白麟庆则对于赵吉士之志看法不同，他在"志序"中说道："道光癸未，余适奉命来守此郡，簿书之暇，用观民风，因与郡之学士大夫尚论古人，搜求故实，佥谓有郡志在，可以备稽考，乃展寻赵给谏吉士旧志读之，体例虽严密，而书成于京师邸舍，舛错漏略，事匪一端。且自康熙三十八年以后事

---

① 康熙《休宁县志》，黄云企序，《中国方志丛书》本，台北：成文出版社，1970年。
② 乾隆《歙县志》，张佩芳序，《中国方志丛书》本，台北：成文出版社，1970年。
③ 道光《徽州府志》，程怀璟序，《中国地方志集成》本，南京：江苏古籍出版社，1998年。

迹之未及纪者,今已百有余年,遂怦怦有复修之志。"①赵吉士发起编修徽州府志是在徽州任官期间,但因在修志后期赵吉士奉命回到京城,所以修志的资料都是徽州人送到京城去的,这对于志书的质量有所影响。白麟庆注意到了这个问题,在他看来赵志虽在体例上较为严密,但还存在着不少讹误和遗漏的地方,另外也有一些内容前后记载有所矛盾,这些问题都直接影响着志书的质量,也是修志时需要注意的。

白麟庆对道光年间马步蟾修成的《徽州府志》颇加赞赏,称:"马君以当代词臣出敷吏治,逾年之后,政通民和,其于化民成俗之意固有古风。而程封翁德望凤隆,年日益高而嗜学益笃,延硕彦访旧闻,搜奇阐幽,黜浮崇实,精考而博采,以成一郡之信史,使新安之规抚以彰,而曩时之文献益备,其于史才史识方之旧志,殆有进而愈上者矣。余慕其任事之敏,程功之速,而尤幸余之有志未逮者藉是得以不废也,爰缀数言以述其颠末如此。"②从这段序文可知,白麟庆对于马步蟾、程封翁等人的才学和能力是十分肯定的,称马步蟾是"当代词臣",而程封翁则是"德望凤隆,年日益高而嗜学益笃",这是志书质量得以保证的首要条件。而马、程等人的修志态度十分严谨,"黜浮崇实",不仅聘请当地硕儒到各地去查访资料,力求资料的丰富和完整,而且还对搜集来的资料广征博引、详加考证,以求无误。白麟庆认为此志堪称是"一郡之信史"。重视广泛搜集资料、注重资料的精详考证,这是志书质量得以保证的另一个基本条件。

道光《徽州府志》亦得到曹振镛的欣赏,他在志序中亦对此志有所评论,即:"书成,里中诸君子邮书问序,余取而读之,见其博采详摭,条分件系,并省增益,皆有据依。推太阳节气之晷刻、舍星、占元,为之幽征;辨建置,则订楚汉之间;志疆域,则补唐宋自后人建国于郡县;改书籍为艺文;录赐谥诸臣,自阐忠良;续科第、荐辟,自表才俊;核棚民、客籍,自杜纷糅;纪米船、

---

① 道光《徽州府志》,白麟庆序,《中国地方志集成》本,南京:江苏古籍出版社,1998年。
② 道光《徽州府志》,白麟庆序,《中国地方志集成》本,南京:江苏古籍出版社,1998年。

仓谷,自备有无。他如户役、贡赋、物产、风俗、草木,汰其繁芜,增其阙略,厘正其伪舛,体裁完密旧志所弗及已。"①曹振镛对道光《徽州府志》的评价非常高,认为此志博采详摭、条分件系、增损有据、裁汰繁芜、增益阙略、厘正讹误、体裁完密,其所叙内容皆起到存史、资政、教化之功用。一部好的方志即应达到如此之标准。

马步蟾本人对于罗愿《新安志》特别推崇,称:"自梁时萧几、王笃权舆作记,嗣是唐有《歙州图经》,宋有李宗谔《新图经》,惜其书俱久佚,而叙述简明,引据典核则有罗鄂州愿之《新安志》。"②马步蟾认为罗愿《新安志》"叙述简明"、"引据典核",正是基于这一点,马步蟾在编修徽州府志时亦以罗志为典范,注重资料的详明、考证的精准、引证的丰富和结构的合理。

成履恒对嘉庆《绩溪县志》颇有好评,曾言:"余公暇细览,喜其考古证今,悉协体例。其于制度之沿革、俗尚之淳浇、兵农赋役之条疑、宫廨桥梁之修葺,分条析缕,图传具详,清君诚可为殚心民事者矣。"③考古证今,条目清晰,内容丰富,层次分明,图传皆详,是成履恒对这部志书的评价,也是他对志书编修的质量要求。

吴甸华在为嘉庆《黟县志》写序时曾对乾隆年间孙维龙编修的黟县县志进行评价:"孙君盖有鉴夫康熙时王志之滥,不假手于人,而独修者也。搜辑容有未详,其版复锓于去任之后,故不无遗议耳。"孙维龙认为康熙年间王景曾编修的志书因假于众人之手而内容混乱,于是为了避免这个问题的出现,孙维龙坚持自己修志,力求完备。但吴甸华认为孙志的内容不够丰富,而且志书刻板锓印也是在孙维龙离任之后,所以仍有一些问题存在。吴甸华认为:"今欲重修,非采访纂述各得其人,博

---

① 道光《徽州府志》,曹振镛序,《中国地方志集成》本,南京:江苏古籍出版社,1998年。
② 道光《徽州府志》,马步蟾序,《中国地方志集成》本,南京:江苏古籍出版社,1998年。
③ 嘉庆《绩溪县志》,成履恒序,《中国地方志集成》本,南京:江苏古籍出版社,1998年。

览旁搜要于至当,而更有为之校勘者不可也。"①

在褒扬和赞赏优秀志书的同时,徽州修志者亦对劣质志书进行批评:"乃若为志者或轻重失伦,详略无纪,叙山川无关于险夷、潴泄之用,载风俗无与于观民省方之实,瑕瑜错品是非谬置,后将何观焉?"②在汪尚宁眼中,这种质量的志书毫无价值。

由以上所列众多徽州方志编修者的言论来看,徽州方志编修者在积极参与修志实践活动的同时,还注重探讨方志的编修理论,查找出前志编修的利弊得失,总结出有用的理论和经验,并用这些理论来指导具体的修志活动。上述徽州方志的编修者虽生活在不同的时代,评价的具体志书也不相同,但他们所总结出的优秀志书的标准却基本相同或相似。徽州方志编修者对一部志书的考察是多角度的,他们认为一部质量上乘的志书应该具备以下几个方面的条件:方志体例要严谨,纲目设置要合理,层次清晰,归属明确;纲目设置的基本原则要能够反映编修者的意旨;方志收录的内容要丰富,不仅要能补前志之不足,也要能反映前志编修之后该地区社会历史发展的新变化;方志内容丰富并不意味着可以乱收乱写,混乱一团,而是要求内容取舍得当,编排有序;方志编修应该注重广征博引,对内容要详加考证,以求内容的真实和准确;方志编修不仅要对前志补阙补漏,也要能厘正前志的讹误;方志编修不仅要继承前志的优秀成果,还要能"变而通之",这样才能成"一代之典",才能发挥方志在"资政"、"存史"、"教化"方面的作用。

四、确定修志人员的基本素质

对于什么样的人能参与修志,什么样的人能够修出好志,徽州方志的编修者在修志实践中也曾做过探讨,并有所总结。

---

① 嘉庆《黟县志》,吴甸华序,《中国地方志集成》本,南京:江苏古籍出版社,1998年。
② 嘉靖《徽州府志》,汪尚宁序,《北京图书馆古籍珍本丛刊》,北京:书目文献出版社,1998年。

南宋时罗愿曾明确说过,要想修出一部质量不错的志书,"必使涉于学者纂之",但如果修志只图省事,"若钞计簿以为书,则吏之善书者,足以次之矣"①。罗愿的意思是:如果只是想通过抄录计簿和其他文献记载来编修地方志书,根本不需要那些具有较高学识和能力的人,只要让官吏中选出来的"善书者"参与修志,就可以完成修志任务,但这样编修出来的地方志书,质量并不能得到充分保证。如果要想修成一部质量上乘的地方志书,那就必须聘请那些专门从事学术研究或者兼及学术研究的人来参与修志。修志人员的素质直接决定着地方志书的质量高低。

罗愿的这一观点得到后世修志者的认可。明代洪武初年朱同在编修《新安志》时就表达了关于修志人员素质的观点。他肯定了罗愿《新安志》的质量,即所谓"新安则自宋之南渡,郡人罗愿博考遗书,网罗众说,辑成一书,巨细兼该,纲目备举",朱同认为这样一部高水平的志书,不是"陋学浅识"之人"所能纂定"的。他对罗愿颇有赞词:"其问学之博,探索之勤,固有非浅浅者所能企及。"②朱同对于方志的质量要求很高,对于修志人员的素质要求自然也很高。他认为修志人员应当"问学博"、"探索勤"。朱同不仅对修志人员提出要求,他自己在修志时就已经具备了这些素质。朱同是学士朱升之子,有着良好的家庭基础和影响,再加上自己聪明好学,因而既能够师承家学,又能够形成自己的思想,有着较高的学术修养和文字功底,这些是他能够承担起修志负责人角色的条件和基础。他充分认识到了"志才"对于编修一部高质量志书的重要性,所以修志之前朱同"期集儒宿",聘请了不少高素质的修志人员参与修志。这一切应当都是朱同《新安志》质量得以保证的重要基础。重视修志人员的素质,聘请具备高素养、高能力的修志人员参与修志是保证志书质量的先决条件。

关于修志人员素质的问题,明代弘治年间的汪舜民在总结

---

① 淳熙《新安志》,罗愿序,清嘉庆十七年(1812年)刻本。
② 弘治《徽州府志》卷一一,《天一阁藏明代方志选刊》本,上海:上海古籍书店,1964年;道光《徽州府志》卷一六,清道光七年(1827年)刻本。

徽州府志编修源流时,也提出了自己的看法。他认为编修地方志书是一件大事,因为地方志书不仅要记录一个地区社会历史发展的基本过程,志书内容要翔实丰富,还要广征博引,详加考证,订前志之误,补前志之阙,如此一来,"学不博者不能为才,不优者不暇为识,不远者昧于取舍,为之苟且见不定者,沮于旁议为之迁就,盖一登于册,斯垂不朽,而名者众之所趋,此其为之所以不易"①。在汪舜民看来,只有知识广博、远见卓识、善于取舍、不为旁议所迁就的人才能够胜任修志的工作,也只有这样的人才能够修出垂之不朽的优秀地方志书。言及于此,汪舜民颇为感慨:"罗(愿)、李(以申)、洪(焱祖)、朱(同)数君子者,为不可及,而历代所以屡废而不举者无足怪也。今日之事使非彭公学之博,才之优,识之远,见之定,而徒恃区区之浅陋,曷克底此?"②汪舜民对罗愿、李以申、洪焱祖、朱同四人非常赞赏,如果没有他们的参与,也不可能编修出那些高质量的徽州方志。汪舜民也看到了有不少徽州方志屡修屡废的情况,究其原因,他认为主要就是缺少高素质的修志人员和热心于修志活动的地方官员。对于弘治年间能修成一部徽州府志,汪舜民也颇感欣慰,他认为这一切的功劳当归功于彭泽,正是由于彭泽博学、才优、识远、见定,才能够保证志书内容丰富、材料选取恰当、论断合理。高素质的修志人员是弘治《徽州府志》取得成功的基础。

  在修志人员素质这一问题上,清康熙年间的黄云企也有与上述观点相似的看法,他曾说:"然非秉公正之心,济以高远之识,而尤深以敬畏慎重之思,乌能折中典要不滥不遗于以信今而传后乎?"③方志要能垂成久远,要言而有据,准确记录历史发展的基本过程,而能编出这种质量的方志的人,则必须具备"公正之心"、"高远之识"、"慎重之思"。

---

① 弘治《徽州府志》,汪舜民序,《天一阁藏明代方志选刊》本,上海:上海古籍书店,1964年。
② 弘治《徽州府志》,汪舜民序,《天一阁藏明代方志选刊》本,上海:上海古籍书店,1964年。
③ 康熙《休宁县志》,黄云企序,《中国方志丛书》本,台北:成文出版社,1970年。

以上诸人虽从不同的角度对修志人员素质的问题进行了探讨和总结,但结论基本相同,修志人员应具备以下几方面的素质:要有公正之心,要有高远之识,要有广博的知识,要有善于取舍的能力,要能够明确是非,要能够辨明真伪,要具有坚定之心,要勇于探索,要有严谨的治学态度。只有具备这些素质的人,才能够修出高质量的地方志书,也才能够最大限度地发挥地方志书的功能,并使其垂成久远。

五、强调方志的实用性价值

修志者历来对方志的功能和价值多有总结,认为地方志书主要有三方面的价值,即"资政"、"存史"和"教化"。徽州修志者亦持有这样的观点,并以此为基础,对方志的实用性价值做了进一步探讨和总结。

程敏政对地方志的功用有过论述,他在弘治《休宁志》"序"中曾对地方志每一部分内容的功用都做了分析:"古者地理有图有志,盖《周官》职方氏与小史外史所掌。而道以诏王者,非徒以饰吏事,广人之见闻而已,计田赋而知公敛之厚薄,因物产而知民生之丰俭,察宦迹而知吏治之得失,按人物而知士习之浮雅、俗尚之浇淳,其于政乎系焉,若此其大且要也。"[①]地方志不仅仅是用来"饰吏事,广人之见闻"的,地方志有着非常实用的价值,通过地方志中田赋部分的记载,可以了解政府的财政收入状况,可以知道这一地区田赋的轻重和多寡,田赋过重则可减轻,以避免过度压迫引起百姓的不满,影响社会秩序的稳定;通过地方志中物产部分的记载,可以了解到这一地区的生产资料和生活资料的情况,可以初步了解老百姓的收入情况,以便确定他们的基本生活水平;通过地方志宦迹部分的记载,可以知晓历任地方官员为政之得失,并引以为鉴,加强吏治;通过地方志中人物部分的记载,可以了解这一地区人物之优雅、

---

① 弘治《休宁志》,程敏政序,《北京图书馆古籍珍本丛刊》,北京:书目文献出版社,1998年。

风俗之淳漓,并以此对当地百姓进行教化。程敏政还指出,这些都是关系政事的重要因素,是不能忽视的问题,应该予以重视。程敏政在弘治《徽州府志》"序"中还说道:"新安之山川所以炳灵毓秀者,不徒重一乡,将何以名天下,不徒荣一时,或可以垂后世,而此编亦不为无用之空言也哉。"①徽州地区山川秀美、人才辈出,而如何能将这一切加以宣扬并为后世之人所景仰,程敏政认为可以通过编修地方志来实现。

林瀚曾对地方志在著录文献、保存文献记载方面的功用有过探讨,他在弘治《徽州府志》"序"中说道:"徽素为文献之邦,文献所存,郡志所存也";"惟夫郡有志,一郡之文献系焉";"则后千百载无复文献不足之叹矣"②。只有文献流传,某一地区的历史发展过程才能够被保存下来,而为后人所知晓。地方志在保存地方文献方面具有不可忽视的价值。

明代正德年间的叶相对方志在"教化"方面的功用特别强调,他在正德《黟县志》"序"中称:"夫是编也匪特写山川胜概、古今沿革而止矣,观其中所载若孙抗之文学、程迈之政事、汪勃之贤哲、卢臣忠之忠义、江节妇之贞洁,其高风砥节至今凛有生气,真足以激顽懦、风后进,诚一邑所不刊之典也。于戏是编成而黟之文献昭昭矣。后人览斯志而兴起,其于世教未必无小补云。"③在他看来,方志不仅仅是专门记载一个地区山川面貌、古今沿革情况的,方志对于文人学者、名宦官吏、名人贤哲、忠义之士、贞洁女子等人物及其行为的记载,更能够"激顽懦、风后进",激发徽州人的心气,方志在"教化"方面所起的作用非同一般。

汪尚宁对于地方志的功用问题剖析深刻,他在嘉靖《徽州府志》"序"中指出:"欲知民之性以制宽猛之宜,物土之利以经

---

① 弘治《徽州府志》卷一一,《天一阁藏明代方志选刊》本,上海:上海古籍书店,1964年。
② 弘治《徽州府志》,林瀚序,《天一阁藏明代方志选刊》本,上海:上海古籍书店,1964年。
③ 嘉庆《黟县志》卷一六,《中国地方志集成》本,南京:江苏古籍出版社,1998年。

出入之法,察俗之尚以节丰俭之中,通一国之政如其家,当讲画详明细大不捐。然疆域殊方,风土异宜,壤地之所出,贡赋之所由生,凡所以尽人之情而极事之变。与夫建置沿革之因时,名宦乡贤之代作,足以示劝戒而系人心之好恶,其称名也,博其为类也,赜而不可厌其为术也,莫要于志。故志之为道切于民生,益于治理,以佐家国之安可不重乎?"①汪尚宁明确指出,地方志收录的内容十分丰富,凡是关于某一地区山川河流、民间风俗、物产贡赋、建置沿革、名宦乡贤等方面的内容都会在地方志中加以记载,而这一切都是为政之人所必须了解和熟知的,既然地方志可以为治理某一地区提供如此重要的参考,那么又怎么能不重视地方志呢?

邵庶在万历《休宁县志》"序"中认为方志的功用是多方面的,如"繇建置而知沿革,观风俗而识教化,察户口而审登耗,览宦绩而得师鉴,采人物而兴景行,将古今名实具如列眉,所裨益于化理,其不在斯乎"②。地方志能够将某一地区古今历史发展变化的情况做出系统的记录,因而通过查阅方志可以了解一个地区建置沿革的变化情况,可以知道这个地区民风民俗的基本情况,可以根据户口的变化来确定赋役的数额和种类,可以让为官之人以当地名宦为榜样,成为有所政绩的人。

道光《徽州府志》"程怀璟序"曰:"今夫郡之有志,非徒览其山川按其图籍,供文人学士采辑而搜罗之已也。有民社之责者,必将因俗而成化,有乡里之望者,必将树表而立坊。"③程怀璟认为,方志的价值不仅仅在于供人们了解某一地区山川河流的分布情况,供文人学者采辑其中的精彩内容,更重要的价值则在于"教化",让人们知风俗之淳化,知人物之善行,从而修身从善。

---

① 嘉靖《徽州府志》,汪尚宁序,《北京图书馆古籍珍本丛刊》本,北京:书目文献出版社,1998年。
② 道光《休宁县志》卷二一,《中国地方志集成》本,南京:江苏古籍出版社,1998年。
③ 道光《徽州府志》,程怀璟序,《中国地方志集成》本,南京:江苏古籍出版社,1998年。

道光《徽州府志》的编修者之一马步蟾也曾对方志的价值做过论述："郡邑之有志,别星野,志舆图,参稽兴废之由综,核民物之数,匪特驰骋文辞、夸示雄富而已,盖期衷诸质实取信来兹,俾览是编者灼然于山川、风俗、黎献、典章,足以通古今而资治化焉"①。方志的编修不是为了"驰骋文辞",也不是单单为了夸耀某一地区的富裕和发达,而是通过舆图和文字的准确记载,总结历代因兴废革的原因,核查一地民物风土的基本情况,使普通的读志者可以通晓一地古今历史发展变化的基本情况,使为官之人可以览志书而找到治理这个地区的方法。地方志书在"资政"、"存史"方面的价值不容忽视。

廖腾煃则指出："要之志不可废,若久旷不修,则方域一切沿革损益常变之故不能周知,何以遥度区画而得其当?"方志不可不修,亦不可久旷不修,否则某一地区的建置沿革变化、典章制度变化都无法记录下来,为政者则无法通晓该地的基本情况,又何谈去管理和控制这个地区呢? 方志的内容极其丰富,凡涉及一个地区的事情都会收录于方志之中。廖腾煃认为,方志每一个部分的内容不同,而其所具有的具体的功能亦有所不同,关于这一问题,他曾做过较为细致的论述,即："纪山川所以察其阨塞要害,可以备征讨之远略;纪星象所以辨氛祲,可以预备其储蓄;纪食货所以别田土之肥瘠,可以则壤而定赋;纪物产所以备庙朝、祭祀、军戎之供用,而征其贡献;纪风俗所以辨习尚之浇淳,而施法令;纪吏治所以考政术之纯驳与孚暨之浅深,而黜陟其廉贪;纪师儒所以审道教之兴行;纪选举所以别甲乙科、明经、国学及赀郎、骑郎之用舍;纪人物所以重彝伦、尚节义、端士行,其他如隐逸、道术及方技者流,无关于治道者,亦必纪之,噫! 可谓备矣。"②方志中记载的山川、星象、食货、物产、风俗、吏治、师儒、选举、人物等内容各有其特点,也各有其价值,可以为读者提供具体而微的参考,而这些内容统合在一起,又使方志具有宏观的特点和综合的价值。使用者可取所需,充

---

① 道光《徽州府志》,马步蟾序,《中国地方志集成》本,南京:江苏古籍出版社,1998年。

② 康熙《休宁县志》,廖腾煃序,《中国方志丛书》本,台北:成文出版社,1970年。

分挖掘方志在不同层面上的价值。

方志在"资政"方面的价值亦为黄云企所重视，他曾说："志犹史也，疆域以之区分，山川以之奠丽，户口、民物、土田、贡赋与夫政事、文章、经术、吏治咸以之察盛衰，考兴替焉。"①方志记载的内容非常丰富，无所不包，因而只要查阅方志，即可知一地兴衰发展的情况，为政者可以此为借鉴和参考。黄云企进一步指出，方志"原本于《禹贡》所记载及《周礼·职方氏》所掌事至重也，自先王采风陈诗之政不行，上下之势日以悬隔，虽东西朔南，声教四讫，其得以博观广揽，稽古证今，俾五方之谣俗，六宇之张弛，莫不灿然目前。而在上之人因以施其辅相裁成、补偏救弊之道者，端赖乎此。至如水之有泉源，如木之有根荄，则尤自郡邑之志始"②。查阅某个地区的地方志即可以博览当地古今之变化，"五方之谣俗，六宇之张弛"，通晓当地的历史发展和民风民俗，为政之人即可根据当地的具体情况制定有针对性的政策和措施，去解决当地的实际问题。黄云企用"如水之有泉源，如木之有根荄"来说明地方志对于为政之人、为政之道的意义。

赵吉士曾以自己亲身经历和体会，论及方志的价值："甲戌，适余及门丁子骏公以词臣出守吾郡，就余谘乡邑风土与制治之所宜，先余曰：'为政者，当熟悉民情之良悍，察风俗之淳漓，观土物之臧否，量时运之盈绌，而后政之轻重、度缓急之序可得而审，而后其权轻重缓急而施之者，足以惬一方之人心，而不失其宜。今太守幸惠爱吾民，而风土是询，余荒陋寡闻，不足以塞明，问即毕所闻——为太守陈之，终不若纪诸书者之详且核，则有郡乘具存可取而征也。顾独恨郡志自前明迄今久未修辑，时移事易，恐未可执旧辙以敷新猷。今太守既以史官来莅民社，盍悉心谘度，余将掺纸墨从太守后以补吾郡之阙遗。而太守之所酌诸心、达诸政而惠爱吾民者，亦可披览而得之矣'。太守欣然以余言为然。既至郡则检括图籍、纪乘、簿书之属若干册，邮而致之京师，而余在都日与郡缙绅吴祭酒苑、汪太常晋

---

① 康熙《休宁县志》，黄云企序，《中国方志丛书》本，台北：成文出版社，1970年。
② 康熙《休宁县志》，黄云企序，《中国方志丛书》本，台北：成文出版社，1970年。

征、程侍御文彝、张编修瑷、黄比部元治诸同志反复参阅,刻期修举"①。此处所言反映的是赵吉士在与丁廷楗谈论政事时提到了方志的价值。当丁廷楗到徽州做太守时,即向赵吉士咨询"乡邑风土与制治之所宜",虽然赵吉士对徽州当地的情况了解得也比较清楚,虽然他也尽全力回答了丁廷楗所问之事,但他总是觉得自己知道得再多,"终不若纪诸书者之详且核",而如果"郡乘具存可取而征也",但"郡志自前明迄今久未修辑,时移事易,恐未可执旧辙以敷新猷",赵吉士心中充满了遗憾,因而建言丁廷楗,要编修一部徽州府志。如果有了方志作为参考,那么,为政者就可以了解当地各方面的情况,确定工作的轻重缓急,有针对性地进行工作,不至于造成混乱。方志的"资政"作用非常突出。

赵吉士还认为"志书之作与国史相为表里",地方志书的内容十分丰富,"上自户口、风俗、食货、兵防以下,逮乎琐闻轶说,靡不笔之于书",凡是涉及一个地区的方方面面的事情、事无巨细都会记录在地方志之中。方志中记载的内容,无论大事小情,皆有其自身的价值,"其大者足以著盛衰、昭得失、明彰劝,而其末亦不失为士君子参稽考镜之资"。方志可以起到"酌古准今"、"敷政宜民"的作用②。

王景曾在康熙《黟县志》"序"中曾言:"其山川之所毓灵,人物之所奋迹,以至赋役刑政之大端,官民食货之要条,忠孝节义之懿型,风俗灾祥之淑慝,纪诸载籍班班可考。"③从这段序文看,王景曾也是非常强调方志功能的多面性的。

乾隆《黟县志》"孙维龙序"则称:"案其山川而知通塞险易之宜,究稽其土田而知高下旱潦之宜防,观于物产、贡赋而知任土宜民之所急,考其历宦人物而知国家储英毓秀之有方,况黟在昔时人材之鹊起,科甲之蝉联,瑞人、硕彦、文章、政事之彪炳,孝子、贤媛、闺门、间里之芳贞,孰非有关世者而使其泯泯不

---

① 康熙《徽州府志》,赵吉士序,《中国方志丛书》本,台北:成文出版社,1970年。
② 康熙《徽州府志》,赵吉士序,《中国方志丛书》本,台北:成文出版社,1970年。
③ 嘉庆《黟县志》卷一六,《中国地方志集成》本,南京:江苏古籍出版社,1998年。

传可乎哉?"①观览地方志,可知一地山川险易之概况,以便根据地势险要的程度来确定守备的部署;可知耕地的旱涝状况,以便根据耕地情况来确定种植何种农作物,保证农业收入;根据当地物产的种类来确定贡赋的品种,以便顺应当地百姓的生产,不至于给百姓以过大的压力;考察当地官宦之人的作为和业绩,便可以了解到国家在选拔人才方面所做的工作。徽州是一个人才辈出的地方,在文学、学术、艺术、科技等方面取得成就的人物不可胜数,而忠、孝、节、义之人更是无法计数,地方志将这些人物汇集并记载下来,使之流芳千古,为后人学习和景仰。早在明代弘治年间,林瀚就曾有过类似的看法,他在弘治《徽州府志》"序"中说道:"后来览斯志者,匪但广资见闻而已,如忠壮程公、越国汪公英风义慨,凛凛不磨。晦庵为命世大儒,著书立言羽翼六经千万,古道学赖以宣明者,谁之功也。而吴少微、胡云峰、陈定宇、汪环谷诸子亦皆儒林之表,表者语忠节则有立信、泽民之二汪,语孝友则有查道、祝确、詹惠明、曹矩之辈。"②这样就更加突出了地方志在"存史"、"教化"等方面的作用。

嘉庆《绩溪县志》"成履恒序"中也有关于方志功用的论述,如"郡州县例有志,列天文,志地舆,详人事,非特铺张名胜夸美庶繁也,将期膺斯土者,按志图治,随地制宜,因俗宣化,以仰副圣天子,俾司民牧之至意云尔"。成履恒指出,根据政府的规定,每个郡州县都应修有当地的地方志,地方志不仅要记载当地的天文地理方面的内容,还要记载当地社会历史发展的相关事件和各类人物,地方志内容的丰富性由此而得到反映。成履恒还进一步指明,地方志的内容丰富不仅仅是为了赞美这个地方的风景名胜,彰显这个地区的富庶,宣扬这个地方的人杰地灵,而是通过全面记录这一地区社会历史发展各方面的情况,为政府和各级官员提供一份内容丰富的参考资料,让地方官员

---

① 嘉庆《黟县志》卷一六,《中国地方志集成》本,南京:江苏古籍出版社,1998年。
② 弘治《徽州府志》,林瀚序,《天一阁藏明代方志选刊》本,上海:上海古籍书店,1964年。

可以通过地方志了解当地的风土人情、山川河流、道路交通、田土物产、户口分布等情况,有针对性地制定合适的治理政策或采取有实用性价值的措施,加强地方管理,提高治理效果。所以,当成履恒奉命到徽州做官时,特别是他来到绩溪,看到此地地势险要,为宣州至徽州之要冲,且山高水美,耕地充足,居民朴实,他便萌发要编修绩溪县志的想法,用地方志来记录这一切,并为"存史"、"教化"所用,正如他在序中所言:"奉命守新安,历宣州抵徽境出入山谷中,临莅绩溪,度其地势,广轮百里,非若雄州剧邑为大都会,然势居宣歙之脊,为入徽之冲,山高泉美,土田足耕,视其民秀者,韦布是甘,朴者耕织是务,意其土固,确其风尚醇者,与得良有司崇朴实以循拊之,仿唐魏俭勤之俗,为东南邹鲁之遗,登诸志乘,足以觇风化,备采择焉。"①

何应松也曾对地方志的功用谈了自己的看法,他在道光《休宁县志》"序"中说:"夫邑之有志非徒志一邑之盛,以为观美也,山川之陀塞,营建之废兴,户口之登耗,风俗之淳漓,物产之丰啬,人才之盛衰,官吏之得失,皆于是乎考焉。"②何应松认为,地方志的编修一方面是为了彰显某一地区发展的繁盛局面,但更重要的是可以将这一地区"山川之陀塞,营建之废兴,户口之登耗,风俗之淳漓,物产之丰啬,人才之盛衰,官吏之得失"的相关情况记录下来,可以将这一地区历史发展的情况垂之久远,后世之人可以通过地方志对某一地区历史发展、古今演变的情况有一个基本了解。这就是地方志的"存史"之功。

民国时期编修的歙县志对于方志的实用性价值也特别重视,比如在记载物产时即称:"旧志物产未为详备,兹重为撰次,务求明晰,间详选种培养改造之法,冀资实用。"③民国《歙县志》不仅补充了前志在物产方面的阙漏,重新拟定编写次序,而且还特别介绍了"选种培养改造之法",其目的就是要突出实用

---

① 嘉庆《绩溪县志》,成履恒序,《中国地方志集成》本,南京:江苏古籍出版社,1998年。
② 道光《休宁县志》,何应松序,《中国地方志集成》本,南京:江苏古籍出版社,1998年。
③ 民国《歙县志》卷三,《中国地方志集成》本,南京:江苏古籍出版社,1998年。

性,为具体的生产和种植起到指导作用。

正如前文所言,徽州方志的编修者已经充分认识到地方志的价值,因而非常重视地方志的编修工作,而他们在编修地方志的过程中,还注重探讨和总结方志的实用性价值,并且也注意在编修地方志时将地方志各方面的价值加以体现。

六、明确方志取材的广泛性

地方志是综合记载某一地区地理、经济、政治、文化、人物、军事、遗事等方面情况的特殊文献。记载内容广泛是其最主要的特点之一。而徽州方志编修者不仅讲究方志内容的丰富性,而且还特别重视资料的选取、考证以及对前志中存在的讹误进行订正。在长期的修志实践中,徽州方志编修者明确了方志编修应该注重取材的广泛性。

清代道光年间修成的《休宁县志》在"凡例"中就非常明确地说明了志书编修所参考的资料,即"邑志之修据嘉靖以后诸志及淳熙《新安志》、宏治以后诸府志,参以一统志、通志、文献志,旁稽史册、文集、金石、碑碣,益以计簿、结报,事取其核,议取其公"[①]。道光《休宁县志》取材可谓十分广泛,既参考了各种类型的志书,如一统志、通志、府志(南宋淳熙以后诸徽州府志)、县志(明嘉靖以后所修之县志)和专志(如文献志),也参考了其他史册、文集、金石、碑碣之类的记载,同时还借鉴了计簿、结报中的材料。道光《休宁县志》编修时广泛征引资料,并不是简单地加以抄录,而是"事取其核,议取其公",既讲究资料的真实性,也强调论断的合理性。

嘉庆《黟县志》在广泛取材这一问题上表现得特别突出,"吴甸华序"对其取材广泛的事实进行了总结,称"自二十四史、《江南通志》、淳熙《新安志》、宏治、嘉靖、康熙三府志、程篁墩《新安文献志》,以至一切山经、地志、诗集、文集有关黟邑者,皆

---

① 道光《休宁县志》,凡例,《中国地方志集成》本,南京:江苏古籍出版社,1998年。

酌取焉,而邑中坊额所载金石,所镌及巉山、绝壑磨崖之书网罗无闲"①。较之于道光《休宁县志》,嘉庆《歙县志》的取材范围则更加广泛,不仅有通志(如《江南通志》)、府志(如淳熙《新安志》,弘治、嘉靖、康熙三部《徽州府志》)、专志(程敏政《新安文献志》),还有二十四史、山经、地志、诗集、文集,另外,还对"邑中坊额所载金石,所镌及巉山、绝壑磨崖之书"进行考察和访求,并将其中有用的资料搜罗殆尽。嘉庆《黟县志》的编修者是将能查找的纸质文献资料和刻写在任何一种载体上的资料全部都利用上了,从而保证了志书内容的丰富性和资料考证的准确性。

弘治《徽州府志》编修时还参考了另外一些种类的文献,如"汪舜民序"所言:"旧志事迹宋元颇详,国朝自洪武至今累有纂修实录,以郡志久不修,而实录副本散藏纂修儒生家,代谢不一,猝难采辑,姑以所得并取计簿益之,尚俟后之君子博采以补其阙";"本之旧志,参之史传及诸家集录与夫金石之文编,摩间乡塾师王宗植至得景泰集本,时周公以云南方伯致政居鄱阳,彭公乃驰书以请,得成化集本,且以其事白于巡抚都宪安成。"②因为徽州旧府志所记载的宋元时期的内容非常详细,弘治《徽州府志》编修时则加以充分的借鉴和继承,而明朝建立以后,虽有洪武年间朱同编修的《新安志》,但至弘治十五年(1502年)已有近一百三十年的时间了,期间虽于景泰和成化年间也曾两次增修,不过质量都不是很高,参考的价值不是很大,不过就是这样,编修者还是竭尽全力,四处查找,终获"景泰集本"和"成化集本",并将之与朱同的《新安志》一起作为修志参考。洪武至弘治年间,实录也不断编修,弘治《徽州府志》编修时本可以参考这些实录,可是"实录副本散藏纂修儒生家,代谢不一,猝难采辑",要想全面而充分地利用实录也不是件容易的事,所以也只能利用找到的实录副本,并益以计簿中的材料。在修志的

---

① 嘉庆《黟县志》,吴甸华序,《中国地方志集成》本,南京:江苏古籍出版社,1998年。
② 弘治《徽州府志》,汪舜民序,《天一阁藏明代方志选刊》本,上海:上海古籍书店,1964年。

参考资料中,"史传及诸家集录与夫金石之文编"等也是非常重要的参考资料。弘治《徽州府志》的编修者在广泛利用资料方面也是费了不少心思。

除了上文所列各类参考文献,康熙《休宁县志》参考的资料还包括"父老之传闻","牒椠之载籍"①,这又进一步扩大了方志编修参考资料的范围和种类。

广泛取材是徽州方志编修的特点之一。徽州方志的取材范围包括各类史传、总志、通志、府志、县志、专志、地理志、山经、文集、诗集、金石录、碑刻集、实录、计簿、结报、谱牒、椠书等文献,而且还包括各种镌刻于金石之上的文字以及故老之传闻。简而言之,一切可以利用的文献资料皆在其参考范围之中。在取材的方式上,徽州方志编修者一方面注重利用各种载体上的文字记载,另一方面还注重实地调查,比如寻访故老,了解传闻,又如访求名山大川、街坊市郭等处的金石碑刻,搜集资料。徽州方志编修者在资料的选取上用力甚勤。

徽州方志编修者在从事方志编修工作的过程中,注重总结方志编修理论,强调理论和实践的统一。这些方志理论既是对前人修志成果的总结,也是对修志活动的思考,同时也将对后世方志编修提供指导和参考。

---

① 康熙《休宁县志》卷七,《中国方志丛书》本,台北:成文出版社,1970年。

第四章

徽州方志的价值

一、史料价值

徽州方志记载的内容具有广泛性、地方性、时代性、连续性等特点,因而具有特别重要的史料价值。徽州方志在研究徽州地区社会历史发展方面所具有的价值,是其他文献记载所无法相比的。

(一)记载内容的广泛性

地方志记载的内容涉及面非常广泛,关于地方志的这一特点,自古以来多有学者进行论述。如,司马光在《河南志序》中指出志书是"博物之书":"凡其兴废迁徙,及宫室、城郭、坊市、第舍、县镇、乡里、山川、津梁、亭驿、庙寺、陵墓之名数,与古先之遗迹,人物之俊秀,守令之良能,花卉之殊尤,无不备载。考诸韦记,其详不啻十余倍,开编粲然,如指诸掌,其博物之书也。"[①]而李绂在《重修临川县志凡例》中指出:"志书载一县之事,自职制、廨舍、户役、贡赋、学校、兵卫,当悉按列史时代统

---

① (宋)司马光:《温国文正公文集》,卷六五,四部丛刊景宋绍兴本。

辖,备细载之,庶古今沿革损益本末明白"①。清代雍正年间王薯在《畿辅通志序》亦言:"志书之体,考星野、沿革、建置,纪山川、户口、风物、官师、乡贤,采访咏歌、文艺,此四方之志所同。"②当代学者仓修良在《方志学通论》中认为,方志的"记载内容是十分广泛,非常丰富,单就这点而言,可以说没有一种著作可以与它相比。上自天文,下至地理,山川水利、物产资源、典制沿革、贡赋徭役、风俗习惯、各类人物、宗教寺院、科举学校、艺文著作、阶级斗争、经济发展、天灾人祸、奇闻逸事,无所不有"③。

徽州方志的记载内容也十分丰富,涉及面极其广泛。兹举数例,以为说明。

如,道光《徽州府志》④记载的内容包括:地理方面的内容,如分野、建置沿革、疆域、封建、山水、形胜、乡都、风俗、古迹、丘墓等,其中既有自然地理方面的,也有人文地理方面的内容;营建方面的内容,包括学校、坛庙、仓局、公署、城池、水利、桥梁、寺观等;经济方面的内容,如赋役、恤政、物产、土贡等;军事方面的内容,包括兵防、武功;职官方面的内容,包括郡职官、县职官、武职官;选举方面的内容,如荐辟、进士、举人、贡生、武科目、例仕、封荫等;人物方面的内容,包括朱子世家、勋烈、儒林、文苑、名宦、忠义、宦业、武略、孝友、义行、隐逸、风雅、节妇、节烈、贞女、贞烈、孝妇、孝女、贤淑、才媛、流寓、方技、仙释等;艺文方面的内容,如书籍、碑刻等;另外,还有祥异、拾遗、修志源流等方面的内容。徽州地区社会历史发展过程中的基本情况都被记载在徽州方志中。

又如,从目录看,道光《休宁县志》⑤记载了以下几方面的内容:地理方面的资料,包括疆域、沿革、县境、形胜、隅都、坊市、坊表、道路、山川、风俗等;营建方面的资料,包括城池、廨署、仓

---

① (清)李绂:《穆堂别稿》卷四九,清道光十一年(1831年)奉国堂刻本。
② (清)李绂:《穆堂初稿》卷三一,清道光十一年(1831年)奉国堂刻本。
③ 仓修良:《方志学通论》,济南:齐鲁书社,1990年,第86页。
④ 道光《徽州府志》,《中国地方志集成》本,南京:江苏古籍出版社,1998年。
⑤ 道光《休宁县志》,《中国地方志集成》本,南京:江苏古籍出版社,1998年。

库、牢狱、邮传、津梁、坛壝、祠庙、神皋；学校方面的资料，包括学制、祠祀、学田、书籍、祭器、乐器、书院、考棚、乡试旅资规条、社学、乡约；水利方面的资料，包括挽运、灌溉、邑城水脉；经济方面的资料，包括丁徭、田赋、起运、经费、支给、漕米、漕豆、解支、耗羡、养廉、杂榷、盐引、茶纲、前代赋税、物产；恤政方面的资料，包括仓局、蠲赋、优老、赈济；职官方面的资料，包括题名、名宦；军事方面的资料，包括军制、兵署、军官、陇塞、武功；选举方面的资料，包括进士、举人、选举、贡生、荐辟、武科第、戚畹、椽史；仕宦方面的资料，包括文官、武官、封赠、荫袭；人物方面的资料，包括儒硕、勋烈、经济、忠节、死事、文苑、风节、宦业、武略、孝友、高逸、风雅、绩学、尚义、乡善、列女、方技；氏族方面的资料，包括姓氏、始迁诸贤、祠堂；艺文方面的资料，包括纪述、题咏、书目；另有，古迹、碑碣、冢墓、寺观、仙释、琐记等方面的资料。举凡徽州地区历史发展各方面的情况尽收于徽州方志之中。

徽州方志综合记载了徽州地区历史发展过程中各方面的情况，可以说是徽州地区之全史，是研究徽州地区相关问题最基本、最全面和最重要的参考资料。从这一点来说，其他任何文献资料均无法与徽州方志相比。

（二）记载内容的地方性

地方性是地方志最突出的特点之一，徽州方志记载的内容也表现出明显的地方性特点，这些内容有助于更为深入和细致地研究徽州地区历史发展中的相关问题，有些内容也还可以为研究全国性问题提供参考。

不同的自然环境适合于不同种类的动植物生长，徽州地区的自然环境有其自身的特点。徽州历来有"八分半山一分水，半分农田和庄园"之称。徽州区域内地形多样，群峰参天，山丘屏列，岭谷交错，有深山、山谷，也有盆地和平原，水系也十分丰富，仅新安江及其支流便涵盖了徽州三分之二以上的面积。徽州地区处于北亚热带，属于湿润性季风气候，具有温和多雨，四季分明的特征。徽州地区地形种类多样，气候条件适宜，适宜多种林木、茶叶、果树及农作物的生长，从而形成了徽州地区物产丰富的特点。

徽州方志对于当地的物产、土产、土贡等记载非常详细。如，弘治《徽州府志》在"食货志"下专设"土产"和"土贡"二目，介绍了徽州地区的地方物产。"土产"下再细分为谷粟、蔬茹、药材、竹木、鳞族、羽族、兽类、畜扰、货物，"谷粟"下详细介绍秈谷、秔谷、糯谷、大麦、小麦、荞麦、麻、豆、粟、稷等类作物的基本情况，并注意说明徽州六县的不同情况，如"秔谷，新安不甚宜，秔惟婺源、绩溪多"。"蔬茹"下则详细记载了芥、姜、蓼、芹、葱、薤、韭、蒜、蓼荞、兰香、胡荽、芸苔、首蓿、莙荙、波稜、胡芦菔、百合、鼠黏、芋、苋、马齿苋、预药、葵首、菌、木耳、笋、石耳、地蚕、蒟蒻、葛、枸杞、芙、蕻菜、周花、香蒿、苏、决明、苦荬、苦薏、蔓菲、蘁、芦菔、油菜、茄、瓠、瓜等。"竹木"之下又详细介绍了筼竹、苦竹、淡竹、金竹、水竹、篁竹、紫竹、班竹、老竹、桃枝竹、慈竹、拜竹、对青竹、猫头竹等品种的竹子，反映了徽州山区竹子品种的丰富性。"货物"之下则记载了徽州地区的重要物产资源，如金、银、铅、铁等矿藏，以及茶、纸、漆、砚、墨、簟、枫香、蜜、蜡、棉花、苎、麻、松板、杉筏、桐油等特产[①]。

纸为徽州特产之一，徽州方志中对纸亦有专门的记载。如，弘治《徽州府志》对当地的纸就有如下记载："纸，旧有麦光、白滑、冰翼、凝霜之目。歙、绩溪界中有地名'龙须山'，纸出其间，号'龙须纸'。大抵新安之水清澈见底，利以沤楮，故纸如玉雪者水色所为也。其岁晏敲冰为之者益坚韧而佳。宋时纸名则有所谓进札、殿札、玉版、观音、京帘、堂札之类，亦出休宁之水南及虞黄、良安、和睦三乡。"[②]这段记载介绍了徽州纸的品种、产地、特点和纸品质量上佳的原因，览此则知徽州地区纸的生产及其基本情况。弘治《徽州府志》"拾遗"部分也收录了其他文献中关于徽纸的记载，借此亦可以进一步了解徽州纸品的

---

① 弘治《徽州府志》卷二，《天一阁藏明代方志选刊》本，上海：上海古籍书店，1964年。

② 弘治《徽州府志》卷二，《天一阁藏明代方志选刊》本，上海：上海古籍书店，1964年。

相关情况。如,"苏易简《文房四谱》云:黟、歙间多良纸,有凝霜、澄心之号,复有长者可五十尺为一幅。盖歙民数日理其楮,然后于长船中浸之,数十夫举抄以抄之,旁一夫以鼓节之,续于大熏笼上周而焙之,不上于墙壁也,于是自首至尾匀薄如一"①。这条资料主要介绍了一种长五十尺一幅的纸的制作方法和过程。

徽州方志对于当地的另一种特产——砚的记载也非常重视。如,弘治《徽州府志》称:"砚,出婺源龙尾山武溪,肇于唐开元,叶氏因猎偶得石,制以为砚。"这是介绍了"砚"的来源。"其品有五,一曰眉子石,有七种;二曰外山罗纹,有十三种;三曰里山罗纹,有一种;四曰金星,有三种;五曰驴坑,有一种。总谓之'龙尾石'。大抵歙石之珍以青色绿晕多金星者为上。《郡志》又称有刷丝石、枣心石、小斑纹、粗罗纹、细罗纹、瓜子纹,然惟以出深溪者为上"②。这里则介绍了徽砚的品种、品质等方面的情况,说明了徽砚品种多样,质量上乘。弘治《徽州府志》还在"拾遗"部分收录了其他文献中关于徽砚的记载,进一步介绍了徽砚的相关情况。如,"苏公《砚说》云:予家有歙砚,底有款识云'吴顺义元年'。处士汪少微铭云'松操凝烟,楮英铺雪。毫颖如飞,人间五绝'。所颂者三物尔。盖谓研与少微为五邪"!又如,"苏易简《文房四谱》云:今歙州之山有石,俗谓之'龙尾石',亦亚于端。若得其实心巧匠就而琢之,贮水之处,圆转如涡旋可爱"③。

墨是徽州另外一种闻名全国的特产,徽州方志亦不乏对它的记载。如弘治《徽州府志》中称:"墨,出歙、休宁二县。五代李超及子廷珪造墨,至宋徽州遂岁以'大龙凤墨'千斤充贡。仁宗嘉祐中宴近臣于群玉殿,以李超墨赐之曰:新安香墨。其后

---

① 弘治《徽州府志》卷一二,《天一阁藏明代方志选刊》本,上海:上海古籍书店,1964年。
② 弘治《徽州府志》卷二,《天一阁藏明代方志选刊》本,上海:上海古籍书店,1964年。
③ 弘治《徽州府志》卷一二,《天一阁藏明代方志选刊》本,上海:上海古籍书店,1964年。

赐翰林皆李廷珪双脊龙,样品尤佳。《墨谱》称:墨之上者拈来轻,嗅来馨,磨来清,然物有盛衰,工有良苦,不能如旧。今失其传,惟出休宁城北汪氏者稍佳,其形制犹多以龙为饰。《前志》云:近黟、歙间有人造白墨,色如银,迨研讫即与常墨无异,未知所制之法。"①这一段记载介绍了墨的来源、产地、品种、墨品的等级等方面的内容,还说明了徽墨中的上品如"大龙凤墨"等作为贡品每年上贡朝廷的情况。弘治《徽州府志》还在"拾遗"部分收录了其他文献中关于墨的记载,为更加全面地了解徽墨的情况提供了参考。如,"《遁斋闲览》云:祥符中,治昭应宫用廷珪墨为染饰,有贵族尝误遗一丸于池中。逾年,临池饮,又坠一金器,乃令善水者取之,并得墨,光色不变,表里如新"②。这则记载是通过一个故事,说明了李廷珪制作的墨品质上佳。

徽州地区的大部分家族都是从北方迁徙而来并在此定居的,经过长期的繁衍生息,这些家族逐渐发展壮大,有些仍聚居于原地,有些则迁移到其他地方。徽州是一个非常重视宗族的地区,徽州方志中也专门设立"氏族志"对有关宗族或姓氏等情况进行记载,以揭示这些家族在徽州地区发展演变的基本情况。

道光《休宁县志》就专设"氏族志"。"氏族志"下再分设"姓氏"、"始迁诸贤"、"祠堂"。"姓氏"部分对休宁县各姓家族的分布情况、代表人物等进行了记载,如"程氏"就分北街、厚街、陪郭、杨村、西门、瓦窑坦、断石、上充、石叶、毕家岭、晏下、凤湖街、皮匠坦、小北门、沙波上、溪边村、东村、茅山、浯田、竹林、古楼、五城、龙湾等地近 150 个程姓家族③。"程氏"之下还对程氏的来源进行了说明,即"程淘《程氏世谱》序云:自淘而上止忠壮公凡十五世,世居黄墩。程祁《程氏世谱》序云:唐末五代之乱,

---

① 弘治《徽州府志》卷二,《天一阁藏明代方志选刊》本,上海:上海古籍书店,1964 年。
② 弘治《徽州府志》卷一二,《天一阁藏明代方志选刊》本,上海:上海古籍书店,1964 年。
③ 道光《休宁县志》卷二〇,《中国地方志集成》本,南京:江苏古籍出版社,1998 年。

亡失旧谱，上世次序不可复知，先府君以为吾家盛德之后，盖重安忠壮公之系姓也。朱子环溪翁程君鼎墓表云：新安、鄱阳、信安诸程皆出梁镇西将军忠壮灵洗，谱牒具在，闻之先君子忠壮公葬黄墩，以石为封，今尚在也"①。通过梳理，休宁各处"程氏"的源头、变迁情况变得清晰明了。道光《休宁县志》"姓氏"下还收录了汪氏、吴氏、金氏、朱氏、黄氏、戴氏、张氏、孙氏、胡氏、王氏、叶氏、方氏、余氏、陈氏、徐氏、许氏、范氏、李氏、洪氏等姓氏的情况。

朱熹为集诸儒之大成者，不仅是徽州的名人，也是闻名全国的大儒。徽州方志对朱熹的情况多有记载，而在嘉靖《徽州府志》中则仿"孔子世家"作"朱子世家"。康熙《徽州府志》在嘉靖《徽州府志》的基础上，对"朱子世家"的内容进一步充实和完善，将有关朱熹的内容，诸如其阙里、父祖、诗文、藏书阁以及世袭博士、皇帝封朱子的诰敕等全部集中于"朱子世家"中，这不仅有助于人们对于朱熹的情况有一个比较集中的了解，也充分反映了徽州地区名人荟萃的情况，突显了徽州的地域特点。

徽州地区是一个文化底蕴深厚、人才辈出的地方，有"东南邹鲁"、"文献之邦"的美誉，众多的文人学者、名人官宦撰写出各类书籍，以及诗词文赋等作品，这是徽州地区历史发展过程中的一个重要组成部分，也是徽州文化中的宝贵财富。徽州方志一般都设有"艺文志"、"书籍"或"书目"，将徽州人撰写的或是反映徽州地区历史发展过程的书籍或诗文之作收录在一起，为了解徽州地方文献提供了方便，也保存了众多的徽州地方文献。

道光《徽州府志》"艺文志"下设有"书籍"一目，按四部分类法的形式，总分经、史、子、集四个部分，每部之下再设小目，如"经部"下再设易类、书类、诗类、礼类、春秋类、孝经类、五经总义类、四书类、乐类、小学训诂类、小学字书类、小学字音类这十二个小目；又如，"史部"下又分正史类、别史类、制诰奏议类、传记类、史钞史评类、地理类、政典类、谱系类八个小目。每个小

---

① 道光《休宁县志》卷二〇，《中国地方志集成》本，南京：江苏古籍出版社，1998年。

目下再按时间先后列举作者名、书名和卷数,间或列举其他文献中的记载,以便进一步说明相关问题。如,"经部"之下列举元代胡一桂编纂的书籍时称:"胡一桂,《周易本义附录纂疏》十五卷,《通志堂经解疏》作注,一作十四卷";"《周易启蒙翼传》四卷,《补元史艺文志》及《通志堂经解》皆作三篇,外一篇"。此处列举其他文献中关于胡一桂这两部文献卷数的不同记载,让读者能够对此问题有进一步的了解。又如,"史部"之下列举明代婺源人詹同所撰书籍时称:"婺源詹同等《太祖宝训》十五卷,同撰五卷,其后史官续成",此处小注说明了《太祖宝训》成书的基本情况。又如,"史部"之下列举程珌所撰书籍时称:"程珌,《内制类稿》十卷,府志脱'制'字。"这里的小注则对其他文献中的错误进行了校勘。又如,"子部"下列举朱熹所撰书籍时称:"《近思录》十四卷,与吕祖谦同撰",进一步说明纂修者情况;"《语录》四十三卷,门人宁国孙自修所记",说明此书的内容是关于朱熹的,但书却是其门人编辑的;"《太极说》一卷,县志作《太极图说解》"①,这里则列出书名之异说,以便读者参阅。道光《徽州府志》在"艺文志"末还附"碑刻"一目,虽只列碑名及撰者,亦可为了解徽州地区人物的生平事迹、修建桥梁、建造书院、修建亭阁等情况提供线索。

徽州方志"艺文志"下不仅设立"书目"或"书籍"著录徽州地方文献,还常常设立其他子目,全文收录记、赋、序、跋、议等形式的作品。如,道光《休宁县志》"艺文志"下还设有"纪述"、"题咏"二目。"纪述"收录记、序、文、议等形式的作品,"记"的内容十分丰富,包括修建桥梁、修建堤坝、记述山川、修建学校、歌咏贞节乡贤、减免贡赋、祷雨、重修寺庙宫殿、重修会馆、捐输乡试等,"记"有朱文公的《新安道院记》、洪适的《休宁县建学记》、程珌的《休宁县减折制军布钱记》、朱同的《双节堂记》、周洪谟的《乡贤祠记》、程敏政的《重修圣庙记》等;"序"有程敏政《(宏治四年)县志序》、宋国华《志序》、廖腾煃《建复汶溪桥序》、廖腾煃《重修闵口桥序》;"文"则有廖腾煃《告成隍为民请祷文》

---

① 道光《徽州府志》卷一五,《中国地方志集成》本,南京:江苏古籍出版社,1998年。

等;而"议"有汪晋徵《还古书院祀朱文公议》等①。这些作品通过对具体事物的记述或歌咏,说明了徽州地区历史发展的基本情况,是研究徽州地区历史的重要参考资料,也反映了徽州深厚的文化底蕴。

徽州方志对于诗词文赋的收录还有另一种形式,即在记载相关事物时将有关诗文附于其后,此种形式则更便于观览。康熙《徽州府志》就在记载山川时将有关的诗文随后附录。如,记载"玉屏山"情况时,则附录了汪道昆所作《玉屏山诗》,即"高帝旌旗拥玉屏,何来杖履傍金城。崤函气色青牛驾,丰沛风尘白马盟。云鸟阵连秦阁道,石鲸甲动汉昆明。布衣十日摞招饮,敢向期门避姓名"。又如,记载"新安江"时附录多首歌咏之作,其中有赵吉士《怀新安江诗》,即"时移烟树渡村楼,浦溆沿洄放浪游。涌塔琼莹悬砥柱,巉岩玉碎曳川流。一溪返照波明灭,两岸浮青棹去留。我梦疑闻清瑟响,危樯影带落峰秋"②。通过这种方式,徽州方志保存了大量徽州人撰写的诗文之作,以及歌咏徽州事物与人物的诗词歌赋。

徽州方志中收录的具有鲜明地方性特色的内容,在研究徽州地区历史发展过程方面具有很强的针对性,是研究徽州地区历史发展必不可少的重要资料。而且由于这些资料相对集中,则更加有利于查阅和利用。

(三)记载内容的时代性

徽州方志记载的内容具有鲜明的时代性特点,通过这些具有时代特色的内容,可以了解不同历史时期徽州地区发展的不同情况。

如,弘治《徽州府志》在"食货志"下设有"土贡"一目,记载的内容包括唐、宋、元、明四个时期,这四个时期徽州地区的"土贡"品种不完全相同,唐代土贡有白苎、竹簟、纸、黄连;宋代则

---

① 道光《休宁县志》卷二一,《中国地方志集成》本,南京:江苏古籍出版社,1998年。
② 康熙《徽州府志》卷二,《中国方志丛书》本,台北:成文出版社,1970年。

有表纸、麦光纸、白滑冰翼纸、乾预、药腊、芽茶、细布、白滑纸、大龙凤墨、白苎、纸、貍、上供七色纸、上供帛等;元代有貍、貂皮、上供纸、上供帛等;明代则有皮张、翎毛、上供纸、上供帛等。不同时期"土贡"内容的变化,一方面反映了徽州地区物产种类和生产情况的不同,另一方面也反映了中央政府的需求发生了一些变化,这为了解唐、宋、元、明等历史时期徽州地区以及全国的发展情况提供了参考。

由于太平天国运动对徽州地区的影响很大,正如民国《歙县志》"武备志"下"兵事"序言所称"咸同之际,徽州一隅以浙赣牵率被兵祸者十年,创巨痛深,全县盛衰系此最大,至今父老言之犹心悸而色变也,兹重为撰述,并易其旧题'武功'曰'兵事'"①。民国《歙县志》"兵事"部分用很大的篇幅,从咸丰三年(1853年)洪秀全建都南京、徽州创办团练开始记载,按月按年详细记载太平军攻陷徽州各县、徽州各县如何应对、清政府如何处理、曾国藩在皖南操办军务应对太平军等事情和过程,一直记载到同治四年(1865年)五月。民国《歙县志》用很大的篇幅叙述了这段特定的历史过程,反映了徽州地区历史发展过程中的重大历史转折。

同治《黟县志》也新增"兵事志"②,其小序称:"前志无'兵事'名目,盖自国初至道光之季,江南不见兵革者二百余年。黟处万山中,享升平之福,洎粤逆扰及十六省,历十余年竭天下之力而始定。黟数被兵略,具纪事表,表自有体,于兵事始末固不能详,即黟之被兵亦止纪其大概,恐道路之言,日后伪为故实,特取官牍,按年月志之,使本末灿然,将以传信而于黟事加详,以此篇乃黟志也"③。同治《黟县志》"兵事志"部分也用大量的笔墨,记载了从"咸丰元年辛亥正月,洪逆僭伪王号"到同治五年战事平定这十几年间,徽州地区遭受兵事的详细过程,其中亦记述了皖南其他地区的相关情况。而民国《黟县志》则删去

---

① 民国《歙县志》卷三,《中国地方志集成》本,南京:江苏古籍出版社,1998年。
② 同治《黟县志》,凡例,《中国地方志集成》本,南京:江苏古籍出版社,1998年。
③ 同治《黟县志》卷一二下,《中国地方志集成》本,南京:江苏古籍出版社,1998年。

"兵事志",正如其"凡例"所言:"三志内兵事志系因洪杨之乱特创此门,同治九年以后既无兵事,自无此志。"①徽州方志记载内容的时代性特点非常明显,而这些具有时代性特点的内容则为更加准确和完整地了解徽州地区社会历史发展的特殊性提供了依据。

历史发展的阶段性特点通过徽州方志收录的内容得以展现。徽州方志收录内容的时代性特征为总结不同历史时期徽州地区发展的特色提供了参考。

(四)记载内容的连续性

徽州方志的编修具有连续性的特点,而正是因为这种连续性也使得徽州方志记载的内容呈现出连续性的特点,从而揭示了自古以来徽州地区历史发展的基本脉络。

本书第二章已经详细地列举了徽州府志以及下辖六县县志、乡镇志连续编纂的情况,同时又以黄山专志为例,说明了徽州专志编纂的连续性。徽州方志自南朝梁时已开始编纂,徽州方志编修时往往采取"详近略远"的原则,即前志已经详细记载的内容,后志则略加记载,重点记录前志之后该地区历史发展的新情况。这种编纂原则,既可以将徽州地区每一个时期历史发展的情况相连接,又能够不过分重复前志的内容,而将前志所未记载的情况详加记载。这样一来,通过编纂不同历史时期某一地区的地方志书,则可将该地区社会历史发展的全过程详细而全面地加以记载。通过查阅徽州方志,可以了解该地区发展变化的全过程。

虽然徽州方志的编纂总原则是"详近略远",但志书中不同内容的编纂原则会有所不同。如,"建置沿革"部分则往往是用同样分量的笔墨,通记某一地区自古至今的全部情况,以此反映这一地区行政区划沿革的详细过程。又如,记载山川河流等自然地理情况时,一般也是将主要的内容全部加以记载。又如,"书目"或"书籍"部分,一般也不采用"详近略远"的编纂原

---

① 民国《黟县志》,凡例,《中国地方志集成》本,南京:江苏古籍出版社,1998年。

则,在著录书籍时主要是按类别以及书籍存佚情况详细记载相关书籍。又如,收录诗词文赋等作品时,也不采用"详近略远"的原则,而是根据记述主题或对象选择收录有关的诗歌、记文、序文等。这种方式看似有些重复,但对于这些内容来说,这种方式更能够保证方志内容的完整性和连续性。

根据不同的内容采取不同的编纂原则,这也反映出徽州方志编纂的灵活性特点,而正是这样的编纂方式才能够使方志内容既不简单地重复,又具有层次感和连续性。

徽州地区历史发展的全过程因徽州方志的连续编修而得以完整保存下来,徽州方志为全面研究徽州地区历史发展的相关情况提供丰富的资料。

二、考证价值

徽州方志的编修者大多在学术上有所特长,因长期从事学术研究,他们形成了严谨的学风,并精于考证,他们亦将考证贯穿于修志活动之中。

道光《徽州府志》的编修者之一——马步蟾,字广周,号渔山,浙江会稽人。嘉庆辛未(1811年)进士,由翰林院编修考选江南道御史,安徽徽州府知府①。由马步蟾曾任翰林院编修可见他的学识和才能皆超越常人。

道光《徽州府志》的分修夏銮,字德音,当涂人。"少孤,母李氏守节教养,由优贡教习知县改选徽州府训导,迎养数年告归,服阙再选原缺。先后在徽十有四年,专务笃行,嗜程朱之书,训士极严,有屈辱则必为直之。尝谓士习宜整顿,士气亦宜培养也。府有两紫阳书院,久废弛,銮为清积弊、裕膏火。又每岁与同官捐施棉衣给贫者,士民皆德之。在家倡置义田、义仓、积育婴资,变通古法以筹久远。年七十解官归,卒祀徽州府名宦、当涂县乡贤祠"②。夏銮服程朱之学,身体力行,教子弟以小

---

① (清)黄叔璥:《国朝御史题名》,清光绪刻本。
② 光绪《重修安徽通志》卷二二〇,清光绪四年(1878年)刻本。

学为宗。删补陈宏谋《五种遗规》，刊诸学以诏多士。在任十七年，多所造就。除了编修《徽州府志》，夏銮还撰有《述韵》十卷①。夏銮精于小学，这是他长于考证的基础。

汪尚宁，字廷德，歙县人。嘉靖己丑（嘉靖八年，1529年）进士，累官右副都御史，所历有善政②。四十七岁辞官回到家乡，自此绝口当世，一意问学，卒年七十，著有《周潭集》、《广资录》、《日录》③、《四书晚钞》、《事物图说》、《续修新安郡志》诸书④。汪尚宁后半生专注于学问，并多有成果。

程敏政也是一位学有所成、能力超凡的人。程敏政，"字克勤，休宁陪郭人，襄毅公信子。生而夙慧，十岁以神童荐召，试颂圣节反瑞雪诗，经书义论各一篇，援笔立。帝嘉即诏读书翰林院，大学士李贤以女妻之，登成化丙戌进士第二人，授翰林院编修，同修《英宗实录》及宋元纲目，书法多所裁正，历迁少詹事"⑤。程敏政从小就才智过人，深得明英宗的赏识，并曾参加编修《英宗实录》、《续资治通鉴纲目》，参与校勘《大明一统志》、《洪武正韵》、《资治通鉴纲目》等书的工作。程敏政一生著述丰富，"著有《篁墩稿》、《续稿》、《三稿》、《新稿》共百二十卷，《行素》一卷，《编类皇明文衡》一百卷，《苏氏梼杌》若干卷，《道一编》六卷，《瀛贤奏对录》若干卷，《新安文献志》一百卷，《宋逸民录》十五卷，修定《程氏统宗谱》四十卷，《陪郭支补》三卷，《程氏贻范集》四十卷，附注《真文忠公心经》三卷，《大学》有重定本"⑥。他在学术上成果丰硕，并多抒己见。程敏政亦热心于地方志书的编修，修成《休宁县志》和《新安文献志》。程敏政将他的学识和见解以及考证之功融入这两部志书中。

汪舜民，字从仁，婺源人。"成化间进士，授行人，拜御史，以忤权贵谪官，后至都御史。平生以文学名"⑦。汪舜民一生好

---

① 蒋元卿：《皖人书录》卷二，合肥：黄山书社，1989年，第211页。
② 光绪《重修安徽通志》卷二二四，清光绪四年（1878年）刻本。
③ （明）过廷训：《本朝分省人物考》卷三七，明天启刻本。
④ 光绪《重修安徽通志》卷二二四，清光绪四年（1878年）刻本。
⑤ 康熙《徽州府志》卷一三，《中国方志丛书》本，台北：成文出版社，1970年。
⑥ （明）过庭训：《本朝分省人物考》卷三六，明天启刻本。
⑦ （明）李贤等：《明一统志》卷一六，清文渊阁四库全书本。

学,"砥行持风节,所著有《静轩行稿》、《增校类编》、《通鉴总目》诸书"①。汪舜民另修有一部《徽州府志》。

上文仅举数例用以说明徽州方志编修者长于考证的特点。徽州方志的纂修者在学术上多有建树,有着严谨的学风,精于考证,并将考证贯穿于编修的志书中。因此,徽州方志在考证方面具有较为独特的价值。

(一)考证的内容

徽州方志中有较多的考证内容,其内容涉及自然地理、建置沿革、疆域、职官、赋役、史实、人物等方面,亦兼及对旧志内容进行考证。

1. 关于自然地理的考证

徽州方志对自然地理的考证主要是对于徽州地区山川状况的考证。

如,"旧有大廉山在(婺源)县西北九十里,婺水出焉。《寰宇记》:大廉山今名大安山。《大清一统志》、《通志》略同"。道光《徽州府志》的编者以按语形式对其进行考证,称"今《寰宇记》无'今名大安山'语,《一统志》、《通志》作九十里,与康熙《府志》、嘉庆《县志》合"②。利用道光时所存《太平寰宇记》的记载对《大清一统志》、《通志》进行考证,指出其转引《太平寰宇记》的内容存在错误。

又如,道光《徽州府志》的编者认为旧志将"千丈山"列于绩溪县内有误,故将其改列入歙县境内③。

又如,文献记载中有称:"(歙县)密多岩,在白岳山南,高二百仞。《祥符经》云:木罅中出蜜,长吏尝遣取之,梁任昉为太

---

① 《江南通志》卷一四七,清文渊阁四库全书本。
② 道光《徽州府志》卷二,《中国地方志集成》本,南京:江苏古籍出版社,1998年。
③ 道光《徽州府志》卷二,《中国地方志集成》本,南京:江苏古籍出版社,1998年。

守,遂止。"弘治《徽州府志》的编者经过考证,认为上述记载中关于"密多岩"来历的说法"皆误传也,乃僧取梵书'般若波罗密'之义为称"。

又如,"(婺源)善山、恶山,《祥符经》云:善山神为王,恶山神为夫人。若两处致祭,则为灾,居人迎恶山神就善山祭,俗谓之'妻婿山'"。弘治《徽州府志》的编者对此有按语称:"《一统志》以善、恶二山属之祁门,《郡志》则属之婺源,而《祁门县志》不载,《婺源县志》载之,盖《一统志》之误也"①。此条是广泛征引《郡志》、《祁门县志》、《婺源县志》对《大清一统志》中关于"善山"、"恶山"归属地进行考证,说明此二山归属婺源县,以证明《一统志》所言善、恶二山属祁门县之误。

又如,道光《休宁县志》载"松萝山,在(休宁)县北三十里,高一百六十仞,周十五里,与金佛山联"。针对于旧志中的记载,道光《休宁县志》的编者用按语形式进行了考证:"按:旧志松萝山在(休宁)县北十三里,即俗呼'金佛山',而山名不见于志。盖山以金佛庵而名,实松萝之阳耳。"②

又如,徽州旧志称昌溪之水发源于柳亭山,民国《歙县志》的编修者对此进行了考证,认为"柳亭山,华源、石潭之水出焉,上有真应庙,祀汉方储",且"柳亭山仅华源、石潭之水所出",而"《旧志》载昌溪之水发源于此,非"。

又如,民国《歙县志》对浙江、新安江南岸山脉进行介绍时,对相关情况进行了考证,即"主峰曰连岭,在歙、休交界处,为连岭水所自出。按:《安徽全图》、《徽州新图》暨《安徽通志》:自马金岭干脉分出之白际岭山脉东北行经白际岭、连岭、危峰岭、方吴岭、黄蔚岭以达乎陔口者,其正支也,至严岭、歙岭则为危峰所出之支。据此是连岭为主脉,严岭为支脉,故应以连岭为主峰。《旧志》载南宗曰严岭,未当"。理清了浙江、新安江南岸山脉主峰与支峰以及相互之间的关系,纠正了旧志中的错误。

---

① 弘治《徽州府志》卷一,《天一阁藏明代方志选刊》本,上海:上海古籍书店,1964年。
② 道光《休宁县志》卷一,《中国地方志集成》本,南京:江苏古籍出版社,1998年。

又如，"歙岭，绵亘歙、遂间，为邑南屏障，入冬积雪，故又名'雪岭'，俗称'塞岭'，音讹"。民国《歙县志》的编修者又从音韵的角度对相关问题进行了考证，纠正了错误。

又如，"《元和郡县志》谓出飞布南流至县治，会扬之水"，而民国《歙县志》编修者经过考证则认为："布射水，出于长源，其支流出于黄蘖山之支，由石门、松关至岑山，合鸡冠尖右涧水绕江村过东山营，入扬之水"，又有按语进一步说明："飞布山涧之水多西流，总入布射大源，非出飞布也。然飞布水之东出登第桥上者，亦入扬之水。"①

2. 关于建置沿革的考证

对于徽州建置沿革的考证是徽州方志中的一项重要内容。

如，道光《徽州府志》在"凡例"中明确指出："建置沿革关系最巨，今仍从旧志立表，而沿袭之讹亦详为订正，一以各史《地理志》、《通典》、《通志》及《元和郡县志》、《元丰九域志》、《太平寰宇记》等书为据，较旧志似得其实。"②道光《徽州府志》非常重视对徽州建置沿革的考证。

道光《徽州府志》在考述徽州府建置沿革时认为，秦朝没有设立鄣郡，只设立了会稽郡，会稽郡是楚汉之际才设立的，故徽州府"秦属会稽，楚汉之间属鄣郡"③。而有些文献却称秦始皇时曾置鄣郡，如弘治《徽州府志》称："秦置黟歙二县，属鄣郡。"④康熙《徽州府志》亦称秦始皇二十五年（公元前222年）置鄣郡，黟、歙二县属之⑤。道光《徽州府志》认为这些记载均有误，并对此进行了考证。

道光《徽州府志》在"建置沿革表"中对此问题进行了详细

---

① 民国《歙县志》卷一，《中国地方志集成》本，南京：江苏古籍出版社，1998年。
② 道光《徽州府志》，凡例，《中国地方志集成》本，南京：江苏古籍出版社，1998年。
③ 道光《徽州府志》卷一，《中国地方志集成》本，南京：江苏古籍出版社，1998年。
④ 弘治《徽州府志》卷一，《天一阁藏明代方志选刊》本，上海：上海古籍书店，1964年。
⑤ 康熙《徽州府志》卷一，《中国方志丛书》本，台北：成文出版社，1970年。

的考证,全文如下:

> 秦属会稽,楚汉之间属鄣郡。
>
> 订《康熙府志》、《汉书·地理志》"丹阳郡"注:故鄣郡武帝更名丹阳。刘敞曰:秦分三十六郡,无鄣郡,鄣郡之置又不知何帝。全祖望《地理志稽》:疑丹阳在秦亦属会稽,楚汉之际分为鄣郡。王鸣盛《十七史商榷·地理志》:凡秦所置故郡,汉因之者,但注云"秦置",汉直改之者则注云"故秦某郡,高帝更名"。若庐江郡注云,"故淮南即高帝纪立黥布为淮南王是也",云:文帝十六年别为国。即《淮南王传》"文帝立厉王子赐为庐江王是也"。然则故鄣郡系楚汉分争之际暂置,复废,其后得称故郡,不必秦郡方得称故,当秦三十六郡时,此郡所属十七县皆会稽郡地。钱大昕《秦三十六郡考》:《汉志》称秦置者二十七,称秦郡者一,称故秦某郡者八,合之正三十六,此外无称秦者。又"秦四十郡辨":《地理志》列汉郡国百有三,末又总言之云,本秦京师为内史,分天下作三十六郡,高帝增二十六,文、景各六,武帝二十八,昭帝一,以秦三十六郡合之。高、文、景、武、昭所置正得百有三,是秦三十六郡之外更无他郡。司马彪《郡国志》本沿《东观旧文》,许叔重《说文》、应劭《风俗通》、高诱《淮南子注》、皇甫谧《帝王世纪》,述秦郡三十六,知西晋以前本无四十郡之说,又云丹阳郡故鄣郡,不云故秦鄣郡,则非秦置,可知志凡称故者,皆括汉初而言。东海郡,高帝置泗水国云:故东海郡,与此文正同。《郡国志》"故鄣县"注:秦鄣郡所治,《史记正义》引《括地志》:秦兼天下以为鄣郡,今湖州长城县西南八十里,故章城是也。《通典》"长城县"注,西八十里鄣郡故城,即秦鄣郡县城。《寰宇记》:长城今改为长兴,鄣郡故城在县西南。《地理通释》:在长兴县西南。案诸书以鄣为秦郡并误,秦以前无可详也,表乃托始于此。①

---

① 道光《徽州府志》卷一,《中国地方志集成》本,南京:江苏古籍出版社,1998年。

道光《徽州府志》以充分的证据说明了鄣郡不是在秦时设置的,而是在楚汉之际设置的,并指明《郡国志》、《史记正义》、《通典》、《寰宇记》、《地理通释》等文献所载均有错误。

另如,道光《徽州府志》对《水经注》中关于黟县建置沿革的相关情况进行了考证,认为《水经注》所载内容有误,即:

> (晋)太康元年庚子,黟县。
>
> 《水经注》:黟县晋太康中以为广德县,分隶宣城郡。《旧唐志》:广德县汉故鄣县,宋分宣城之广德、吴兴之故鄣置绥安县,至德二年改为广德,以界广德故域为名。《通典》"绥安县"注:梁末置大梁郡,又改为陈留郡,有汉广德故城。《新安志》称:晋太康元年平吴,以黟之广德故国为广德县,隶宣城郡。案:广德县当尝是割广德王故城,合故鄣县地置。《旧唐志》、《通典》、《新安志》并合,《水经注》误。①

又如,新旧唐书皆称大历五年(770年)北野县改为绩溪县,而此记载与《方舆记》、《太平寰宇记》不合,嘉靖《徽州府志》的编者则根据文献记载,认为不仅北野县废置之年不准确,而且"今北野旧城在歙北三十五里,与绩溪殊不相值",应当从《方舆记》、《太平寰宇记》所载。嘉靖《徽州府志》认为"大历五年省北野县入歙"②。

又如,民国《歙县志》在记述汉献帝建安十三年(208年)戊子"新都郡"的建置时,称:"《三国·吴志》'贺齐传':孙权遣齐讨丹阳、黟、歙时,武疆、叶乡、东阳、丰浦四乡先降,齐表以叶乡为始新县,复表分歙为新安、黎阳、休阳并黟、歙凡六县。权遂割为新都郡,齐为太守。立府于始新。《寰宇记》、《新安志》并同。《水经注》:吴立始新都尉于歙之华乡,令贺齐守之,后移出新亭。《新安志》注:'华乡'即'始新'"。针对上述文献记载,民

---

① 道光《徽州府志》卷一,《中国地方志集成》本,南京:江苏古籍出版社,1998年。
② 嘉靖《徽州府志》卷一,《北京图书馆古籍珍本丛刊》本,北京:书目文献出版社,1998年。

国《歙县志》的编修者指出:"'华'一作'叶',齐乃新都尉。言'始新'误,但'新亭'不知所在。"

又如,《太平寰宇记》和淳熙《新安志》皆称"吴孙亮太平三年戊寅","避孙休之名改休阳县为海阳县,移于万岁山上"。民国《歙县志》的编修者则对此做了进一步考证,即"按:休以太平三年十月即位,以时事考之,则改县当在此年"①。

3. 关于疆域的考证

徽州方志也十分注重对徽州疆域的考证。

关于宋代徽州疆域的情况,道光《徽州府志》进行了记载,并收录了其他文献的相关记载,对其中记载不同的地方做了考证,以进一步说明问题。如:

> (宋)徽州新安郡
>
> 东西四百一十九里,南北二百八十二里。《太平寰宇记》及《新安志》。
>
> 东至本州界一百四十三里,自界首至杭州三百三十六里。西至本州界二百八十三里,自界首至池州二百一十三里。南至本州界一百六十四里,自界首至睦州二百六十三里。北至本州界八十里,自界首至宣州三百三十六里。东南至本州界一百一十里,自界首至睦州二百六十里。西南至本州界三百九里,自界首至饶州四百八十六里。东北至本州界一百三里,自界首至宣州二百八十里。西北至本州界二百八十五里,自界首至宣州一百五里。《元丰九域志》。
>
> 按:《太平寰宇记》所载境界与《九域志》里数相符,惟南至睦州二书计里不同,盖一则计至睦州,一则计至睦州之遂安县也。而四至八到莫详于《九域志》,故定从之,举此亦可以该彼矣。②

---

① 民国《歙县志》卷一,《中国地方志集成》本,南京:江苏古籍出版社,1998年。
② 道光《徽州府志》卷一,《中国地方志集成》本,南京:江苏古籍出版社,1998年。

道光《徽州府志》对于《太平寰宇记》、《元丰九域志》中所载宋代徽州南到睦州里数之不同进行了考证,说明两者产生差异的原因在于南界所到位置不同。

又如,徽州旧志称休宁县"在徽州府治西六十五里,东抵歙县界,西抵黟县界,广六十八里。南抵浙江开化界,北抵黟县界,袤二百七十九里百二十步"。道光《休宁县志》的编者,据罗愿《新安志》、弘治《徽州府志》所载,认为旧志一百误作二百,故加以订正,即休宁县"袤一百七十九里"①。

再如,徽州旧志称歙县东界金竺岭,民国《歙县志》编者考证后认为,此说有误,当是"歙县东西一百五十七里,南北二百四十里,东至浙江昌化县,界昱岭关一百二十里"。徽州旧志又称歙县"达安省六百里",民国《歙县志》编者亦认为此说不确,当为"(歙县)由治至府二里,达省城四百里"②。

再如,徽州旧志称天宝九年(750年)休宁县徙西十三里,弘治《徽州府志》的编者则对实地进行考察,认为此记载所言"与今地里不合,盖旧志'十三'字传录之误也",应是休宁县"天宝中县徙西北十里"③。

4. 关于局署的考证

徽州方志中亦有对局署所做的考证。

如,道光《休宁县志》在介绍阴阳学和医学时,曾对相关内容进行了考证和说明:"阴阳学、医学,在城傀民居。旧在县治西察院之东。《万历志》云:堂寝各横三径二,周缭以垣。《宏治府志》云:阴阳学在县东治教堂前左。医学在县东治教堂前右。案:治教堂即三皇庙,乃旧粮局所,后移治西,未审何年,今皆废"④。此处是利用万历《休宁县志》、弘治《徽州府志》中的记

---

① 道光《休宁县志》卷一,《中国地方志集成》本,南京:江苏古籍出版社,1998年。
② 民国《歙县志》卷一,《中国地方志集成》本,南京:江苏古籍出版社,1998年。
③ 弘治《徽州府志》卷一,《天一阁藏明代方志选刊》本,上海:上海古籍书店,1964年。
④ 道光《休宁县志》卷二,《中国地方志集成》本,南京:江苏古籍出版社,1998年。

载,对阴阳学和医学所在位置进行说明,并对"治教堂"等处的变迁进行了考证。

又如,道光《休宁县志》在"营建·廨署"后还专列"考废",对东察院、西察院、公馆、祇应所、粮局、申明亭、旌善亭、寅宾馆、羁候所、接官亭、粮捕厅公署的兴废情况进行了说明,并利用嘉靖《休宁县志》、万历《休宁县志》、弘治《徽州府志》等旧志对这些局院的建立、重修、规模、废弃等情况进行了考证。如,"东察院,在县治东。洪武四年建,宏治十八年重建,后递修,崇祯十四年毁。国朝顺治六年知县翁人龙重建,今废。《嘉靖志》云:厅事三间,厅事北有后堂,纵横六间,有退思堂三间,有寝,有厨,有吏书房。厅事前甬路东西厢屋各三间,由甬路而南为仪门三间,仪门之南有外门三间,外门有东西耳房各一间,耳房西有公署厅三间";"西察院,在县治西。旧为公馆,嘉靖中改建,万历十年重修,今废。《宏治府志》云:即元镇守军营,国初筑馆舍以便往来使客。正厅三间,后堂五间,两廊门屋各三间。洪武七年建门屋,宏治十二年遭回禄,至次年知县翟敬重建。《万历志》云:旧为公馆,嘉靖中改,万历十年重建。厅事横五楹,径三楹。皂隶廊东西各三楹,中庭纵横一楹,南北联东西置牖。后厅横五楹,径四楹,厨湢九楹。仪门在甬路南,辟三门,南北横各五楹,径二楹。外门南北并三楹,径二楹,东西之北为耳房";"粮局,在东察院之东,今废。《宏治府志》云:正厅后堂各三间,旁房二十四间,十二区粮长各居二间。《万历志》云:在治东古三皇庙址,后建儒学,改造征输库";"接官亭,在县东十五里石岭,今废。《宏治府志》云:本歙之环溪朱氏义路亭,在县东石岭,厅屋三间"①。通过这些说明和考证,可以对休宁县所设局署的建立和兴废情况有一个基本了解。

又如,道光《休宁县志》在"学校·祠祀"后亦列有"考废",对"祠祀"的兴废情况做了考证,即"程端明祠祀,宋端明殿学士程珌,后并祀乡贤祠,知县赵师嶭记。朱文公祠在二程祠北,元大德间邑人朱震雷建,后并祀程朱三夫子祠。二程祠在启贤祠北,后并祀程朱三夫子祠。遗爱堂在二程祠左,后改入名宦祠。企德堂在二程祠右,后改入乡贤祠。山斗兴思祠在号舍北,祀教谕夏邦瑞。文昌楼在青云门内,明天启中建,后复青云门楼,

---

① 道光《休宁县志》卷二,《中国地方志集成》本,南京:江苏古籍出版社,1998年。

遂废"①。休宁县学校祠祀的发展演变由此而知其大概情况。

又如,道光《休宁县志》亦对仓局进行过考证,如"明义仓在县治东三十步许。《嘉靖志》云:预备、义西仓在县治东。《万历志》云:预备仓在县治东。厅屋三间,仓口三间。塘边仓屋三间,仓口三间。东边仓屋四间,仓口四间。共贮稻伍千玖百捌拾石壹斗捌升捌合伍勺。案:仓基在察院东,后改为粮局所,今废"②。利用前志对明代义仓的记载,对明代义仓的位置、规模、存废等基本情况做了考证。

5. 关于职官的考证

徽州方志中的考证也涉及职官方面的内容。

如:"(陈)新安内史,程文季,灵洗子,详忠义,见《陈书》、《南史》本传。按:《陈书》本传天嘉二年(561年)除贞毅将军、新安太守。此'新安'或'新宁'误字"③。文献记载称:"梁元帝承圣二年(553年),设立新宁郡","南朝陈文帝天嘉三年(562年)将新宁郡并入新安郡"④,据此,承圣二年(553年)到天嘉三年(562年)间,应称为"新宁郡",而不是"新安郡"。道光《徽州府志》当是根据徽州建置沿革的情况,断定"新安太守"应为"新宁太守"的。

又如:徽州旧志称贡师泰是在泰定四年(1327年)任歙县县丞的,而道光《徽州府志》的编修者查阅文献记载时找到一条资料,即"《元史》本传(笔者注:贡师泰传):泰定四年释褐出身,授从仕郎太和州州判,丁外艰,改徽州路歙县丞"。据此,贡师泰任歙县县丞当在至元初年,而旧志说贡师泰是在泰定四年上

---

① 道光《休宁县志》卷三,《中国地方志集成》本,南京:江苏古籍出版社,1998年。
② 道光《休宁县志》卷六,《中国地方志集成》本,南京:江苏古籍出版社,1998年。
③ 道光《徽州府志》卷七,《中国地方志集成》本,南京:江苏古籍出版社,1998年。
④ 道光《徽州府志》卷一,《中国地方志集成》本,南京:江苏古籍出版社,1998年;弘治《徽州府志》卷一,《天一阁藏明代方志选刊》本,上海:上海古籍书店,1964年。

任的,旧志有误,道光《徽州府志》予以改正①。此处则是根据《元史》所载,证明旧志所载之误。

又如,徽州旧志中对宋代人张汴任休宁县知县一职的时间记为"嘉定"年间,而道光《休宁县志》对此做了考证并予以修正,即"张汴,字仲山,嘉泰三年七月任,开禧三年差两淮制置司干办官。案:嘉泰旧误写为嘉定"②。

6. 关于赋役的考证

徽州方志对徽州地区赋役征收、蠲免等情况也进行了考证。

如:徽州旧志称"(明)洪武二年蠲本年田租"。道光《徽州府志》的编者则根据正史记载,对此问题进行了考证,即"按:《明史·太祖本纪》正月诏曰:'应天、太平、镇江、宣城、广德供亿浩繁,去岁蠲租遇旱,惠不及下,其再免诸郡及无为州今年租税'。无蠲免徽州之语,恐旧志因'诸郡'二字而误以为徽州在内也"③。此处所做的考证,纠正了徽州旧志中的讹误。

又如,徽州旧志亦称"(明洪武)十一年蠲本年田租"。道光《徽州府志》编者以按语形式对此进行了考证,称:"按:《明史》洪武十一年八月免应天、太平、镇江、宁国、广德诸府州秋粮,亦无蠲免徽州之语"④,利用《明史》所载对明代徽州府田租蠲免情况进行了考证,也修订了徽州旧志记载的错误。

又如,道光《休宁县志》对田赋征收种类的变化做了介绍和考证,如"本色黄豆,实征三百四十二石五斗,每折实田一亩,该征黄豆七勺一抄三撮一圭一粒五颗九颖。案:《康熙前志》全书原载

---

① 道光《徽州府志》卷七,《中国地方志集成》本,南京:江苏古籍出版社,1998年。
② 道光《休宁县志》卷七,《中国地方志集成》本,南京:江苏古籍出版社,1998年。
③ 道光《徽州府志》卷五,《中国地方志集成》本,南京:江苏古籍出版社,1998年。
④ 道光《徽州府志》卷五,《中国地方志集成》本,南京:江苏古籍出版社,1998年。

芝麻征银,采买本色起解,今改征黄豆,每芝麻一石征黄豆两石五斗"①。这段考证说明了休宁县田赋由原来征收芝麻改为征收黄豆,反映了休宁县田赋征收种类发生了变化,这有助于进一步研究休宁县田赋的相关问题。

7. 关于水利的考证

徽州方志对于徽州地区的水利建设有较为详细的记载,对于前志有错误的地方也进行了考证,并予以修正。

如,道光《休宁县志》在"水利·灌溉"下对所录内容进行了考证:"千秋竭,在十七都,溉田四十余顷。隆阜戴尚清率众修筑。案:《宏治府志》、《嘉靖志》作在十八都,灌田百亩者误。"②此处对前志中所载"千秋竭"灌溉亩数进行了更正。

又如,道光《休宁县志》对"珠塘"的具体情况做了说明和考证:"珠塘,在十六都,溉田三百三十二亩。案:珠塘鱼鳞册税八十八亩零,以堰深方丈为率,得灌田二千余亩。今堰高二丈,沿汊而上则地势渐高,乘除之约深一丈。《旧志》云:溉田三百三十二亩者,略举成熟田而言,然每亩可得水五次矣。"③此条说明了旧志所载珠塘灌田亩数是以灌溉熟田而言,却未考虑到珠塘所灌之田每年至少可得到五次灌溉的机会,若按此计算,珠塘或灌溉的田亩数又将增加不少,反映了珠塘蓄水量之大,在休宁县农田水利灌溉方面发挥着重要的作用。

8. 关于选举的考证

对于选举的考证也是徽州方志考证方面的一个重要内容。

如,旧志曾言宋代大观二年(1108年)有策试进士事,但民国《歙县志》编者考《宋史》,当年无策试进士事,只有赐上舍生

---

① 道光《休宁县志》卷五,《中国地方志集成》本,南京:江苏古籍出版社,1998年。
② 道光《休宁县志》卷四,《中国地方志集成》本,南京:江苏古籍出版社,1998年。
③ 道光《休宁县志》卷四,《中国地方志集成》本,南京:江苏古籍出版社,1998年。

十三人之事,认为旧志所载有误①。

又如,旧志称宋政和七年(1117年)朝廷放榜,而考之《宋史》,十一月改元放榜,当时犹是八年,民国《歙县志》编者认为旧志有误②。

又如,康熙二十九年(1690年)靳治荆、吴苑等纂修的《歙县志》称"嘉定年辛酉吴方石桥人省元",但嘉定无辛酉年,民国《歙县志》的编者认定靳志有误③。

又如,汪舜民所修弘治《徽州府志》载"嘉定十五年庆宝释谒榜"④,民国《歙县志》的编者查考《宋史》,对此产生了疑问:"宋宁宗纪十三年刘渭榜,后十六年五月戊申赐礼部进士蒋重珍以下五百四十九人及第出身有差,无十五年廷试事,而汪府志作十五年庆贺释褐,不知何据。"⑤

又如,民国《歙县志》载"咸淳四年戊辰,曹泾,叶酉人,其先休宁人,曾祖始迁居歙";"咸淳十年甲戌王龙泽榜。江士昌,牌头人,玉山县主簿"。民国《歙县志》的编修者用按语形式对上述内容进行了考证,即:"按:宋无举人之名,靳志列祝筠等二十七人,不知何据,意皆漕解乡举耳。其时未成进士,未释褐,无出身,非若明之乡试,中式即可分别铨选也。赵黄门郡志按科叙列已削歙志诸人,似非无见。今试即靳志之可疑者叙列于后,盖不敢妄削古人亦存以质后世云尔。"⑥

9. 关于人物的考证

人物方面的资料是地方志中的重要内容,徽州方志对于人物资料也有一些考证。

如,程灵洗之宅在黄墩,属歙县,但亦有史书称程灵洗为海宁人,道光《休宁县志》对此进行了考证,即"(陈)程灵洗,字元

---

① 民国《歙县志》卷四,《中国地方志集成》本,南京:江苏古籍出版社,1998年。
② 民国《歙县志》卷四,《中国地方志集成》本,南京:江苏古籍出版社,1998年。
③ 民国《歙县志》卷四,《中国地方志集成》本,南京:江苏古籍出版社,1998年。
④ 弘治《徽州府志》卷六,《天一阁藏明代方志选刊》本,上海:上海古籍书店,1964年。
⑤ 民国《歙县志》卷四,《中国地方志集成》本,南京:江苏古籍出版社,1998年。
⑥ 民国《歙县志》卷四,《中国地方志集成》本,南京:江苏古籍出版社,1998年。

滁,海宁人。案:世传忠壮公宅在黄墩,其地隶歙,而史称公海宁人。海宁即今休宁。《旧志》云开皇十一年始割海宁黄墩地属歙,至今因之"①。此处通过考证徽州地区建置沿革的变化,说明了黄墩原属海宁(即后来之休宁),后划归歙县。正是因为这些原因,不同的文献中对"黄墩"归属于哪一个县有不同的记载。

又如,道光《休宁县志》"人物·忠节"部分在记载"程文季"时提到"程虎"这个人,并对他进行了考证,认为"程虎,《陈书》云:程兽。《南史》云:程彪。皆以唐讳'虎'字改之,故也"②。此处涉及的是因避讳而将人名进行改动的情况,道光《休宁县志》对正史中的记载及其避讳进行了考证和说明。

又如,道光《休宁县志》在"人物·忠节"中记载了如下资料:"曹文,字文中,屯田矩之侄孙,崇宁五年进士。父煜,元丰八年进士。文任睦州建德丞,宣和二年八月任满,当行代者不至,遇方腊之乱,乃遣妻子归。文守官捍御,力穷,至明年四月死,诏进秩三等,与三子恩泽",并用"案语"对此进行了考证,即"案:诸志皆作'曹夬',惟《万历志》作'曹文',而《宏志郡志》又谓登第,曹夬为黟人,非休宁之曹夬。案:李以申作'曹屯田矩传'称:矩休宁人,倒孙夬、文、及并登崇宁第。文任睦州建德丞,方腊窃发,死其官,世称'忠孝之家',岂黟复有'曹夬'?文、及亦登崇宁第,而其名姓又尽同者乎?其误盖始于《新安志》,于'矩'下注'休宁',于'煜'下注'黟',而附注子文、侄夬、及。郡志、黟志不察,因仍而书,《宏治志》又未能正讹,徒口惑议,况当时朝廷褒忠,改其所居乡曰'忠孝',固属休宁之一都也"③。此段考证,说明了《新安志》、休宁县志、黟县志中关于"曹夬"的记载有误,理清了曹氏家族中各成员的关系及其籍贯,并予以修正。

---

① 道光《休宁县志》卷一二,《中国地方志集成》本,南京:江苏古籍出版社,1998年。
② 道光《休宁县志》卷一二,《中国地方志集成》本,南京:江苏古籍出版社,1998年。
③ 道光《休宁县志》卷一二,《中国地方志集成》本,南京:江苏古籍出版社,1998年。

10. 关于史实的考证

史实的考证也是徽州方志所注重的。

如，徽州旧志称"(宋)俞昭显，字绍明，婺源丰田人。选尚徽宗女龙德公主，授附马都尉，屡使金，增秩兼任，历殿干官、饶州、德兴、安仁酒税、江南东路将领、温处衢婺四州都巡使、两盐潭州岳庙，一领台州崇道观。乾道元年，郊祀大礼，兼授武德大夫，昭庆、保康，保宁三郡节度使，控制河右。卒赠云安郡公，谥忠武，公主亦改封云安。子杞授秉义郎差，充江南东路安抚司统领；桧授保义郎差监、建宁府崇德县税务。孙之美授承节郎，侄拱以昭显故选尚魏王静德郡主，奉使四川，诏授承节郎、郡马，主管殿干。拱父良显，以子封承节郎，主管省干"。而道光《徽州府志》的编者查阅其他文献记载，对旧志所载内容提出怀疑，指出"《宋史》列传徽宗三十四女，并无龙德公主，亦无下嫁俞昭显之语，旧志不知何据"，认为旧志所载不确，"俟考"。①

又如，"弘治志·拾遗"所载李善长事迹："今兵部车驾司员外郎黄华实夫有志郡乘录成巨帙，而未编次其后，有笔记云：幼闻国初丞相李善长乃歙人，祖墓在一都四图狮塘，产税在汪宗远户，后询耆旧暨今礼部左侍郎盱江张先生昇所闻皆同。或云：善长本非李姓，元季藏修近居灵金庵中，不三四年兵乱，因携幼子流寓定远，转徙池阳，时太祖高皇帝提兵过郡，善长收图籍、封锁钥、进谒，上与语大悦曰：'此吾今日之萧何也！'自后军国远谋多所赞画，迄于定鼎，厥功懋焉。官至中书左丞相，封韩国公，卒坐胡惟庸事废。当时廷臣莫有能辨之者，独学士解缙代虞部郎中王国用为奏状，论其冤云。又按皇陵碑记称：左丞相信国公李善长，今云韩国，当时封爵或随时转迁耳。又当时吾乡佐命儒臣若朱升、汪仲鲁辈遗墨无一言与善长往还意者，禁令严密，大臣彼此郑重，不敢私交，未可知也。右李丞相事曩亦与闻幸得实夫为之表白，今按《一统志》于定远人物中未尝载之，则其初以流寓贯户籍，而实非定远也，可见矣。其不载于歙

---

① 道光《徽州府志》卷一，《中国地方志集成》本，南京：江苏古籍出版社，1998 年。

县人物者,以其既贯定远不复知其为歙也。本为歙人而《新安志》亦不载之者,以其坐事得祸惨且流徙于外,径入仕籍莫悉其本末也。反覆考之,丞相实为歙人无疑矣。但恨不得其详,不敢为之作传,姑存实夫所记,以俟知者"。① 此处对于李善长的籍贯和居住地的情况进行了考证,说明了李善长本为歙县人,因转徙于外,定居于定远,所以无人再知其为歙县人的情况。

11. 关于封建的考证

徽州方志对于封建的相关情况也做了考证。

如,"(明)武安侯郑亨,洪武二十六年封,洪熙九年卒,赠漳国公。《明史》本传。安定侯休宁人程国胜由安定伯进封。《旧志》。定西侯蒋贵由定西伯进封,卒赠凉国公。《明史》本传。咸宁侯仇钺由咸宁伯进封,孙鸾嗣。《明史》本传。

按:府县志封建一类,其例有二,一以异地人封入本郡本县者,如封王子侯、功臣侯之类;一以本地人受封本郡本县者,如越国公、徽国公之类。若本地人封入他郡县为公侯伯子男,则例不入。盖封建者论地不论人也。赵志于明代阑入武安、安定、咸宁、定西四侯,虽系新安人,其封建实与新安无涉,今以其相沿既久,姑存之而附辨于此"。②

这一段是对收入徽州方志的"封建"进行的考证,理清了只有"以异地人封入本郡本县者"、"以本地人受封本郡本县者"这两种形式的"封建"才收入徽州方志中,而"本地人封入他郡县为公侯伯子男"则不能收入徽州方志中。

12. 关于氏族的考证

徽州方志对于当地的氏族也进行了一些考证,厘清了某些问题。

如,"《名族志》云:富寮在邑北四十里,唐有祖曰孟丞,神异不凡,有武略,乐隐不仕,始迁于此。子孙繁衍,其高桥、磻溪、

---

① 康熙《徽州府志》卷一二,《中国方志丛书》本,台北:成文出版社,1970年。
② 道光《徽州府志》卷一,《中国地方志集成》本,南京:江苏古籍出版社,1998年。

黟横冈皆出此派。案:族志谓丞授南唐金吾大将军,即所云金吾派"①,此处通过考证说明了孟丞一派亦称为"金吾派"的原因,并指出"高桥、磻溪、黟横冈皆出此派"。

又如,"《吴子玉处士金长公行状》云:邑之金氏出汉秺侯弟侍中伦后,唐光禄公顺始居休阳之西牧。案:《名族志》侍中伦传至十五世曰昭明,子麒为和州判,一子龙旺,生三子,曰文济、文浩、文沅,之后尚八迁文昌坊。济讳顺,唐宪宗时任歙州刺史,官金紫光禄大夫,夫人吴氏同葬易村,因家焉";"《金文刚忠肃公家传》云:其先京兆人,唐末徙歙之休宁,遂为县人。《休宁名族志》云:汉秺侯之弟侍中伦后,曰尚八,讳文昌,唐季由京兆迁江南,其子仁用始迁休邑惠化坊。曾孙安节贵改为文昌坊。案:邑金氏同出侍中伦后,传至文济、文浩分二派焉"②。此二条是对金氏派系变化所做的考证和说明,为了解文昌坊金氏的发展演变提供了参考。

又如,"《休宁名族志》云:其先彭城人刘依仁,唐末官翰林学士,承旨出守江南,因乱遂家休宁。案:吴子玉《刘谱小论》云:今诸刘散处曰中市,曰南门,曰峡东,曰汶溪,曰八都,曰四都,又有从中市复徙北山者。又《大族志》云:传至鲍八赘临溪,今县前凤湖,其派盖邑中无二刘焉"③。这是对休宁刘氏渊源所做的考证。

13. 关于兵防的考证

徽州方志中对于历代徽州兵防情况进行了考证,修正了前志中的一些错误。

如,民国《歙县志》在记载宋代歙州兵防情况时有如下记载:"歙州有五寨,寨设巡司,寨兵各百。管界寨在歙西百八十步,王干寨在歙东南一百里,黄山寨在歙北一百里,深渡寨在歙南四十五里,中平寨在婺源县东七十里。"而其编修者对前志中的某些记载提出疑问,并加以考证,即"管界寨,旧府县志皆云

---

① 道光《休宁县志》卷二〇,《中国地方志集成》本,南京:江苏古籍出版社,1998年。

② 道光《休宁县志》卷二〇,《中国地方志集成》本,南京:江苏古籍出版社,1998年。

③ 道光《休宁县志》卷二〇,《中国地方志集成》本,南京:江苏古籍出版社,1998年。

在歙西百八十步,或以为置寨不应如此之近,疑'步'为'里'之误。故道光县志遂云管界寨在歙西百八十里,然县境西界未有逾百里者,或又疑'百'为'北'之讹。考宋时州城中有新安驿,在通济坊,旧名和丰驿,咸淳四年知州军事曹良朋建,系管界寨故基,足征。当时寨在城内,其巡司至明成代中始革,意管界寨巡司设置未久,旋移他处。州守乃于其地建驿欤。惟巡司移驻何地,志不之载。而寨基又失所在,遂至聚讼,兹据旧府县志改正,俟考。"①从这段内容看,民国《歙县志》对"管界寨"的位置以及距离进行了考证,认为旧府县志中关于"管界寨在歙西百八十步"、"管界寨在歙西百八十里"的记载皆应有误,并提出看法,"道光县志遂云管界寨在歙西百八十里,然县境西蜀未有逾百里者,或又疑'百'为'北'之讹"。另外,关于"管界寨巡司移驻何地"未能找到充足证据加以说明,但以"俟考"处之。

徽州方志的编修者充分利用其他文献的记载,对徽州山川、建置沿革、疆域、职官、选举、局署、赋役、水利、人物、史实、封建、氏族、兵防等方面的问题进行了考证,不仅纠正了徽州旧志、《水经注》、《大清一统志》、《郡国志》、《史记正义》、《通典》、《太平寰宇记》、《地理通释》等记载中的错误,也提高了徽州方志记载内容的正确性,保证了志书编修的质量,为正确利用徽州方志提供了保证。

(二)考证的形式

徽州方志考证的形式多种多样,主要包括订误、互证、列异、存疑、补证等。

1. 订误

凡经过考证确实有误者,徽州方志皆直接指出错误并加以订正。

如,《新唐书·表》称:"景福元年升歙团练使为宁国军节度。"《资治通鉴》则称"大顺元年赐宣歙军号宁国,以杨行密为

---

① 民国《歙县志》卷三,《中国地方志集成》本,南京:江苏古籍出版社,1998年。

节度使",而《新唐书·杨行密传》称杨行密升为宁国军节度使是在大顺元年(890年),故道光《徽州府志》认为《新唐书·表》所载有误,应是"(唐)昭宗大顺元年庚戌,宁国军节度使,治宣州"①。

又如,道光《徽州府志》编者根据《明史》所载,对明代徽州府田租蠲免情况进行了考证,发现洪武十一年(1378年)八月只是免除应天、太平、镇江、宁国、广德诸府州的秋粮,而没有蠲免徽州赋税之类的记载②,因此,认为徽州旧志称"(明洪武)十一年蠲本年田租"有误。

又如,《读史方舆纪要》中云:"紫阳山,一名城阳山。"道光《徽州府志》则认为紫阳山和城阳山是两座山,而《读史方舆纪要》则"合二山为一,误"。③

又如,经过考证,民国《歙县志》的编修者认为"《旧志》谓昌溪源出柳亭山,误",而应该是:"昌溪,源出老竹岭,其支流曰华源,出水岭西南行经昌溪、定潭至深渡,入新安江。"④

2. 互证

实际上,徽州方志的考证可分为两种结果,一种是修正了其他文献中关于某些问题记载的讹误,另一种是进一步证明了其他文献记载内容的正确性。

如,徽州旧志称"(明)黄彦斌,休宁约山人,贯江宁县匠籍。洪熙元年,女为仁宗贵妃,授彦斌神荣卫指挥佥事,又官其子琮为锦衣卫百户。仁宗上宾妃到其身,从葬献陵,谥庄靖,配飨仁庙,永蠲其家丁役。琮子昱、晟,晟子镛,选尚嘉祥长公主,为驸马都尉。父晟、子曾俱授锦衣卫百户。昱女长册秀王妃,授昱中兵马指挥,次册徽王妃,授弟铎仪卫司千户籍,选尚东王竹山

---

① 道光《徽州府志》卷一,《中国地方志集成》本,南京:江苏古籍出版社,1998年。
② 道光《徽州府志》卷五,《中国地方志集成》本,南京:江苏古籍出版社,1998年。
③ 道光《徽州府志》卷二,《中国地方志集成》本,南京:江苏古籍出版社,1998年。
④ 民国《歙县志》卷一,《中国地方志集成》本,南京:江苏古籍出版社,1998年。

县主。正统四年,彦斌奏乞新安卫带俸。孙钟袭授前职。侄兆隆卜居郡西门外,以便禄养。嘉靖辛亥,曾奏奉钦依同礼部儒士弟流侄忠回籍祭扫"。道光《徽州府志》对其中的有关问题进行了考证,"按《明史》列传,英宗女嘉祥公主母妃刘氏成化十三年下嫁黄镛后六年薨"①,认为徽州旧志记载的内容与《明史》所载相互吻合,准确无误。

又如,《太平寰宇记》载:"避孙休之名,改休阳为海阳县,郡于万岁山上。"罗愿《新安志》亦称(孙)休以太平三年(258年)十月即位。道光《徽州府志》编者"以时事考之,则改县当在此年(笔者注:即太平三年)",即记为:"(吴)孙亮太平三年戊寅。"休阳县改为海阳县②。以上记载相互印证,可知记载无误。

3. 列异

徽州方志的编修者在查阅相关文献记载时,发现有些内容不同文献记载存在着一定差异,但又无法确定孰是孰非,故而将不同观点列于志中,以便观览。

如,罗愿《新安志》在记载黟县四至八到的情况时称:"黟县,郡西百五十五里,东西五十三里,南北百十二里。东至休宁界五十里,西至祁门界二十五里,南于休宁界四十五里,北至宁国府太平界五十里,东南到休宁界四十五里,西南到祁门界五十里,东北到太平界百五里,西北到石埭界八十里。"其中"郡西百五十五里"一句,在《舆地纪胜》和《太平寰宇记》中均作"百五十二里",③两者相差仅三里,尚无法确定哪一个数字更为精确,故道光《徽州府志》将两种数据均列在书中,以为读者所参阅。

又如,罗愿《新安志》称:"倚衡山,在(婺源县)南百三十里,高八十五仞,西南连乐平县,山西连回岭,有水流入乐平。"而

---

① 道光《徽州府志》卷一,《中国地方志集成》本,南京:江苏古籍出版社,1998年。
② 道光《徽州府志》卷一,《中国地方志集成》本,南京:江苏古籍出版社,1998年。
③ 道光《徽州府志》卷一,《中国地方志集成》本,南京:江苏古籍出版社,1998年。

《读史方舆纪要》却称:"倚衡山,在(婺源)县北百十里,与县北九十里之朗山俱西连回岭。"关于"倚衡山"在婺源县的方位,两书记载不同,嘉庆《婺源县志》所载"倚衡山"方位与《读史方舆纪要》相同,认为此山应在婺源县南百三十里,但康熙《徽州府志》却称"倚衡山"在县北百里[①]。道光《徽州府志》将这些不同的记载一一列出,以便于了解文献记载的不同情况。

再如,关于婺源县羊关岭的地理位置,不同文献有不同记载,道光《徽州府志》将这些记载全部列入书中,即,罗愿《新安志》称:"羊关岭,在(婺源)县东九十五里,高三十仞,周二十里。"《读史方舆纪要》则称,羊关岭"与对镜岭并峙,高百仞";而《大清一统志》、《通志》又称,羊关岭"在婺源县东北一百五里";康熙《徽州府志》、嘉庆《婺源县志》则皆作在县东一百五里[②]。列举不同文献记载可知记载之差异,以便利用资料时加以注意。

再如,罗愿《新安志》称绩溪县在"郡东北六十里",而《舆地纪胜》同《太平寰宇记》则作"六十六里"[③]。道光《徽州府志》将这两种不同的记载均列于书中。

再如,关于宋代淳祐元年(1241年)进士榜的情况,民国《歙县志》有如下记载:"淳祐元年辛丑徐俨夫榜。朱涣,康熙府志作是科,乾隆县志同。胡崇,见宦迹。胡嵩,以上二人《康熙府志》作淳祐四年甲辰留梦炎榜,并载作黟人。程暄,字叔涓,下濂人,新城教谕,《康熙府志》、《康熙县志》无。《乾隆县志》载云:《戴志》在周震炎榜。按:以上四人所载不同,各分注之,以俟考"[④]。从这一记载看,由于不同文献关于宋代淳祐元年进士榜及相关情况记载不同,民国《歙县志》编者因当时未能考证出孰是孰非,故将几种记载列于志书之中,以便再做考证。

---

① 道光《徽州府志》卷二,《中国地方志集成》本,南京:江苏古籍出版社,1998年。
② 道光《徽州府志》卷二,《中国地方志集成》本,南京:江苏古籍出版社,1998年。
③ 道光《徽州府志》卷一,《中国地方志集成》本,南京:江苏古籍出版社,1998年。
④ 民国《歙县志》卷四,《中国地方志集成》本,南京:江苏古籍出版社,1998年。

又如，民国《歙县志》中认为"卢知原,平江人"，但同时又以按语形式说明："方信《新安志补》作德清人"①，将两种观点加以列举，以为参考。

4. 存疑

对于其他文献中的某些记载，虽然已做了初步考证，并也怀疑其中存在着错误，但却未能进一步加以详细考证，以确定其真实内容，徽州方志的编修者即以存疑处之，以俟后考。

如，道光《徽州府志》按语称："《桐江集》载宋尤冰寮,锡山人,袤曾孙,咸熙中官新安别驾。按：别驾唐官,当即指通判之职,而宋无咸熙年号,俟考。"②

又如，罗愿《新安志》载,植山在(绩溪)县西四十里,高五百五十仞,周八十里,有水西北流十三里入黄石坑。而道光《徽州府志》的编者进行了实地考察，"今考其地,并无植山,惟万萝山最高且大,左有西流水十三里"。罗愿《新安志》又称："万萝山高三十余仞,殊大不侔。"道光《徽州府志》的编者"疑鄂州所志植山即今之万萝山也。此山南接仙人岩,北为分界山,东及旌德村落,所谓周八十里,良然山田岁可收稻万箩,亦不诬,岂今昔称名有不同欤？"③

再如，罗愿《新安志》载："黄蘗山,在(歙)县北九十里,高五百六十仞,周百里。"而《读史方舆纪要》则称黄蘗山高一百六十丈，道光《徽州府志》的编者认为，"黄蘗山极高峻,《方舆纪要》作一百六十丈,疑传写之伪"④。

再如，关于婺源县县境的情况，嘉靖《徽州府志》有如下记载："婺源县,东西二百二十二里,南北一百五十里。东至休宁县界德胜岭头一百一十二里,由岭头至休宁县八十八里。西至

---

① 民国《歙县志》卷二,《中国地方志集成》本,南京：江苏古籍出版社,1998年。
② 道光《徽州府志》卷七,《中国地方志集成》本,南京：江苏古籍出版社,1998年。
③ 道光《徽州府志》卷二,《中国地方志集成》本,南京：江苏古籍出版社,1998年。
④ 道光《徽州府志》卷二,《中国地方志集成》本,南京：江苏古籍出版社,1998年。

本县周坑,抵饶州府乐平县界八十里,由界至乐平县一百一十里。南至黄瓜尖岭,抵饶州府德兴县界三十里,自界到德兴界一百一十里。北至本县岩岭,抵饶州府浮梁县界一百二十里,自界到黟县一百九十五里。东南至本县大镛岭凹头,抵衢州府开化县界一百一十里,自界至开化县八十里。西南至本县银港,抵饶州府德兴县界三十五里,自界至德兴县七十里。东北至本县木瓜坑一百三十里,自界到休宁县七十里。西北至本县浇岭,抵饶州府浮梁县界九十里,自界至浮梁县六十五里"。《读史方舆纪要》所载西及西南二境皆与嘉靖《徽州府志》同,但西北至浮梁作五十里,东南到开化作一百七十里。道光《徽州府志》的编者认为《读史方舆纪要》中的数据与嘉靖《徽州府志》"皆相去太殊,疑有讹脱"。①

再如,罗愿《新安志》称"歙国公李伡封"。但道光《徽州府志》的编者查阅文献记载后,提出自己的看法,即"《唐书》列传颍王六子,伸,荣阳王;僼,高邑王;倪,楚国公;傅,夔国公,无封伡为歙国公事,未识罗愿何据"。②

再如,《休宁县志》中列举元代"黄竹岭巡检"时曾举一人"郭某",但并未列出其名,道光《休宁县志》的编修者对此进行了一些考证,并提出自己的看法,即"案:黄枢《后圃集》'送郭巡检诗'有'黄竹将军'句,又《古歙英华录》此诗题下有'原臣'二字,或即其名乎"。③ 因未敢妄下断言,故只以疑问的形式提出看法。

再如,熊伯《甘南荣别录》、吴绮《六怀诗》、程塤《两窗绝句诗》等中记载:"渊明旧里坊,在潜口,元末毁于火。旧传陶靖节曾居此,久乃去,故以名其村。栗亭、陶村命名皆取此意。"但因为岁月久远,民国《歙县志》的编修者对这一旧传之说无法考证清楚,故明确指出:"岁远无征,存疑。"④

---

① 道光《徽州府志》卷一,《中国地方志集成》本,南京:江苏古籍出版社,1998年。
② 道光《徽州府志》卷一,《中国地方志集成》本,南京:江苏古籍出版社,1998年。
③ 道光《休宁县志》卷七,《中国地方志集成》本,南京:江苏古籍出版社,1998年。
④ 民国《歙县志》卷一,《中国地方志集成》本,南京:江苏古籍出版社,1998年。

再如,"宗家脊,在潜口之后村",而民间关于宗家脊的来历有些传说,即"旧传宋靖康间宗泽携家居此,传数世乃去浙。汪秘阁若容有《宗公传略》"。但到民国编修《歙县志》时却因时间太过久远,无法考证这一传闻,故民国《歙县志》的编修者明确指出:"岁远无征,存疑。"①

再如,民国《歙县志》对"李公子墓"进行了考证,并言"李公子墓,与富八郎墓同处,有立石,中刻'丰城湖茫李氏汤孙象贤瘗此'十二字,旁刻'万历甲午三月三日立'九字。按:徽州府名宦、职官二志,李右谏号明鳌,江西丰城人(歙志载南昌人,疑误),万历十八年宰绩溪,有德政,后调歙。歙志虽未载明何年,然继彭好古任,可考好古任歙在万历辛卯、壬辰间,太平桥有石刻可证。继右谏任续者为汪若水,万历二十一年任,有郡志、续志可证,则右谏调歙当亦为万历二十一年癸巳无疑。癸巳后即甲午,其时其籍均与墓上石刻适符。又按:十二字语气似尊长为卑幼题墓之词,疑右谏任此时有子死,附葬富八郎墓侧,邑人因相传为李公子墓云,附注备考"。② 从此段所言可以看出,民国《歙县志》的编修者充分利用徽州各类旧志(包括郡志、县志)、石刻文字等记载,对李右谏在绩溪任职和调任歙县的时间进行了考证,认为李右谏"调歙当亦为万历二十一年癸巳无疑",认为李右谏应该是江西丰城人,并对歙县县志中关于李右谏为南昌人的记载提出质疑。另外,还"疑右谏任此时有子死","李公子墓"应是其子之墓,但因证据不足,故而"附注备考"。

5. 补证

对于旧志记载疏漏的地方,徽州方志的编修者则查阅、考证其他文献记载,予以补充,充实志书的内容。

如,关于明清两朝徽州府的疆域情况,嘉靖《徽州府志》、康熙《徽州府志》只是详细地说明了六县境界,而"不明通府疆域",道光《徽州府志》的编者认为"此为疏漏",于是他们根据"《明一统志》及《大清一统志》所载补入,以详府境,亦采《新安

---

① 民国《歙县志》卷一,《中国地方志集成》本,南京:江苏古籍出版社,1998年。
② 民国《歙县志》卷一,《中国地方志集成》本,南京:江苏古籍出版社,1998年。

志》之例也"。道光《徽州府志》引用了《大清一统志》中关于清朝徽州府疆域的资料,其内容如下:"徽州府,东西三百九十里,南北二百二十里,东至浙江杭州府昌化县界百二十里,西至江西饶州府浮梁县界二百七十里,南至浙江严州府遂安县界一百里,北至宁国府太平县界百二十里,东南至严州府淳安县界百一十里,西南至江西饶州府乐平县界二百七十里,东北至宁国府宁国县界百五十里,西北至池州府石埭县界百六十里,自府治至京师二千八百五十里。"①而康熙《徽州府志》关于徽州府疆域的情况则只有如下记载:"徽州府东西三百九十里,南北二百五十里,由府治达江南省六百五十一里,达京师四千里。"②相比而言,确实是道光《徽州府志》所载内容更为翔实、全面。另外,旧志称徽州府"南北二百五十里",《大清一统志》则称"南北二百二十里",道光《徽州府志》以《大清一统志》为据③。

又如,徽州旧志未载"(陈)遂安县侯程灵洗平徐嗣徽功封"一条,道光《徽州府志》的编者"考《太平寰宇记》:汉建安十三年,分歙县南乡安定里为新定,晋太康元年,改新定为遂安,隋平陈废,仁寿中复。据此则隋唐以前遂安属新安郡,忠壮公所封即为本郡之县侯,可知旧志只知今遂安隶浙江严州府,不知古遂安属新安郡也",④于是根据《陈书》程灵洗传,补充"遂安县侯程灵洗平徐嗣徽功封"这条资料,以便更为全面地反映徽州地区社会历史发展的情况。

又如,徽州旧志在介绍新安江左岸之水时,其小者未载"大洲河"和"约坑",民国《歙县志》编修者经过考证,予以补充:"大洲河,出六甲岭西南,行经岔口、江村、武阳出大川入新安江,长七十里,河多深潭,江村至武阳间水原西流,道光二十九年山洪暴发,忽折北湮田百亩。按:大洲河为新安江左岸之大水,长逾

---

① 道光《徽州府志》卷一,《中国地方志集成》本,南京:江苏古籍出版社,1998年。
② 康熙《徽州府志》卷一,《中国方志丛书》本,台北:成文出版社,1970年。
③ 道光《徽州府志》卷一,《中国地方志集成》本,南京:江苏古籍出版社,1998年。
④ 道光《徽州府志》卷一,《中国地方志集成》本,南京:江苏古籍出版社,1998年。

棉溪,旧志漏载。""约坑,出龙王尖至正口入新安江。按:约坑《旧志》未载,今补入"。①

徽州旧志通过订误、互证、列异、存疑、补证等形式,对其他文献记载进行了考证,或纠正了其他文献记载的错误,或列出不同文献的不同记载,或对其他文献记载提出疑问,以俟后考,或补充了其他文献记载的不足。这些考证活动可以为更加全面而准确认识徽州地区历史发展的基本情况提供参考。

(三)对于罗愿《新安志》的考证

宋代淳熙二年(1175年)罗愿编修的十卷本《新安志》是宋代地方志体例和内容基本定型后的代表作之一,得到后人的重视和认可。章学诚即称"范氏(成大)之《吴郡志》,罗氏(愿)之《新安志》,其尤善也"。②《四库全书总目》对罗愿《新安志》也有好评:"叙述简括,引据亦极典核,于先达皆书其官,别于史传,较为有体。其物产一门,乃愿专门之学,征引尤为该备。其所志贡物,如乾薇、药腊、芽茶、细布之类,皆史志所未载。所列先达小传具有始末,如注藻曾为符宝郎之类,亦多史传所遗。赵不悔序称其博物洽闻,故论载甚广。而其序事简括不繁,又自得立言之法。愿自序亦自以为儒者之书,具有微旨,不同抄取记簿,皆不愧也。"③虽然罗愿《新安志》得到后世学者文人的关注,并得以不断刊布,但书中亦存在不少错讹,明清时期编修徽州方志时,在对罗愿《新安志》进行借鉴和参考的同时,亦对其中存在的问题进行了考证,并加以修正。兹举数例,以为说明。

例一:《陈书·世祖本纪》及《伯固本传》皆载:"陈新安郡王伯固,字牢之,文帝第五子,天嘉六年封。"而罗愿《新安志》则称:"天嘉五年八月己卯封。"与正史不合。道光《徽州府志》的编者对此进行了考证,"今考长历陈世祖天嘉五年七月丁巳朔,己卯乃七月二十三日,八月不得有己卯,天嘉六年八月辛亥朔

---

① 民国《歙县志》卷一,《中国地方志集成》本,南京:江苏古籍出版社,1998年。
② 章学诚:《章氏遗书》卷一四,北京:文物出版社,1982年。
③ (清)永瑢等:《四库全书总目》卷六八,北京:中华书局,2008年,第598页。

有己卯"。因天嘉五年八月没有"己卯",而天嘉六年八月有"己卯",可知罗愿《新安志》记载有误,道光《徽州府志》的编者得出结论:"罗志未知何据,或五字为六字之误欤,今以正史为据。"①

例二:罗愿《新安志》称"梢云山,在(休宁)县西二十三里,高百五十二仞,周五十二里,武洪水出焉。旧名郎山,天宝六年改"。而道光《徽州府志》的编者考之实地,发现梢云山则在休宁县之东北,而康熙《徽州府志》、道光《休宁县志》皆作梢云山在休宁县"东北二十三里",《新安志》记载有误。②

例三:罗愿《新安志》、《读史方舆纪要》皆载:"浚源山,在西南百里,高三百一十仞,西南接浮梁乐平界。旧名游山,天宝六年改。西连梅源山,有水南流入吴溪。"而《大清一统志》、《通志》皆称:浚源山"又名凤游山,蜿蜒奥旷,浚源之水出焉,傍有大安洞",康熙《徽州府志》亦载:浚源山"又名凤游山,宋初尝有凤来游,故名,事见《鄱阳图经》"。考之文献记载,道光《徽州府志》的编者"疑《新安志》、《方舆纪要》'游山'上脱'凤'字"。③

例四:罗愿《新安志》称:"歙国公李偁封。"而道光《徽州府志》的编者考之《唐书》,对此记载产生疑问,曰:"《唐书》列传颍王六子,伸,荥阳王;儶,高邑王;倪,楚国公;傅,夔国公。无封偁为歙国公事,未识罗愿何据"。④

例五:罗愿《新安志》、《旧唐书·地理志》称:"石埭县,永泰二年割秋浦、浮梁、黟县置。"《新唐书·地理志》和《文献通考》则说"析青阳、秋浦、泾县置"石埭县;《太平寰宇记》亦称"析泾县、贵池置"石埭县。关于石埭县建置的基本情况,道光《徽州府志》编者经过考证认为"石埭惟《旧唐志》称割黟县置,他书皆否,而《新安志》从之,恐误"。

---

① 道光《徽州府志》卷一,《中国地方志集成》本,南京:江苏古籍出版社,1998年。
② 道光《徽州府志》卷二,《中国地方志集成》本,南京:江苏古籍出版社,1998年。
③ 道光《徽州府志》卷二,《中国地方志集成》本,南京:江苏古籍出版社,1998年。
④ 道光《徽州府志》卷一,《中国地方志集成》本,南京:江苏古籍出版社,1998年。

例六：罗愿《新安志》载：植山"在（绩溪）县西四十里，高五百五十仞，周八十里，有水西北流十三里入黄石坑"；罗愿《新安志》又称，"万萝山高三十余仞，殊大不侔"。关于这一问题，道光《徽州府志》的编者进行了实地考察，考察的结果是："今考其地，并无植山，惟万萝山最高且大，左有西流水十三里。"道光《徽州府志》的编者"疑鄂州所志植山即今之万萝山也，此山南接仙人岩，北为分界山，东及旌德村落，所谓周八十里，良然山田岁可收稻万萝，亦不诬，岂今昔称名有不同欤"？①

例七：罗愿《新安志》称："戢岳庙在（黟）县北。"而"戢岳庙"在黟县县志中则为"戢兵庙"。根据文意，道光《徽州府志》的编者认为"恐《新安志》'岳'字误"。②

例八：

> 浙源西水益阳水之符溪源也，出浙山西，南流百八十三里，至三溪村，合流入乐平界，溉田三十五顷三十四亩。《新安志》。《方舆纪要》略同。在县西北源出浙源山西，西南流十五里，至双路口合庐源水。《大清一统志》。
>
> 按：《新安志》载武溪水出浙山，南流五十里，至县西北合婺水，溉田十三顷四十三亩。《方舆纪要》：益阳水下亦云武溪水亦出浙源山东，南流经龙尾山，下流俱入于绣水。《通志》云：武溪水出浙源山西。皆非也。考浙源山东流则为歙浦之水，龙尾山在县之东，距县百里。若南流亦无由经此山下，当遵《一统志》订之。③

例九：

> （陈）新宁太守，治海宁。见《元和郡县志》、《大清一统志》。

---

① 道光《徽州府志》卷二，《中国地方志集成》本，南京：江苏古籍出版社，1998年。
② 道光《徽州府志》卷三，《中国地方志集成》本，南京：江苏古籍出版社，1998年。
③ 道光《徽州府志》卷二，《中国地方志集成》本，南京：江苏古籍出版社，1998年。

陆缮，永定元年任，详政迹。

陆山才，天嘉元年任，详政迹。

按：此二人皆为新安太守。据《新安志》云：梁承圣中分海宁、黟、歙三县更置黎阳，合四县立新宁郡，与新安并置。陈天嘉四年以后始省新宁，复并属新安郡。是则梁末及陈文帝天嘉四年以前之新安太守与徽州无涉，乃罗氏既叙州郡沿革如此，而牧守下复列此二人，可谓前后不符。今若遽为删去，而此二人已相沿入名宦祠及元、明以来诸志，其实二人虽为新安太守，而当时已有新宁郡，则并非治此地之官，考古者不可不知。①

例十：曹晔为宋代元丰八年乙丑年（1086年）进士，道光《休宁县志》对旧志中关于"曹晔"是哪个地方的人进行了考证，并称："淳熙《新安志》误注晔为黟人。晔子文、侄央、及。李以申作《曹屯田矩传》云：矩侄孙央、文、及，则晔为休人，明矣。考曹叔明《休宁名族志》叙其家世甚悉，亦称晔为休人。今城南乡曰忠孝坊，盖以矩孝而文忠也。"②修正了淳熙《新安志》中的错误。

徽州方志的编修者长于考证，并将考证方法运用于方志编纂中。根据上文的分析，徽州方志的考证，具有以下几方面的特点：第一，考证内容涉及面广。考证内容包括自然地理、建置沿革、疆域、局署、职官、选举、赋役、水利、人物、史事、封建、氏族、兵防等方面，对志书涉及的内容基本上都加以考证；第二，考证形式的多样性。考证方法包括订误、互证、列异、存疑、补证等，通过不同方法的使用，徽州方志对相关问题进行了考证，或证明其正确性所在，或指出错误，订正错误，或列出异同，以俟后考，或提出疑问，表明态度，或补充阙漏，充实内容。通过这些方法的使用，既保证了志书记载内容的丰富性，也保证了志书记载内容的准确性，提高了志书的质量，为正确利用方志研究相关问题提供了保证；第三，选用资料的广泛性。徽州方志在进行考证时，广征博引，取证广泛，参考的文献包括正史、

---

① 道光《徽州府志》卷七，《中国地方志集成》本，南京：江苏古籍出版社，1998年。

② 道光《休宁县志》卷七，《中国地方志集成》本，南京：江苏古籍出版社，1998年。

总志、府志、县志、典章制体书籍、碑刻等,这是考证取得成效的基础;第四,考证文献的多样性。徽州方志对于多种文献记载进行考证,包括正史、总志、府志、县志以及其他类型的地理书。徽州方志在考证方面成果丰富,保证了志书的质量,扩大了志书的记载范围,提高了志书的利用价值。其价值应予以重视。

三、校勘价值

徽州方志的编修者修志态度严谨,在广泛参考徽州旧志和其他文献记载的同时,不仅重视对于地理、职官、建置沿革、赋役、选举、人物、史实等方面内容的考证,而且对于其中存在的字词讹误也进行了校勘,进一步保证了徽州方志的质量。徽州方志的校勘主要包括订误、列异、存疑三种类型。兹各举数例,对徽州方志中的校勘内容及其价值进行说明。

(一)订误

徽州方志中对于旧志或其他文献记载中存在的讹误进行了订正,往往用"案语"或"按语"的形式指明讹误,订正讹误。订误主要包括讹、脱、衍等错误的订正,内容则涉及自然地理、建置沿革、职官、封建、物产、古迹、水利、桥梁、选举等方面。

1. 订自然地理之误

例一:

> 佛论岭,在(绩溪)西北四十里,高四百五十仞,周四十里。《方舆纪要》。昔尝有高僧讲论于此,故名。《新安志》。练溪之水出焉。《大清一统志》。
> 案:山界绩、歙两县,互载。按图,岭在县之东南,作西北者,旧志沿误。又按:岭为歙邑绵溪之源,"练"当作"绵"。

例二：

昱岭在（歙）县东百二十里，接杭州昌化县界，为往来孔道。旧有昱岭关。《方舆纪要》。在歙县东南二十里，接浙江开化县界，元时尝置关。《大清一统志》。山谷间无跬步夷旷者，宋岳飞开道由三岭出，遂为康庄，接杭之昌化。《通志》

案：岭在县东南，《纪要》"东"下当脱"南"字。岭距县实百二十里，接昌化界，《通志》亦云接杭之昌化，《一统志》歙县下脱"百"字，误"昌化"为"开化"。

例三：

白岳山，高二百仞，周三十五里。中峰四起，绝壁断崖，松萝森蔼。顶有池水清澈可鉴，池西石室方圆五丈。《新安志》。《方舆纪要》略同。为休阳西镇，山之西曰石门岩，山之南曰蜜多岩。《大清一统志》。

案："中峰四起"，《方舆纪要》、《一统志》作"奇峰四起"，"奇"字是也。高二百仞，《方舆纪要》、《一统志》作三百仞。

例四：

蜜多岩，在（休宁）县西四十七里。《寰宇记》云：蜜岭有木蜜。案：今本"蜜"作"容"，当为误字，有木蜜，木下有石字。

例五：

石龙洞，在（婺源）县西北十七里，《康熙府志》作七里。有石龙山，山东北面有石洞，洞两畔有石对竖为门，有如镌凿所成。《寰宇记》。杭溪之水出焉。《大清一统志》。

案：《一统志》引《寰宇记》作在婺源县西北九十里，误。

例六：

方山，在城南二里。《方舆纪要》。在婺源县东二里，五代士人朱宽读书于此。墨池犹存，宽仕南唐。《通志》。

案：山在县东，作城南，非。①

例七：

横江水出武亭山东，南流二十八里，合章水入鱼亭口，溉田八顷。《新安志》。《明地理志》、《大清一统志》、《通志》略同。横江水在（黟）县东二十里。《方舆纪要》。源出方家岭南，南纳霍溪水，又东南月塘水自西南来入之，合武林水。武林水出武亭山下，武林浙水源也。黟一曰桃源，土人因目武林水为武陵。又迳东行泉石岭水自北来入之。又东行南纳赤岭水，北纳黄村水。又东行过古筑顶，游山水自南入之，画公尖北水自西北入之。又东陶村水自南来入之，又东行南屏山水自南来入之，又东行林历山水自南来入之，又东行至汪村，合方家岭水，又东行当县治南，横江所由名也，又东北行会章水、牛泉水。《嘉庆县志》。

按：嘉靖、康熙府志云：黟横江水发源武亭山，并沿误，当从邑志源出方家岭。正之。②

2. 订建置沿革之误

例一：

（隋）开皇十一年辛亥，歙州。是年置州，领县三，治海宁。

《隋志》：新安郡统县三，休宁、歙、黟。注：平陈，置歙州。《通典》、《通考》并同。《郡县志》：隋开皇十二年置歙州。于县作十一年，于州作十二年，二字误。

例二：

（唐）大历五年庚戌，《寰宇记》、《新安志》：北野县大历

---

① 道光《徽州府志》卷二，《中国地方志集成》本，南京：江苏古籍出版社，1998年。
② 道光《徽州府志》卷二，《中国地方志集成》本，南京：江苏古籍出版社，1998年。

五年废,《寰宇记》又云四年,误。①

3. 订职官之误

例一:

(唐)县令吴琇,海宁人。

见《新安文献志》九十二"解缙吴柏冈墓志"。嘉靖志载于宋县令之末,误矣。

例二:

(婺源县职官)(元知州)于文傳,详政绩传。旧志作"傳",今据《新安文献志》及《苏州府志》改正。

例三:

(宋县尉)(祁门)黄维,淳熙九年任,尝作《鄂王祠记》,并见《嘉靖志》。旧府志作绍熙九年,按绍熙止五年,无九年,乃淳熙之误,今校正。

例四:

(明教谕)(黟县)倪尚纲,休宁人,元儒士毅子,能传家学。明初为黟县教谕。

《嘉靖府志》以下诸志皆载入元教谕,今据《休宁县志》、《心远楼存稿》改正。②

例五:

(刘)汪叔举,字鹏远,新安人,大明中仕,为军司马。

按:《旧志》误作齐司马。③

---

① 道光《徽州府志》卷一,《中国地方志集成》本,南京:江苏古籍出版社,1998年。
② 道光《徽州府志》卷七,《中国地方志集成》本,南京:江苏古籍出版社,1998年。
③ 弘治《徽州府志》卷八,《天一阁藏明代方志选刊》本,上海:上海古籍书店,1964年。

例六：

　　元达鲁噶齐，旧志达鲁花赤，今改正。①

例七：

　　（知县）张汴，字仲山，嘉泰三年七月任，开禧三年差两淮制置司干办官。案："嘉泰"旧误写为"嘉定"。②

4. 订封建之误

例：

　　广德王云客孝景八世孙，鸿嘉二年八月封，三年薨亡后，元始二年四月丁酉，静王揄以惠王曾孙、戴王子绍封，居摄元年王赤嗣，三年王莽篡位，贬为公，明年废。《汉书·王子侯表》。

　　按：《表》作"揄"，《广川惠王传》作"瘉"，《王子侯表》、《中山靖王传》皆作"伦"，其实一人。盖"揄"、"瘉"音相近而误，"揄"、"伦"字相近而误也。③

5. 订物产之误

例：

　　大观中绘本草术所出之州七，歙与一焉。
　　"术"字当衍。④

---

① 民国《歙县志》卷二，《中国地方志集成》本，南京：江苏古籍出版社，1998年。
② 道光《休宁县志》卷七，《中国地方志集成》本，南京：江苏古籍出版社，1998年。
③ 道光《徽州府志》卷一，《中国地方志集成》本，南京：江苏古籍出版社，1998年。
④ 道光《徽州府志》卷五，《中国地方志集成》本，南京：江苏古籍出版社，1998年。

6. 订古迹之误

例一：

(明)州守白谦墓,在环村。《康熙府志》。

按:邑志误载在元。①

7. 订水利之误

千秋堨,在十七都,溉田四十余顷,隆阜戴尚清率众修筑。

案:《宏治府志》、《嘉靖志》作在十八都、灌田百亩者误。②

8. 订桥梁之误

仙化桥,在二都新管,石筑二洞,旧志"化"误作"花"。③

9. 订选举之误

(宋)庆元五年己未,曾从龙榜。

"曾"旧志误"曹",今改正。④

(二)存疑

对于文献中的不同记载,虽有所怀疑,但不能断定孰是孰非者,则以存疑处之,以俟后人订正。

---

① 道光《徽州府志》卷二,《中国地方志集成》本,南京:江苏古籍出版社,1998年。
② 道光《休宁县志》卷四,《中国地方志集成》本,南京:江苏古籍出版社,1998年。
③ 民国《歙县志》卷二,《中国地方志集成》本,南京:江苏古籍出版社,1998年。
④ 民国《歙县志》卷四,《中国地方志集成》本,南京:江苏古籍出版社,1998年。

例一：

　　浚源山，在西南百里，高三百一十仞，西南接浮梁乐平界。旧名游山，天宝六年改。西连梅源山，有水南流入吴溪。《新安志》。《方舆纪要》略同。又名凤游山，蜿蜒奥旷，浚源之水出焉，傍有大安洞。《大清一统志》、《通志》。

　　案：《康熙府志》又名凤游山，宋初尝有凤来游，故名，事见《鄱阳图经》。疑《新安志》、《方舆纪要》"游山"上脱"凤"字。①

例二：

　　褐豆大青而黑者为豉，极良，有油绿豆，视绿豆尤小。
　　案：新安无名"油绿豆"者，"油"字疑衍，"绿"字当作他字。②

（三）列异

对于不同文献中的不同记载，因缺乏足够的证据，不能断定孰是孰非，又无法对某一种记载提出质疑时，则将不同观点悉数列出，以供读者参考。

例一：

　　（唐）金吾将军谢诠墓，在（祁门）县南二十五里。《嘉靖府志》。《康熙府志》云：三十五里潘张村。

例二：

　　（汉）列侯梅鋗墓，在（祁门）县南二里。见《大清一统志》。《嘉靖府志》云：按《统志》云，墓在余干县之梅港，与志不同。《康熙府志》云：在悟法寺后。《邑志》又云：鋗疑

---

① 道光《徽州府志》卷二，《中国地方志集成》本，南京：江苏古籍出版社，1998年。
② 道光《徽州府志》卷五，《中国地方志集成》本，南京：江苏古籍出版社，1998年。

冢也。未详。①

徽州方志中涉及的校勘,不仅内容丰富,而且校勘的文献也多种多样,既包括《汉书》、《明史》等正史,也包括《大清一统志》、《太平寰宇记》之类的总志,以及罗愿《新安志》、弘治《徽州府志》、嘉靖《徽州府志》、康熙《徽州府志》等徽州方志,同时也对地理书、纪传体史书等文献中的记载进行了校勘,如《读史方舆纪要》、《通志》等。徽州方志的编修者广泛查找资料,广征博引,严密论证,纠正了其他文献记载中的讹误,为准确使用这些资料提供了保障。

四、辑佚价值

徽州方志不仅资料丰富,内容涵盖了徽州府一府六县的地理、政治、经济、文化、军事、人物等各方面的内容,具有重要的史料价值,还征引了大量文献,而且往往每一条资料均注明出处,因此又具有重要的文献学价值。笔者在查阅徽州方志时发现,现存徽州方志征引了大量志书中的内容,且这些志书原志早已亡佚,有的虽有辑本,但已不完整,有的甚至连辑本都没有。徽州方志收录的资料为辑佚旧志或补充志书现有内容的不足提供了资料来源。从现存徽州方志中可以辑佚出总志、府志(郡志)、县志三种类型的志书,另外还有一些志书由于资料有限尚无法确定其类型归属。

(一)总志之属

1. 顾野王《舆地志》

《舆地志》为南朝陈时顾野王抄撰众家之言所作,共三十

---

① 道光《徽州府志》卷二,《中国地方志集成》本,南京:江苏古籍出版社,1998年。

卷。① 此书早已亡佚。徽州方志中辑出《舆地志》五条佚文,主要是自然地理方面的内容。

(1)《舆地志》云:灵山高峻,有圆石高数丈,上有石盖也。②

(2)谯贵谷,《舆地志》云:黟县北缘岭行得谯贵谷。昔土人入山,行之七日,至一斜穴廓然,周三十里,地甚平沃,中有十余家,云是秦时离乱,人入此避地。③

(3)牛泉山,《舆地志》云:牛泉峤自麓至顶每九里一顿,凡九顿,并山为路,狭处才七八寸,临不测之深。上常多风,故木虽合抱而长不及丈,惟南向有之。虽盛夏亦衣襦。顶有水,方广丈许,冬夏不增减,名"牛泉"。相传旧无水,牛以足跑土地成池,往往有累石为路处,盖昔往丹阳之道也。④

康熙《徽州府志》亦转引《舆地志》的这条资料,即"牛泉山,顾野王《舆地志》云:牛泉峤通商阳县,自下上至山顶,九里一顿,凡九顿。山常风,树至合抱而高不至丈,惟南向有之。当顶有泉,方丈余,俗云牛跑所致,亦犹虎跑泉也"⑤。相比而言,弘治《徽州府志》的内容比康熙《徽州府志》更丰富。

(4)灵山,《舆地志》云:山甚高峻,天欲雨先闻鼓角声,有圆石高数丈,上有石如车盖。

(5)三姑山,《舆地志》云:山多石,三年一遇野火,自然烧尽。故老相传号三姑磨云,若非磨年,百姓放火辄有雨。

---

① 《隋书》卷三三,北京:中华书局,1973年。
② 道光《徽州府志》卷二,《中国地方志集成》本,南京:江苏古籍出版社,1998年。
③ 道光《徽州府志》卷二,《中国地方志集成》本,南京:江苏古籍出版社,1998年。
④ 弘治《徽州府志》卷一,《天一阁藏明代方志选刊》本,上海:上海古籍书店,1964年。
⑤ 道光《徽州府志》卷二,《中国地方志集成》本,南京:江苏古籍出版社,1998年。

中峰有瀑布泉。①

2. 徐锴《方舆记》

南唐人徐锴曾撰有《方舆记》(一百三十卷),此书亦早已亡佚。徽州方志中辑出《方舆记》十三条佚文,包括自然地理、人文地理、建置沿革、物产等方面的内容。

自然地理方面的资料有六条。

(1)(黟县)复山,《方舆记》云:山甚孤峻,两边皆石。坛中有沟,才五六尺许。水甚悬迅,山翠激流,为群峰之秀。石壁四绝,仅通线路,非用梯扶接,不可登其绝顶。有泉常流不竭。旧乡民避寇于上,贼陈兵其下,意山高无水,欲持久以困之。乡民以生鱼投示之,贼遂引去。东南水流入休宁县界。②

道光《徽州府志》转引的《方舆记》中的这条资料,较之弘治《徽州府志》内容更为简略,即"复山,《方舆记》:石壁四绝,中通一线绝顶,泉流不竭。乡人曾避寇于此,贼陈兵其下,意山高无水,欲持久困之,乡人示以生鱼,贼乃引去"③。道光《徽州府志》应该是在转引时有所删节。

(2)石新妇山,《方舆记》云:有三石峰望之如人,每春雨初晴,霞翠明媚,则若彩服靓妆之饰。④

(3)(祁门县)主簿山,《方舆记》云:昔黟县有主簿巡历经此,爱其山水幽奇,遂解印隐居,故名。⑤

(4)(黟县)鱼亭山,《方舆记》云:每岁江西鱼船至祁门

---

① 弘治《徽州府志》卷一,《天一阁藏明代方志选刊》本,上海:上海古籍书店,1964年。
② 弘治《徽州府志》卷一,《天一阁藏明代方志选刊》本,上海:上海古籍书店,1964年。
③ 道光《徽州府志》卷二,《中国地方志集成》本,南京:江苏古籍出版社,1998年。
④ 道光《徽州府志》卷二,《中国地方志集成》本,南京:江苏古籍出版社,1998年。
⑤ 康熙《徽州府志》卷二,《中国方志丛书》本,台北:成文出版社,1970年。

县,以次泊山之东,故名。①

(5)《方舆记》云:(绩溪)县北三里有浣纱溪,溪涯有浣纱石一,名临溪石,方广二丈。②

(6)乳溪与徽溪相去一里,回转屈曲,并流而复合谓之绩溪,县因名焉。临溪石在县北三里,方圆二丈,其平如砥,溪水甚宜浣纱。数里内妇女悉来浣纱,去家既远,遂于石上绩而守之。每春花始布,花柳交映,多艳妆丽服群绩于此。虽不浣纱者,亦有从而会绩焉。又曰其县名绩溪亦兼取"绩"之义也。《寰宇记》。《新安志》引《方舆记》同。③

人文地理方面的资料有四条。

(1)石墨井,《方舆记》云:墨岭上出石墨,土人采之以书,采处成井,今为水所淙,其井转深。

(2)吴村,《方舆记》云:昔吴王为越灭,句践流其三子,长子鸿逃于此死,因葬焉,遂名其葬处为"吴山里"。④

(3)梓山庙,在(绩溪)县东南一里。《方舆记》云:初于山下置良安县。旧有方白石,忽化为双白鸟,飞向山,遂于山下鸟栖处立庙。邑人敬之,行立、种殖皆不敢背。⑤

(4)(婺源县)吴太子墓,《方舆记》云:昔越王灭吴,流其三子。长子鸿逃于此死,因葬焉。⑥

建置沿革方面的资料有一条。

---

① 弘治《徽州府志》卷一,《天一阁藏明代方志选刊》本,上海:上海古籍书店,1964年。
② 康熙《徽州府志》卷二,《中国方志丛书》本,台北:成文出版社,1970年;弘治《徽州府志》卷一,《天一阁藏明代方志选刊》本,上海:上海古籍书店,1964年。
③ 道光《徽州府志》卷二,《中国地方志集成》本,南京:江苏古籍出版社,1998年。
④ 道光《徽州府志》卷二,《中国地方志集成》本,南京:江苏古籍出版社,1998年。
⑤ 道光《徽州府志》卷三,《中国地方志集成》本,南京:江苏古籍出版社,1998年。
⑥ 弘治《徽州府志》卷二,《天一阁藏明代方志选刊》本,上海:上海古籍书店,1964年。

梁安县,《方舆记》云:梁大同初于梓潼山下建县,唐武德中废。①

物产方面的资料有两条。

(1)芥,《方舆记》:以石芥为民之珍。
(2)豕,《方舆记》云:以火肉为民之珍。②

3.《元和郡县志》

《元和郡县志》为李吉甫所撰,是唐朝著名地理总志,为我国现存最早且较为完整的总志。原有图和志共四十卷,另有目录二卷,总共四十二卷。北宋时图即亡佚,其后正文又有所缺失,现在流传的本子只有三十四卷。③ 道光《徽州府志》收录了一条《元和郡县志》的佚文,是职官方面的资料,即"(陈)新宁太守,治海宁。见《元和郡县志》"④,为现在通行的中华书局本《元和郡县图志》⑤所无。

4.《祥符经》

宋代大中祥符三年(1010年)十二月,李宗谔主持编修的《祥符州县图经》成书,这是一部总志。此志由各州县图经总合而成,因此对各个州县而言,此志既可称为《祥符经》,而又有其他称呼,如徽州地区既称其为《祥符经》,又称其为《新图经》,道光《徽州府志》即称:"《新图经》,大中祥符中李宗谔奉诏纂"。⑥

---

① 道光《徽州府志》卷二,《中国地方志集成》本,南京:江苏古籍出版社,1998年。
② 弘治《徽州府志》卷二,《天一阁藏明代方志选刊》本,上海:上海古籍书店,1964年。
③ (唐)李吉甫:《元和郡县图志》,前言,《中国古代地理总志丛刊》本,北京:中华书局,2005年,第1页。
④ 道光《徽州府志》卷七,《中国地方志集成》本,南京:江苏古籍出版社,1998年。
⑤ (唐)李吉甫:《元和郡县图志》,《中国古代地理总志丛刊》本,北京:中华书局,2005年。
⑥ 道光《徽州府志》卷一六,《中国地方志集成》本,南京:江苏古籍出版社,1998年。

此志原书已佚，仅能依靠其他书籍的征引得见部分内容，因而有必要对其进行辑佚以恢复这部志书的部分内容。从现存徽州方志中辑出的《祥符经》佚文主要有自然地理、人文地理、建置沿革和物产方面的资料。

自然地理方面的资料有十条。

（1）问政山，《祥符经》云：唐光化中有聂道士隐居于此，刺史陶雅深所推重，尝访以为政之要，故名问政山，恐于义未尽。

（2）佛论岭，《祥符经》云：昔有高僧讲法于此，故名。①

（3）蜜多岩，《祥符经》云：木蠌中出蜜，昔长吏尝遣人取之。梁任昉为太守遂止，今不复有。②

弘治《徽州府志》③亦收录《祥符经》中的这条资料，内容基本相同。

（4）鸡笼山，《祥符经》云：唐开元中有异道士谋卜居，视黄山曰"确而寒"，视飞布曰"高而无辅"，至此山曰"是宜为葬地，高可至王侯，不然者当致妖异"。时县人洪真师事之，道士昼卧室中，真窃视，状如蛟龙，候觉遂辞去，道士亦去之鄱阳。真遂迁父骨葬此山。真居浙南回玉乡，本好方伎，颇能以小术动人，乃潜谋起事。州捕杀数十人，而真竟不获，乃即回玉乡置婺源县以镇之。④

康熙《徽州府志》也收录了这条资料，与道光《徽州府志》中的意思基本相同，但表述并不完全一样，即："鸡笼山，《祥符经》云：唐开元中有道士谋卜居，视黄山曰'确而寒'，视飞布山曰

---

① 道光《徽州府志》卷二，《中国地方志集成》本，南京：江苏古籍出版社，1998年；康熙《徽州府志》卷二，《中国方志丛书》本，台北：成文出版社，1970年。

② 道光《徽州府志》卷二，《中国地方志集成》本，南京：江苏古籍出版社，1998年。

③ 弘治《徽州府志》卷一，《天一阁藏明代方志选刊》本，上海：上海古籍书店，1964年。

④ 道光《徽州府志》卷二，《中国地方志集成》本，南京：江苏古籍出版社，1998年。

'高而无辅',至此山曰'是宜为葬地,高可致王侯,下当致妖异'。时县人洪真师事之,道士归卧室中,真窃视之,状如蛟龙,俟觉遂辞去,道士亦去之番阳。真遂迁父骨葬此。真归回玉乡,本好方伎,颇能以小术动人,乃潜谋起事。州县发兵,捕杀数十人,而真竟不获,乃即回玉乡置婺源县镇之。"①弘治《徽州府志》②亦收录《祥符经》中的这条资料,内容与康熙《徽州府志》中的基本相同。

康熙《徽州府志》和道光《徽州府志》中的两段记载内容基本相同,但有些字词存在差异,应该是两部《徽州府志》的编修者在转引时对《祥符经》原文有所变化,故而出现差异。

(5)善山,《祥符经》云:善山神为王,恶山为夫人。若两处致祭则为灾,居人迎恶山神就善山祭祀,俗谓之妻婿山。③

(6)《祥符经》云:赤岭下有大溪,昔人为梁取鱼,鱼不得下,遂夜飞越岭而去。人复于岭上张网,其飞不过者皆化为石,遇雨则赤,故谓之赤岭。而浮梁县亦因此得名。《吴都赋》所谓"文鳐夜飞而触纶",盖此类云。④

弘治《徽州府志》所载略同,即"赤岭,《祥符经》云:昔人为梁取鱼,鱼不得下,遂夜飞越岭而去。人复张网于岭上,其飞不过者皆化为石,遇雨则赤。刺史冯宿改今名。水流浮梁县,浮梁之名亦因此。《吴都赋》所谓'文鳐夜飞而触纶',盖此类也"⑤。

---

① 康熙《徽州府志》卷二,《中国方志丛书》本,台北:成文出版社,1970年。
② 弘治《徽州府志》卷一,《天一阁藏明代方志选刊》本,上海:上海古籍书店,1964年。
③ 道光《徽州府志》卷二,《中国地方志集成》本,南京:江苏古籍出版社,1998年;康熙《徽州府志》卷二,《中国方志丛书》本,台北:成文出版社,1970年。
④ 道光《徽州府志》卷二,《中国地方志集成》本,南京:江苏古籍出版社,1998年。
⑤ 弘治《徽州府志》卷一,《天一阁藏明代方志选刊》本,上海:上海古籍书店,1964年。

康熙《徽州府志》亦从《祥符经》中转引一条关于赤岭的资料,即"(祁门)赤岭,《祥符经》云:昔人为梁取鱼,鱼不得下,遂夜飞越岭而去。人复张网于岭上,其飞过者皆化为石,遇雨则赤,故刺史冯宿改今名。水流浮梁县,浮梁之名亦因此"①。道光《徽州府志》与康熙《徽州府志》所收内容基本相同,只是个别字词存在差异,或是两志转引时有一些文字调整。

(7)大鄣山三天子都山,一名玉山。《祥符经》云:即三天子鄣山,此几是乎。旧出银铅,唐天宝四年尝采,八年罢,今无复有。②

弘治《徽州府志》亦收录一条《祥符经》"大鄣山"资料,即"大鄣山,一名鄣山,一名玉山。《祥符经》云:即三天子鄣山,秦立鄣郡取此。郭璞云:三天子鄣山在新安歙县东,今谓之玉山。浙水出其边。唐天宝中出银铅,今绝"③。康熙《徽州府志》④也收录了《祥符经》中"大鄣山"的资料,内容与康熙《徽州府志》完全相同。比较三部《徽州府志》收录的内容,基本内容相同,但弘治《徽州府志》和康熙《徽州府志》所收内容更为丰富,或是两志在转引时对原文所作的处理不同,道光《徽州府志》删节的更多。

(8)《祥符州图经》乃云:改黄山为黟山。

(9)吕公滩,《祥符经》云:募军中壮丁凿毁滩石。⑤

(10)(歙县)苦溪水。按:宋《新经》又云:以旁有苦竹,故名。⑥

---

① 康熙《徽州府志》卷二,《中国方志丛书》本,台北:成文出版社,1970年。
② 道光《徽州府志》卷二,《中国地方志集成》本,南京:江苏古籍出版社,1998年。
③ 弘治《徽州府志》卷一,《天一阁藏明代方志选刊》本,上海:上海古籍书店,1964年。
④ 康熙《徽州府志》卷二,《中国方志丛书》本,台北:成文出版社,1970年。
⑤ 道光《徽州府志》卷二,《中国地方志集成》本,南京:江苏古籍出版社,1998年。
⑥ 弘治《徽州府志》卷一,《天一阁藏明代方志选刊》本,上海:上海古籍书店,1964年。

根据志书的编修源流,此处"宋《新经》"应是指宋代大中祥符三年(1010年)李宗谔主持编修的《祥符州县图经》,故将此条佚文辑于《祥符经》之下。

人文地理方面的资料有五条。

(1)断石村,《祥符经》云:昔两舟泊此潭,一祭一否。夜半有神人徙祭者,之舟于北,岸有五丈,自壁而坠,碎其一舟,其坠处今为石室,因名断石村。①

弘治《徽州府志》亦收录《祥符经》中的这条资料,即"断石村,《祥符经》云:昔有两舟泊此潭,一祭一否。夜半有神人徙祭者,舟于北岸,有石五丈,自绝壁坠,碎其一舟,其坠处今为台,又名落石台"②。两段记载内容基本相同,只有末尾一句有些不同,道光《徽州府志》为"其坠处今为石室,因名断石村",而弘治《徽州府志》则为"其坠处今为台,又名落石台"。

(2)管公坛,《祥符经》云:管公明尝学道于此。③

(3)历山庙,《祥符经》云:昔管公明学道于此,疑后人为立庙。

(4)汉洞院,在仁爱乡富资里,大中二年建。此据《祥符经》云尔。④

(5)太平兴国寺,在(歙)县西南,唐至德二载建,号"兴唐寺"。寺门踞两峰间,下瞰溪流,州西胜处也。始唐有圣像阁,后营莒浸盛,僧房、经阁飞跨岩谷。大历末,吕渭为州司马,尝于寺之隙为堂读书,晨入夕还,既去,以遗寺僧,故至今有吕侍郎祠。旧不显吕侍郎所以建祠本末,后访得

---

① 道光《徽州府志》卷二,《中国地方志集成》本,南京:江苏古籍出版社,1998年。
② 弘治《徽州府志》卷二,《天一阁藏明代方志选刊》本,上海:上海古籍书店,1964年。
③ 道光《徽州府志》卷二,《中国地方志集成》本,南京:江苏古籍出版社,1998年。
④ 道光《徽州府志》卷四,《中国地方志集成》本,南京:江苏古籍出版社,1998年。

《祥符经》,其说云尔。①

建置沿革方面的资料有一条。

> 婺源县,按:《寰宇记》及《祥符经》言婺水绕城三面,故名。又云婺星乘鳙鱼上天,遂以名水。②

物产方面的资料有一条。

> 囷子,似山鸡而小无尾。
>
> 鹆鸟,鹆徒河歹,一名楚鸡,尤爱其羽中矰弋则守死不动。《郡国志》曰:翎下有青红,相应如垂绶,其状若蜀鸡,背若朱蛇。
>
> 红鹊、鸲鹆、山鹦鹉、同力,自囷子以下六名,皆《祥符经》所书。③

5.《元丰九域志》

《元丰九域志》是北宋中叶地理总志,王存主编,曾肇、李德刍共同修撰。全书分十卷。元丰三年(1080年)书成,其后又经多次修订,最终所反映的政区基本为元丰八年(1085年)之制。道光《徽州府志》收录一条佚文,即"歙州有松萝山。《元丰九域志》"④,为现在通行的中华书局本《元丰九域志》⑤所无。

6.《元一统志》

元代开创了编修一统志的先例,这一做法为明清两代所继

---

① 道光《徽州府志》卷四,《中国地方志集成》本,南京:江苏古籍出版社,1998年。
② 弘治《徽州府志》卷一,《天一阁藏明代方志选刊》本,上海:上海古籍书店,1964年。
③ 弘治《徽州府志》卷二,《天一阁藏明代方志选刊》本,上海:上海古籍书店,1964年。
④ 道光《徽州府志》卷二,《中国地方志集成》本,南京:江苏古籍出版社,1998年。
⑤ (宋)王存撰,王文楚、魏嵩山点校:《元丰九域志》,《中国古代地理总志丛刊》本,北京:中华书局,2005年。

承。《大元一统志》原书一千三百卷,但在流传过程中逐渐散佚,现仅有辑本。笔者从道光《徽州府志》中搜集到一条佚文,是疆域方面的资料,为赵万里校辑的《元一统志》①和《玄览堂丛书续集》收录的《大元大一统志》②所未载。

  (元)徽州路

  东至浙江昌化县界一百二十里,西至饶州路浮梁县界二百七十里,南至浙江衢州路开化县界一百八十里,北至宁国路太平县界一百七十里。《元一统志》。

  歙县

  编户二百六十五里

  休宁县

  编户二百八里

  婺源州

  编户一百二十三里

  祁门县

  编户四十六里

  黟县

  编户二十四里

  绩溪县

  编户二十五里。以上俱见《元一统志》。③

(二)府志之属

1.《新安山水志》

  《新安山水志》为明代潘之恒所撰,共十卷。④ 查阅现存文

---

① (元)孛兰肹撰,赵万里校辑:《元一统志》,北京:中华书局,1966年。
② (元)孛兰肹、岳铉:《大元大一统志》,《玄览堂丛书续集》本,新北:正中书局,1985年。
③ 道光《徽州府志》卷一,《中国地方志集成》本,南京:江苏古籍出版社,1998年。
④ (清)黄虞稷:《千顷堂书目》卷八,清文渊阁四库全书本。

献及相关书目,未见收有潘之恒《新安山水志》,此志应已亡佚。

道光《徽州府志》收录了《新安山水志》的一条佚文,是自然地理方面的资料,即"主簿砦,《新安山水志》云:在飞布山,昔主簿葛显率州民置兵于此,其址犹存。山上又有主簿祠"①。

2.《新安记》

《新安记》为梁时王笃所撰,亡佚已久,未有辑本。道光《徽州府志》收录了三条《新安记》佚文,都是自然地理方面的资料。

(1)飞布山,《新安记》云:昔因寇乱有歙县主簿率百姓保据此山,因名主簿山。

(2)灵山,《新安记》云:灵村有山生香草,名曰"灵香"。又有黄精木,上有灵坛,道士祈请不烧香自然芬馥。村人射猎经践此土,犯山神,终无所获。或失火烧冈,其人必有疾病,故曰"灵山"。

(3)三姑山,《新安记》云:天将雨,此山先有鼓角之音,人以为准。②

弘治《徽州府志》亦收录《新安记》中的这条资料,即"《新安记》云:天将雨,此山先有鼓角之音"③,较之道光《徽州府志》内容略少,或为转引时有删节。

3. 李以申《新安续志》

《新安续志》是宋代端平二年(1235年)四明人李以申纂修的,此志早已亡佚,因而有必要对其佚文进行辑佚,以再现其部分内容。现存徽州方志中保存了李以申《新安续志》的部分内容,主要包括形胜、诗文、人物、遗事方面的资料。其佚文辑佚如下,共有十条佚文。

---

① 道光《徽州府志》卷二,《中国地方志集成》本,南京:江苏古籍出版社,1998年。
② 道光《徽州府志》卷二,《中国地方志集成》本,南京:江苏古籍出版社,1998年。
③ 弘治《徽州府志》卷一,《天一阁藏明代方志选刊》本,上海:上海古籍书店,1964年。

形胜方面的资料有一条。

新安据浙江上游,水云深入。李以申、洪焱祖《新安续志序》。①

诗文方面的资料有一条。

《新安送陆澧归江阴》:"新安路,人来去。早潮复晚潮,明日知何处。潮水无情亦解归,自怜长在新安住。"前人。《续志》云:"今潮水至严大浪滩而止,当时赋必有说也,岂五百年间不无陵谷变迁之异邪?"②

人物方面的资料有两条。

(1)曹汝弼,字梦得,城南人。以经术德义高蹈州里,工篇什篆隶。与林逋、魏野相往来,故其诗亦似之,号"松箩山人"。有《海宁集》,舒职方雄尝为序,谓其"体致高远,有王右丞、孟处士风骨"。以子矩贵,赠殿中丞。孙道,博古工诗,人称有厥祖风,著《芸窗语集》。《新安续志》。③

(2)曹矩,字诲之,登景祐元年进士。以孝闻,官至屯田郎中。其任郎官日,父汝弼赠殿中丞,燎黄之夕,芝产茔上。郡上其事,被旨以所居为"忠孝乡孝芝里"。侄孙央、文、及并登崇宁第。文任睦州建德丞,方腊窃发,死其官,世称"忠孝曹家"。《新安续志》。④

遗事方面的资料有六条。

以下六条佚文皆出自于弘治《徽州府志》,且这六条资料后

---

① 道光《徽州府志》卷二,《中国地方志集成》本,南京:江苏古籍出版社,1998年。
② 弘治《徽州府志》卷一一,《天一阁藏明代方志选刊》本,上海:上海古籍书店,1964年。
③ 道光《休宁县志》卷一二,《中国地方志集成》本,南京:江苏古籍出版社,1998年。
④ 道光《休宁县志》卷一四,《中国地方志集成》本,南京:江苏古籍出版社,1998年。

注曰:"以上凡六条并《续志》"①。

(1)吴思道,金陵人,以诗为东坡、元城诸公鉴赏,声价顿起,官至团练使。宣和末,亟挂冠去,责授武节大夫致仕。诗思益超拔,如"风前有恨梅千点,江上无人月一痕","梦回飞蝶三千里,月照高楼十二栏。别鹤唳长秋露重,老龙吟苦夜潭寒"等句尤为名流推许。后寓新安,野服萧然如云水,人其高逸如此。

(2)张顺之,婺源人,游乡校,以诗名。如《吴思道见访》云:"檐鹊数声清梦断,出门一笑遇诗仙。"《过清泉寺》云:"聊将遮日手,松下弄清泉。"《送春》云:"暗绿不遮春去路,乱红翻作雨来天。"此近体中佳句。《游白水》云:"白水一泓澄,兹山定玉骨。"《林莺》云:"金衣数公子,端是贤友生。羽毛元自好,喉舌向来清。"《蔷薇》云:"照我胸中笔,吐出江淹文。"此古风中佳句。有《练溪集》传于世。

(3)绩邑杨溪有葛琳者,与王荆公相好。王尝语葛曰:"仙乡产何佳品?"葛曰:"惟香白粲为佳。"后荆公持节过焉,琳适游宦蜀中。荆公题诗溪上曰:"桥横葛仙陂,住近杨雄宅。主人胡不归,为我炊香白。"

(4)哲宗朝宰相张商英任本路监司,行部至祁门县,卧馆中梦一道士青氅戴仙桃冠,令速去,公惊起,须臾驿梁堕床。翌早公诣洞元观,至土地祠,乃与梦合,为奏于朝,敕封"灵应真官"。

(5)汪枢密勃自政府归里,常时杖履杂农圃间,人不尽识也。一日自外归,有囚首者自第中出,问之,云:"因卖薪入宅有忤。"公愀然不悦曰:"尔何以归,见家人?"乃脱己帽,授之,竟不冠而归。家人怪问,不应亦不复冠,恳请累日,方复常,云:"汝等去他人之巾,犹去我之巾也。"其厚德如此。见《说斋随笔》。

(6)黟有舒道翁遇异人,教以养生诀。弃家入山,结庵

---

① 弘治《徽州府志》卷一二,《天一阁藏明代方志选刊》本,上海:上海古籍书店,1964年。

绝迹,不通世事。妻子求之,数年不获。后樵者见之,报其家,邀与偕归。翁遂燎其庵,又密迁东山之巅。山高数百仞,扪萝攀磴,仅可登,自是又十余年。方知之人有问养生法者,以无嗜欲对。年百五岁而终。①

4.《新安广录》

《新安广录》是宋代嘉定壬午(1222年)郡人姚源所纂,时太守吴兴倪祖常②,此志早已亡佚,因此有必要对其进行辑佚。从现存徽州方志中辑出以下佚文,主要包括水利、局署、古迹、遗事方面的内容,共有六条佚文。

水利方面的资料有一条。

(绩溪县)《新安广录》载:邑令王梀不叔尝开塘三十六所,其大者古塘在杨山乡,广三十余亩。又有古塘、凿石塘俱在良安乡,各广四十余亩。王令兴修诸塘,灌田甚博,县人德之。③

局署方面的资料有一条。

(徽州府)公馆,……而《新安广录》又载:宋东北隅乾明观之左有嘉宾馆,改为添差教授厅,后废,为民居所。④

古迹方面的资料有一条。

(歙县)《广录》载有弦歌堂、岁寒亭、丰年堂、晦翁文公祠,皆已久废。⑤

---

① 弘治《徽州府志》卷一二,《天一阁藏明代方志选刊》本,上海:上海古籍书店,1964年。
② 道光《徽州府志》卷一六,《中国地方志集成》本,南京:江苏古籍出版社,1998年。
③ 弘治《徽州府志》卷二,《天一阁藏明代方志选刊》本,上海:上海古籍书店,1964年。
④ 弘治《徽州府志》卷五,《天一阁藏明代方志选刊》本,上海:上海古籍书店,1964年。
⑤ 弘治《徽州府志》卷五,《天一阁藏明代方志选刊》本,上海:上海古籍书店,1964年。

此条佚文辑自于弘治《徽州府志》,《广录》应是指《新安广录》。

遗事方面的资料有三条。

(1)《新安广录》云:郡西北黄山有三十六峰,与宣、池接境,岩岫秀丽可爱,仙翁释子多隐其中。山有汤泉,色红,可以澡瀹。刘宜翁尝游焉,题诗寺壁:"山有灵砂泉色红,涤除身垢信成功。不除心上无明业,只与人间众水同。"宜翁名谊,元丰间,自广东移江西,皆持庚节上疏议新法勒停。或云宜翁晚得道不出,东坡绍圣所与书可见矣。谊疏云:"自唐朝庸调法坏,五代至皇明税赋凡五增其数矣。今又大更张,不原其本,敛愈重,民愈困,为害凡十。"又言:"变祖宗法者,陛下也;承意以立法者,安石也;讨论润色之者,惠卿、曾布、章惇之徒也。"其语激切深至。内批云:"谊张皇上书,公肆诞谩,上惑朝廷,外摇众听,可特勒停。"

(2)《广录》云:何次翁生瘤于鼻,日以益大。遇道人于襄阳,授以药如粟粒,使是夜轻。用针刲小穴置药焉,俄顷觉药于内旋转若游行。然迨晓,瘤已失去。吾乡罗伯固为士人时,脑后生一瘤,数月后大如半升器,不可帻发。闻婺源有疡医,艺绝精,遣仆邀迎于家,医涂药线系瘤际,再匝紧,缚其末,剪断之,而出憩外舍。逾两时,久系处痛甚,至啮衫袖弗堪忍,呼其子去线曰:"宁逐日受苦,此痛殆彻骨髓"。子将奉戒而断线,无余地,欲施手,不克。方冬月围卧火阁席上,遂熟睡。及醒,枕畔皆如水沾湿,有布囊一片在旁,扪其瘤已不见。诸子秉烛就视,脑外略无瘢痕。盖附著成赘,初不相干也。

(3)《广录》载:《容斋随笔》云:徽州素无火灾。绍兴元年,别乘卢寺簿瑢以所作隶字郡下扁榜一切趋新。郡人以为字多火笔,于州牌尤欠严重,私切忧之。次年四月,果灾,官舍民庐十荡其七八,以是知谶不虚生,系于扁榜字体者如此。嘉定六年冬,歙令龚维蕃葺治鼓楼,判官李直节篆书"歙县"二字,稍合绳度,有相士阅之,谓:"令当即被恩命,且有乡举,不止解三名之象。"未几,龚令权郡及通判事,自后计,偕悉如所言。至乙酉年,通榜占及三分之二。次年,知郡赵公希齐鼎建贡院,袁状元甫为楷书匾额,笔法端凝,字势掀振,识者以为奇观。已丑省试联标,又有为礼部第二人者,如别头,如甲科,以至舍选,奏优每连续见之。①

5. 洪焱祖《新安后续志》

元代延祐六年(1319年)休宁县尹洪焱祖纂修了一部《新安后续志》,世人亦称为《新安续志》②。此志早已亡佚,因此有必要对其进行辑佚。辑佚出来的佚文主要包括形胜、山川、职官、人物、遗事等方面的内容,共二十三条。

形胜方面的资料有两条。

(1)(绩溪)山穷入云,水驶激射。洪杏庭《新安续志·杂志》。

(2)新安据浙江上游,水云深入。李以申、洪焱祖《新安续志序》。③

山川方面的资料有一条。

龙山,在(歙)县西二十里鲍寿孙唐越处士宗严之子。至元丙子,郡将李世达军叛西北乡,群贼窃发,或曳寿孙父子至贼魁前,父子争死于此,贼魁心哀之,父子俱免。《续新安志》。④

此条佚文虽只注明出自于《续新安志》,而佚文中有较为明

---

① 弘治《徽州府志》卷一二,《天一阁藏明代方志选刊》本,上海:上海古籍书店,1964年。
② 道光《徽州府志》卷二,《中国地方志集成》本,南京:江苏古籍出版社,1998年。
③ 道光《徽州府志》卷二,《中国地方志集成》本,南京:江苏古籍出版社,1998年。
④ 道光《徽州府志》卷二,《中国地方志集成》本,南京:江苏古籍出版社,1998年。

确的时间线索,即"至元丙子"。"至元丙子"就是元顺帝至元二年(1336年),因此宋代端平二年(1235年)李以申编修的《新安续志》是不可能收录这条佚文的。而根据现存文献记载,洪焱祖的《新安后续志》另有不同的称呼,如,乾隆《歙县志》①、光绪《重修安徽通志》②、民国《歙县志》③称洪焱祖"著有《新安续志》十卷";《江南通志》载:"《新安续志》,歙洪焱祖。"④而《新安文献志》则称:洪焱祖"别有《续新安志》十卷"⑤;钱大昕《元史艺文志》亦称:"洪焱祖《续新安志》十卷"⑥;光绪《重修安徽通志》"艺文志"中称:"《续新安志》十卷,洪焱祖著。"⑦《四库全书总目》中亦称洪焱祖"又有《续新安志》十卷,亦继愿《新安志》而作"⑧。看来洪焱祖《新安后续志》另有《新安续志》和《续新安志》两个异名。因此,道光《徽州府志》收录的《续新安志》"龙山"佚文应该是元代延祐六年(1319年)洪焱祖编修的《新安后续志》中的内容。

职官方面的资料有两条,是介绍元代职官情况的。

(1)(元县尹)曹实,《新安续志》:实在官和买楮桐油悉依实估,至今便之。⑨

这条资料标明出自于《新安续志》,但所载之人"曹实"为元代县尹,因此将此条资料归入到洪焱祖《新安后续志》下。

(2)(元主簿)邱浚,宜兴人,邑志作"濬",延祐中任。

---

① 乾隆《歙县志》卷一二,《中国方志丛书》,台北:成文出版社,1970年。
② 光绪《重修安徽通志》卷二二四,清光绪三年(1877年)刻本。
③ 民国《歙县志》卷七,《中国地方志集成》本,南京:江苏古籍出版社,1998年。
④ (清)赵弘恩等监修:《江南通志》卷一九〇,《四库全书》本,上海:上海古籍出版社,1987年。
⑤ (明)程敏政辑撰,何庆善、于石点校:《新安文献志》,先贤事略上,合肥:黄山书社,2004年,第35页。
⑥ (清)钱大昕:《元史艺文志》卷二,清潜研堂全书本。
⑦ 光绪《重修安徽通志》卷三三九,清光绪四年(1878年)刻本。
⑧ (清)永瑢等:《四库全书总目》卷一六七,北京:中华书局,2008年,第1446页。
⑨ 道光《徽州府志》卷七,《中国地方志集成》本,南京:江苏古籍出版社,1998年。

见《新安续志》。①

此条资料虽标明出自《新安续志》，但根据"延祐中任"一句可知邱浚为元代人，因此，将这条佚文辑在洪焱祖《新安后续志》下。

人物方面的资料有四条，包括勋贤、儒硕、文苑、方技类人物。

(1)(宋)王愈，《后续志》云：按，大监王公炎序其文谓，信州之功当罗端良修《新安志》时，公之子孙不以告端良，遂略而不书，未之国史徽宗帝纪于公破贼一事不书，方腊传中首败于信一节不书，盖王黼用事于内，固媚愈之功，童贯总兵于外，又欲自专其功，史臣固无得而书也。事固有晦昧于当时而暴白于后世者，天下不可诬也。②

(2)程若庸，字达原，宋端明殿学士珌之从侄。咸淳四年，陈文龙榜，进士。从学双峰饶先生鲁，又师事毅斋沈先生贵珤，得闻朱子之学。淳祐丁未，为湖州安定书院山长。庚戌，冯此山去疾创临汝书院于抚州，聘若庸为山长，置田宅居之。咸淳戊辰，为福建武夷书院山长。若庸屡主师席，及门之士最盛。在新安号"勿斋"，学者称为"勿斋先生"，如范元奕、金若洙、吴锡畴皆其高弟。在福州号"徽庵"，以寓不忘桑梓之意，学者称"徽庵先生"，如吴澄、程钜夫皆其高弟。所著有《性理字训讲义》百篇及《太极图说》、《近思录注》行于世。《新安后续志》。③

(3)曹泾，字清甫，屯田郎中矩之裔。幼颖悟，八岁能通诵五经，不专攻举子业，研穷经学，尤精诣于朱氏之书，故为文率皆典古有法。宝祐丁巳，年二十五岁，江东漕解第二。咸淳戊辰，殿试丙科，授迪功郎、昌化县主簿。曹氏

---

① 道光《徽州府志》卷七，《中国地方志集成》本，南京：江苏古籍出版社，1998年。
② 弘治《徽州府志》卷七，《天一阁藏明代方志选刊》本，上海：上海古籍书店，1964年。
③ 道光《休宁县志》卷一二，《中国地方志集成》本，南京：江苏古籍出版社，1998年。

自屯田至泾正奏凡六人。辛未,丞相马廷鸾以书币聘主教席。廷鸾诸子,端临最博学知名,撰《文献通考》,其学实出自泾。壬申,奏敕充殿西廊阶祠官,礼成,父镐以高年得封承务郎。癸酉,充信州考试官。甲戌,赴昌化簿任,寻转修职郎,权知县事,不久奉亲还里。元至元丁丑,建德路请教儒学。戊寅,江东按察请充紫阳书院山长,招致生徒,创辟学宫。壬午,辞职归养,自是不复出州里。循理笃行,士林宗之,与方回齐名。延祐乙卯卒,年八十二,号"宏斋"。所著有《讲义》四卷,《书》、《文》、《韵》、《俪》稿各五卷,余如《服膺录》、《读书记》、《杂作管见》、《泣血录》、《曹氏家录》甚多。次子仲野能文著书,先泾二年卒,有《诗文讲义》二卷,《通鉴目纂》二十四卷。长孙次炎、曾孙宗垕皆能承其学。《新安文献志》引《新安后续志》。①

(4)吴源,字德信,凤山人,号神医。其上世有名谅者,遇异人授以金匮玉函之秘,遂造活人之妙,累世皆以医名。源以枢密汪勃保奏引试医之七经,数百人源冠其首。爰入内府,稍迁至翰林医官,疗痨瘵疾奇中。邑宰黄法奭妻病剧,祷于北斗,梦一少年衣紫长裙戴逍遥巾,一人指曰:"此神医也,能起汝疾。"黄遂遍召诸医,独源衣冠与梦符,一见谓饥中伏暑,三日而愈。诊一姓妇曰:"是儿左手多一指。"又诊一姓妇曰:"是当生三男。"已而皆验。尝遇一人仆地,诊之谓为虫症,针其腹曰:"已中其头矣。"病者果吐,痰中有虫如蜥蜴,头有细窍,其人即起。神效不可数纪。晚弃官归隐,号"南薰老人"。有《南薰诗集》,词千篇。与竹州二吴先生游。乾道癸巳冬,建康留守洪枢密病,招中都旁郡医集,皆拱手相视。源一诊视即曰:"由惊气入心而得。"洪惊问曰:"何其神也。"因言捄埜而得疾,服药遂瘳,留以待春,源曰:"吾无春脉矣。"归甫旬卒。《新安文献志》引

---

① 道光《休宁县志》卷一二,《中国地方志集成》本,南京:江苏古籍出版社,1998年。

《新安后续志》。①

遗事方面的资料有十五条。

此下十五条均出自弘治《徽州府志》,这十五条资料后有注曰"以上凡一十五条并《后续志》"②。

(1)《新安广录》云:郡西北黄山有三十六峰,与宣、池接境,岩岫秀丽可爱,仙翁释子多隐其中。山有汤泉,色红,可以澡瀹。刘宜翁尝游焉,题诗寺壁:"山有灵砂泉色红,涤除身垢信成功。不除心上无明业,只与人间众水同。"宜翁名谊,元丰间,自广东移江西,皆持庚节上疏议新法勒停。或云宜翁晚得道不出,东坡绍圣所与书可见矣。谊疏云:"自唐朝庸调法坏,五代至皇明税赋凡五增其数矣。今又大更张,不原其本,敛愈重,民愈困,为害凡十。"又言:"变祖宗法者,陛下也;承意以立法者,安石也;讨论润色之者,惠卿、曾布、章惇之徒也。"其语激切深至。内批云:"谊张皇上书,公肆诞谩,上惑朝廷,外摇众听,可特勒停。"

(2)《广录》云:何次翁生瘤于鼻,日以益大。遇道人于襄阳,授以药如粟粒,使是夜轻。用针别小穴置药焉,俄顷觉药于内旋转若游行。然迨晓,瘤已失去。吾乡罗伯固为士人时,脑后生一瘤,数月后大如半升器,不可栉发。闻婺源有疡医,艺绝精,遣仆邀迎于家,医涂药线系瘤际,再匝紧,缚其末,剪断之,而出憩外舍。逾两时,久系处痛甚,至啮衫袖弗堪忍,呼其子去线曰:"宁逐日受苦,此痛殆彻骨髓。"子将奉戒而断线,无余地,欲施手,不克。方冬月困卧火阁席上,遂熟睡。及醒,枕畔皆如水沾湿,有布囊一片在旁,扪其瘤已不见。诸子秉烛就视,脑外略无瘢痕。盖附著成赘,初不相干也。

---

① 道光《休宁县志》卷一九,《中国地方志集成》本,南京:江苏古籍出版社,1998年。
② 弘治《徽州府志》卷一二,《天一阁藏明代方志选刊》本,上海:上海古籍书店,1964年。

(3)《广录》载:《容斋随笔》云:徽州素无火灾。绍兴元年,别乘卢寺簿璿以所作隶字郡下扁榜一切趋新。郡人以为字多火笔,于州牌尤欠严重,私切忧之。次年四月,果灾,官舍民庐十荡其七八,以是知谶不虚生,系于扁榜字体者如此。嘉定六年冬,歙令龚维蕃葺治鼓楼,判官李直节篆书"歙县"二字,稍合绳度,有相士阅之,谓:"令当即被恩命,且有乡举,不止解三名之象。"未几,龚令权郡及通判事,自后计,偕悉如所言。至乙酉年,通榜占及三分之二。次年,知郡赵公希齐鼎建贡院,袁状元甫为楷书匾额,笔法端凝,字势掀振,识者以为奇观。已丑省试联标,又有为礼部第二人者,如别头,如甲科,以至舍选,奏优每连续见之。

(4)《祁山志》云:汪丞相伯彦微时,邑宰王本延置馆中,秦太师桧与其弟内相棣皆在弟子列。二秦之母即本之女,秦时御毋以从。王公家庖甚俭,或连日蔬饭,二秦苦之,兄弟自相联句。小秦云:"黄仓米饭莫言,更加斋汁相煎。"大秦云:"苦荬舌头轮剑,紫茄肚里行拳。"二公后皆远到,盖方成童时已不凡,至大秦"轮剑"、"行拳"之语,气象虽雄伟,然挟势逞威于此占之。

(5)《祁山志》云:祁阊西东松庵,绍兴初鄂王岳飞提兵经过,尝憩是庵,留题。庆元巳未,裔孙珂过祠下,题诗云:"东松一建几经春,景物清幽匪俗邻。曾识当年驻金节,尚存遗墨勒坚珉。晚生不复究前烈,所幸犹来拂壁尘。市虎欺天畴敢尔,东风回首一沾巾。"名流题咏甚多。左史吕午和前韵有云:"当年惟说岳家军,纪律森严孰与邻。师过家家皆按堵,功成处处可镌珉。威名千古更无敌,词翰数行俱绝尘。禩取中原报明主,何劳余刃到黄巾。"

(6)赵良锦《云林胜录》云:朱奉使弁,字少章,韦斋从叔行也,故庐在婺源县西。初韦斋宣和间登第,拜少章于郑州,有诗《别百一侄寄念二兄》曰:"昔我别汝父,见汝立扶床。汝今已婚宦,我须宜俱苍。自来青云器,不佩紫罗囊。竹林我未孤,玉树汝非常。青衫初一尉,远在子真乡。念将南来归,拜我溱洧旁。上能论道义,次犹及文章。自惭老仍僻,何以相激昂。日暮嵩云飞,秋高塞鸿翔。了知还家梦,先汝渡江航。迢迢建邺水,高台下凤凰。鼻祖有故庐,勿令草树荒。我欲种松菊,继此百年芳。汝归约吾兄,晚岁同耕桑。请策葛陂龙,来寻金华羊。"时少章赘于清丰晁氏云。

(7)《胜录》云:休宁程内翰珌布衣时往杭都求牒,漕试不遂,谒瓦子下,卜者古象问休咎,古象别著布卦,批状曰:若遇会稽康仲颖,定知名誉达朝绅。内翰不晓所谓,亟还应乡举,行至近城三十里,已是八月二十日,问本郡试官何人,建康府教授康仲颖也。对号入院,珌大喜。是年领乡荐,明年仲颖赴班,改为省试官,其卷子又出本房。仲颖越上人,仕至郎官、郡守云。

(8)《胜录》云:鄱阳刘定知婺源县日,朝廷未行顾役法。邑税户程氏叟身充衙前卒,一旦,定忽呼叟语之曰:"夜来妾得男,吾妇不能容,汝能育之乎?"并出数金为助。程叟方恨无子,欣然领命。儿后长成,名翔,字国老,生男妇各一人,男则十五公,乃环溪翁鼎之父,洵字允夫之祖,女则朱吏部之母,文公之祖母也。

(9)《胜录》云:谯令宪尝为江东刑狱使者,早年领荐自湖湘越杭都省试至江鄂间,睹邻舟有柩,舟上之人往来卒卒。谯怪而问之曰:"某郡倅死于途,归计茫然,今议鬻女于巨商。"令宪遣人谕之曰:"吾亦欲议之,与其嫁商人曷若?与士君子乎,然不实告以名也,询价几何?"曰:"银会若干。"令宪如所需应之。明日天未曙,令宪遂解缆而东,邻舟恍然不测,谓为神助。后数年令宪登科,与某侍郎家为婿。其妇每夕必焚香致祝祷,令宪潜听,其祝辞可疑,且白之妇翁。翁曰:"此吾侄女也,父为某郡倅死,无以为归,中途将鬻此女,偶得邻舫不识姓名君捐金周之,始获善达。此女感而不忘耳。吾今以为己民女与君婚焉,何疑之有?"令宪因述向来并舟之故,彼此为之感泣。

(10)又云:程珌怀古未第,时尝与乡里人家缔姻而未娶。既擢第,似嫌其贫,有寒盟意,女氏亦自揆不敢攀附。怀古同产兄曰:"吾亦未有妇,愿娶之,如何?"女家从其请。怀古遂就婺州王氏之婚,丞相鲁公之侄女也。后怀古宦达竟无子,而兄有三男。怀古祝其二恩泽,产业悉以畀之嫂氏,竟厚享其福寿。

(11)又曰,婺源县丹阳乡,其里名"还珠"。商人在广间贩真珠,道邑入京,所雇担夫在途有恨于商人,期至邑,许以瞒税,而语泄,商人才泊里中村店,即密以珠寄于逆旅之主翁矣。担夫抵邑遽诉于官,官遣吏搜逮,囊无粒珠,担夫受妄言之罪。商人因自计曰:"仓卒寄托,无左验,况尝讼于有司,彼讵肯尝我邪?"懊恨徙芙蓉、五岭以去,昉至岭陬间,逆旅主翁已憩于松阴之下,商人惊喜,扣之主翁曰:"吾携若所寄在此,封识俱好。"商溢望表曰:"吾与若中分之。"主翁曰:"我若利此,顾不可奄有之邪?"尽举以还。有司闻而义之,故旌其里曰:"还珠。"

(12)又云婺源金竹程节金有田在福亭,与向氏山相近。程见其山可为葬地,百计置其旁田以及其山,遂以此田令向氏佃耕,又诬以欠租强取其山营葬地。宋嘉熙乙亥,向氏死,程梦向直入其房,觉而生子,既长号"翠壁",以地学自负,坚谓福亭地不吉,举二柩露之中野,节金死,家赀尽丧,其子亦殒,二柩竟不复葬。①

(13)方省元恬初筑书室于茅田松林中,水环如带,号曰"师古林"。尝因雪赋诗云:"睡起眼光眯眯,拥衾缩颈高吟。推转小窗惊看,松林翻作琼林。"后应乡举在场中有诗云:"长驱笔阵浑无碍,扫尽春蚕食果声。"是岁预计过昱岭题云:"直上最高头,无人独少留。万山皆在下,千里入双眸。马傍松边立,云从脚底浮。倚天一长啸,红日满苍洲。"至杭都游湖上吟一绝云:"春闱试罢且徘徊,十顷荷花浑未开。笑指西湖且归去,闲时应待我重来。"乾道己丑果为南省第一人,其平生抱负已于题咏见之矣。

(14)《歙砚谱》论砚产云:罗纹,上坑色微重,中坑色微淡,下坑泥浆石。又论砚品云:粗罗纹理不疏,细罗纹石不嫩者佳,罗纹若瓜子纹最佳,幸而得不可期,刷丝纹理疏易

---

① 弘治《徽州府志》卷一二,《天一阁藏明代方志选刊》本,上海:上海古籍书店,1964年。

于磨墨。崔德符《题眉子石砚》云:"石家有研玉舍晶,嘘为云气吸为晴。纯精与之相感并,孕育万状流千名。黄昏鬼哭不忍听,且为白鹅了黄庭。"枣心石,青润有小斑纹,皆乾坑石,微燥,失之顽。又有星石、绿石,赵光弼砚绿如袍,点如紫金,斑斑匀布,无罗纹。人论制砚云:砚成涂蜡,与石相益,便于洗濯,不惹墨渍,初便涂以姜汁,砚即着墨。今人多云以蜡灭墨,非也。攻琢龙尾石心,贮水处圆转如涡旋可爱。贯休砚诗"低心蒙润久,入匣更身安"。古人砚,心多涡也。

(15)朱韦斋《戒杀子文》云:政化七年秋,寓学云溪之上,闻溪上王氏妇死,一日夜而复苏,亟往问之,具言所见。云死之日,方入室,有二吏候于户间,趣之行沙莽中,不知日之早晚也。忽至一城,通衢列肆,如大都市。凡其祖先与其亲戚之死者皆惊怪相问,劳吏引至官府西廊吏舍,舍中簿书盈屋,一吏按簿问:"汝非歙州婺源县俞氏女乎?"曰:"然。"具问其祖父名与乡里,皆非也。舍中吏愕然相顾,曰:"是郡县姓氏之同者。"呵二吏复往。须臾,一妇身血淋淳,四五婴儿攀缘牵挽而至,儿状甚忿切。吏审以州县姓名祖讳皆是,指王氏妇曰:"此妇凡杀五子,冥司以其子诉冤,不待算尽呼之,吏误呼汝,汝归,语汝乡里亲戚慎无杀婴儿,人间容以幸免,此不汝赦也"。二吏复送妇,及河推堕水中,乃苏,寻问于所见追妇家,死以其日矣。①

6.《新安图经》

道光《徽州府志》收录《新安图经》一部,有佚文一条,即"石墨井,《新安图经》云:岁贡柿心墨木,黟之字县,职此之由"②。《新安图经》当是徽州府志之属,却不知编纂时代。

---

① 弘治《徽州府志》卷一二,《天一阁藏明代方志选刊》本,上海:上海古籍书店,1964年。
② 道光《徽州府志》卷二,《中国地方志集成》本,南京:江苏古籍出版社,1998年。

7. 朱同《新安志》

明朝洪武九年(1376年)朱同编修了一部十卷本的《新安志》,此志早已亡佚,赖其他文献的转引得以保存部分内容。从现存徽州方志中辑佚出这部志书的九条佚文,包括山川、局署、职官、士贡、人物等方面的内容。

山川方面的资料有一条。

> 新安山,《江南通志》:新安山,在祁门县西百一十里,奇秀异众山,郡名新安取此。《新安志》、府县旧志同。①

此条资料与罗愿《新安志》所载完全不同。笔者认为此处所言《新安志》应为朱同《新安志》,故将佚文辑于此。

局署方面的资料有一条,是关于养济院的。

> (歙县)(国朝)养济院,在县学前。国初甲辰年始立,天顺八年,收孤老王关保等一十二名,成化七年谢祥等三十三名,十一年王毛儿等四十四名,二十三年李社文等九名,旧在院谢祥等七十八名,弘治十四年同知李烨重建。按《旧志》洪武七年钦奉圣旨务要实效,户部颁降定式,病故者官给棺木埋葬,生者养之有差如下。一等只身,大口十五岁以上,月支米三斗,柴三十斤,岁支冬夏布各三丈;小口十四岁以下至五岁,月支米二斗柴三十斤,岁支冬夏布各三丈。一等一家二口,大二口,月支米五斗,柴五十斤,岁支冬夏布各五丈;大一口小一口,月支米四斗,柴四十斤,岁支冬夏布各四丈。一等一家三口,大三口,月支米七斗五升,柴七十五斤,冬夏布各七丈五尺②;大二口小一口,月支米六斗五升,柴六十五斤,岁支冬夏布各六丈五尺;大一口小二口,支米五斗五升③,柴五十五斤,岁支冬夏布各五丈五尺。一等一家四口,大四口,月支米一石,柴一

---

① 同治《祁门县志》卷四,《中国地方志集成》本,南京:江苏古籍出版社,1998年。
② 此处缺字,应为"岁支冬夏布各七丈五尺"。
③ 此处缺字,应为"月支米五斗五升"。

> 百斤,岁支冬夏布各十丈;大三口小一口,月支米九斗,柴九十斤,岁支冬夏布各九丈;大二口小二口,月支米八斗,柴八十斤,岁支冬夏布各八丈;大一口小三口,月支米七斗,柴七十斤,岁支冬夏布各七丈。各县同。①

此条佚文按语中《旧志》以下部分详细地说明了明代洪武七年(1374年)明朝政府对各类人等的抚恤规定,抚恤对象包括生者和死者、单身等,抚恤内容包括米、柴、布等,柴米按月发放,布每岁冬、夏发放。因这些均为明代洪武七年的史事,所以之前的徽州府志皆不可能收录,因而《旧志》应该是指明代洪武九年(1376年)朱同编修的《新安志》。弘治《徽州府志》转引的《旧志》之下的内容全部是朱同《新安志》的佚文。

土贡方面的资料有一条。

> 每岁捕兽户九十四,每户办虎皮一张,杂皮九张,共皮九百四十张;捕禽户九,每户办翎毛四千根,共三万六千根。歙县捕兽户四十七,共办杂皮四百二十三张,虎皮四十七张;捕禽户五,共办翎毛二万根。休宁县捕兽户千九,每户办杂皮九张,虎皮一张,共皮一百九十张;捕禽户四,每户办六梢翎毛四千根,共翎毛一万六千根。婺源县捕户,岁办带毛、退毛杂软皮二百九十张。祁门县捕户一十一,每户办虎皮一张,杂皮九张,共皮一百一十张。黟县捕户十七,每户办杂皮九张,虎皮一张,共皮一百七十张。绩溪县捕户办带毛、退毛杂软皮一百七十张。右洪武九年郡志所载如此。②

职官方面的资料有四条,主要是介绍元代职官情况的。

> (1)(元)(徽州路,本府)蒙古学教授一员,秩正九品。按《旧志》云:从八品,凡上路生员三十人,本学在东北隅歙

---

① 弘治《徽州府志》卷五,《天一阁藏明代方志选刊》本,上海:上海古籍书店,1964年。
② 弘治《徽州府志》卷二,《天一阁藏明代方志选刊》本,上海:上海古籍书店,1964年。

县尉司之左,至正壬寅兵火后废。①

这条资料出自于弘治《徽州府志》,是关于元朝徽州路蒙古学教授以及学府相关情况的,说明了蒙古学教授的人数、官品、生员人数、学府位置及存废情况。其中按语中《旧志》所言"至正壬寅"是元至正二十二年(1362 年),因而《旧志》所载内容肯定没有收录在洪焱祖《新安后续志》中,《旧志》应是指明朝洪武九年(1376 年)朱同编修的《新安志》。

(2)(元)(婺源州)(同知)李祁,见名宦志。按《旧志》云:元州官题名具刻于石,至正壬辰兵火漫不可考,姑存数人。②

此条资料按语中的《旧志》收录的是元至正壬辰年(至正十二年,1352 年)发生的事,所以之前的徽州府志皆不可能收录,《旧志》应指明代洪武九年(1376 年)朱同的《新安志》。朱同《新安志》首次记载了这条资料。

(3)(元)(歙县)儒学教谕一员。按《旧志》云:元初各县由儒学提举司差设教谕,亦选乡士为大学训导、小学训导、直学者儒,以分教,而生徒之有执事者曰掌仪司、书司、器司、吏司事。

(4)(元)(婺源州)州判二员,正八品,兼捕盗之事。按《旧志》云:本州置捕盗司,额设亏兵三十人,于有粮人户内点差,与免本户合纳税粮。州判二员,上下半年更代巡捕。③

这两条资料亦出自出弘治《徽州府志》的"职制·郡邑官属"部分,考虑到资料出于同一部方志的同一类目的同一部分,因而这两条资料中的《旧志》亦应是明代洪武九年(1376 年)朱

---

① 弘治《徽州府志》卷四,《天一阁藏明代方志选刊》本,上海:上海古籍书店,1964 年。
② 弘治《徽州府志》卷四,《天一阁藏明代方志选刊》本,上海:上海古籍书店,1964 年。
③ 弘治《徽州府志》卷四,《天一阁藏明代方志选刊》本,上海:上海古籍书店,1964 年。

同的《新安志》,故辑录于此。

人物方面的资料有两条。

(1)吴讷,字克敏,忠孝乡人。父礼,至正末为廉州推官,濒海邻郡兵起,礼独署事团练、义卒,保障一州,以功升钦州总管、海南海北道元帅,守钦州十年卒。讷不便于言,而负才略,倜傥不肯下人。从父收五溪洞蛮学兵法,习骑射。至正末,蕲黄盗破徽州,待制郑玉、前进士杨维祯荐其才于浙省,授建德路判官,兼义兵万户,与元帅李克鲁会诸军于昱岭关,复徽州。维祯以文送之,勉以张睢阳事。岁丁酉,明兵临郡,元帅邓愈、胡大海等自绩溪进兵徽州,守将八思尔不花及讷拒战,为大海所败,讷与元帅阿鲁辉退屯遂安札溪源,巡逻至界首白际岭,复与大海遇,战败不屈,自刎死,时年二十七。讷诗豪迈不羁,与维祯相出入,有集五卷。《新安文献志》引《新安府志》。①

(2)孙嵩,字元京,埜山人,以荐入太学。宋亡归隐海宁山中,自号"艮山",示不复仕。杜门赋咏,凄断沦绝,以寄其没世无涯之悲。时婺源有制幹许月卿先生者,亦宋进士,宋亡归隐,制齐衰服之月,卿婿江凯及婺源人汪炎昶皆绝意当世,从嵩游。方回得嵩诗叹曰:"持此以见朱文公可无愧矣。"嵩弟岩,字次皋,亦以诗名。《新安府志》。②

关于朱同的《新安志》,道光《徽州府志》"修志源流"中称"明洪武丁巳郡人礼部侍郎朱同"奉诏纂成"《新安府志》"③。因此,可以肯定道光《徽州府志》及其他徽州方志中所称《新安府志》皆应是朱同的《新安志》。故将《新安府志》佚文辑录于此。

---

① 道光《休宁县志》卷一二,《中国地方志集成》本,南京:江苏古籍出版社,1998年。
② 道光《休宁县志》卷一三,《中国地方志集成》本,南京:江苏古籍出版社,1998年。
③ 道光《徽州府志》卷一六,《中国地方志集成》本,南京:江苏古籍出版社,1998年。

8.《东阳记》

徽州方志中亦收录了《东阳记》的部分内容。根据现存文献记载,三国吴宝鼎元年(266年),分会稽为东阳郡[①]。南朝宋孝武帝孝建元年(454年),分扬州之会稽、东阳、新安、永嘉、临海五郡为东扬州[②]。《东阳记》应是一部郡志。

查阅文献记载,《东阳记》为郑缉之所撰,一卷,郑缉之时为员外郎。郑缉之另撰有《孝子传》[③]。郑缉之何许人也?现存文献记载并不是十分详细,郑樵《通志》称《孝子传》"宋员外郎郑缉之撰"[④],可知郑缉之为南朝宋人。《东阳记》当修于南朝宋,在后来的流传中散佚不复得见。根据鲍远航的研究,《东阳记》或亡佚于南宋[⑤]。《东阳记》虽已亡佚,但刘纬毅《汉唐方志辑佚》中辑有郑缉之《东阳记》二十二条。

康熙《徽州府志》中收录《东阳记》佚文一条,即:"《东阳记》云:东阳上应婺女旧与黟、歙接境,隋并黟、歙于海宁,以属婺州,水亦流如婺,故名。"[⑥]弘治《徽州府志》、嘉靖《徽州府志》中亦收录了《东阳记》的一条佚文,与康熙《徽州府志》所收内容基本相同,但亦有些差别,现抄录如下,以为参考:"《东阳记》云:东阳上应婺女旧与黟、歙接境,隋废黟、歙并入海宁,以属婺州,水亦流如婺,故以为名也。"[⑦]其中"隋废黟、歙并入海宁"与康熙《徽州府志》"隋并黟、歙于海宁"意思相同,但表达不同,或为方志编修者在转抄时所作的变化。

[①] 《三国志》卷四八,北京:中华书局,1959年。
[②] 道光《徽州府志》卷一,《中国地方志集成》本,南京:江苏古籍出版社,1998年;弘治《徽州府志》卷一,《天一阁藏明代方志选刊》本,上海:上海古籍书店,1964年。
[③] (宋)王钦若:《册府元龟》卷五五五,清文渊阁四库全书本。
[④] (宋)郑樵:《通志》卷六五,清文渊阁四库全书本。
[⑤] 鲍远航:《南朝宋郑缉之〈东阳记〉辑考》,《浙江外国语学院学报》,2011年第3期,第98页。
[⑥] 康熙《徽州府志》卷一,《中国方志丛书》本,台北:成文出版社,1970年。
[⑦] 弘治《徽州府志》卷一,《天一阁藏明代方志选刊》本,上海:上海古籍书店,1964年;嘉靖《徽州府志》卷一,《北京图书馆古籍珍本丛刊》,北京:书目文献出版社,1998年。

9.《宣城记》

道光《徽州府志》收录了一条《宣城记》的佚文,即"吉阳庙在(黟)县东。又按:《文选注》引《宣城记》登盖山百步有泉,昔有舒氏女与父析薪于此山,忽坐泉处,牵挽不动,父遽告家,比来惟见清泉湛然,因名舒姑泉"。[1]

从建置沿革的情况看,"宣城"既可能是郡名,也可能是县名。《晋书·地理下》载:"及晋平吴,以安成属荆州,分丹杨之宣城、宛陵、陵阳、安吴、泾、广德、宁国、怀安、石城、临城、春谷十一县立宣城郡。""宣城郡,太康二年置",领县十一,其中就有宣城县[2]。《隋书·地理下》载:"宣城郡,旧置南豫州。平陈,改为宣州。"[3]《旧唐书·地理三》载:"宣州,隋宣城郡。武德三年,杜伏威归化,置宣州总管府,分宣城置怀安、宁国二县。六年,陷辅公祐。七年贼平,改置宣州都督,督宣、潜、猷、池四州,废姚州,以绥安来属,省怀安、宁国二县。宣州领宣城、绥安二县。八年,废南豫州,以当涂来属,废猷州,以泾县来属。九年,移扬州于江都,以溧阳、溧水、丹阳来属。贞观元年,罢都督府。废池州,以秋浦、南陵二县来属,省丹阳入当涂县。开元中,析置青阳、太平、宁国三县。天宝元年,改为宣城郡。至德二年,又析置至德县。乾元元年,复为宣州。永泰元年,割秋浦、青阳、至德三县置池州。""宣城,汉宛陵县,属丹阳郡,秦属鄣郡。梁置南豫州,隋改为宣州,炀帝又为宣城郡,皆此治所"[4]。《宋史·地理四》载:"宁国府,本宣州,宣城郡,宁国军节度。乾道二年,以孝宗潜邸,升为府。"[5]《元史·地理五》载:"宁国路。上。唐为宣州,又为宣城郡,又升宁国军。宋升宁国府。元至元十四年,升宁国路总管府。"[6]《明史·地理一》载:"宁国府,元宁国

---

① 道光《徽州府志》卷三,《中国地方志集成》本,南京:江苏古籍出版社,1998年。
② 《晋书》卷一五,北京:中华书局,1974年。
③ 《隋书》卷三一,北京:中华书局,1973年。
④ 《旧唐书》卷四〇,北京:中华书局,1975年。
⑤ 《宋史》卷八八,北京:中华书局,1977年。
⑥ 《元史》卷六二,北京:中华书局,1976年。

路,属江浙行省。太祖丁酉年四月曰宁国府。辛丑年四月曰宣城府。丙午年正月曰宣州府。吴元年四月仍曰宁国府。"①

《明一统志》亦载:"《禹贡》扬州之域,天文斗分野。春秋属吴。战国属越,后属楚。秦为鄣郡地。汉置丹阳郡,治宛陵。东汉永和间析置宣城郡。桓帝时省宣城,复为丹阳郡。三国属吴,晋复置宣城郡,治宛陵。宋析置淮南郡,寻又置南豫州,治宣城。陈改南豫州为宣州。隋初郡废州存,大业初复改为宣城郡。唐置宣州,天宝初改宣城郡,乾元初复为宣州,昭宗时升宁国军节度。宋仍为宣州,属江南东路,乾道初升宁国府。元改为宁国路,属江浙行省。本朝改为宁国府,直隶京师,领县六。""宣城县,附郭。本汉丹阳郡宛陵县地。顺帝置宣城县。隋宣州治此。唐初析置怀安县,寻省。宋元仍旧。本朝因之"。②

由上述记载可知,自汉以后既设置过"宣城郡",也设置了"宣城县"。宣城郡至唐朝乾元初年改为宣州,唐昭宗时宣州升为宁国军,宋复为宣州,到乾道初升为宁国府,元改为宁国路,明代则改为宁国府。而宣城县则一直沿置。从建置沿革这一角度考虑,《宣城记》既可能是一部郡志,也可能是一部县志。

关于《宣城记》是郡志还是县志的问题可以从方志的编修源流来加以考察。嘉庆《宣城县志》载:"宣城为宁郡附郭首邑,旧志无专书,以郡志统之。其有邑志也自康熙丁卯袁令朝选始,乾隆戊午吴令飞九重修。"③光绪《宣城县志》收录的"康熙旧志序"则载"宣于江左称名胜,山川秀发,人物飚举,往往散见于史传文集,以迄稗官所纪载",岁丙寅,"命校士宛郡所辖邑,各循例以其志进,而宣顾阙如。盖自有明以还,六邑志统载郡志中,厥后他邑踵事增华,各志其志,宣以附郭与郡为股肱,其志仍统于郡,递经修辑,相沿如故"④。由此可知,宣城县志始于清

---

① 《明史》卷四〇,北京:中华书局,1974年。
② (明)李贤:《明一统志》卷一五,《四库全书》本,上海:上海古籍出版社,1987年。
③ 嘉庆《宣城县志》,序,《稀见中国地方志汇刊》本,北京:中国书店,1992年。
④ 光绪《宣城县志》,卷首,《中国地方志集成》本,南京:江苏古籍出版社,1998年。

代康熙丁卯年(康熙二十六年,1687年)编修的《宣城县志》,在此之前宣城县的有关情况皆载于郡志中,而没有单独的县志。

道光《徽州府志》所收《宣城记》佚文是由《文选注》所引,《文选注》是由唐朝李善所作,《宣城记》当修于唐朝之前,因此《宣城记》应为一部郡志。

(三)县志之属

1.《鄱阳图经》

康熙《徽州府志》中收录了《鄱阳图经》的一条佚文,是关于山川的,即"(婺源县)浚源山,浚源泉之水出焉。高三百一十仞,西南连浮梁乐平界,又名凤游山。宋初尝有凤来游,故名。事见《鄱阳图经》"①。

查阅文献记载,历史上以"鄱阳"为名的地区有鄱阳郡和鄱阳县。鄱阳郡始设于东汉末,东汉建安十五年(210年)孙权分豫章为鄱阳郡②,治所在鄱阳县,隋开皇九年(589年)罢。鄱阳县则始设于秦,"秦并天下,为鄱阳县,属九江郡,汉为鄱阳县,属豫章郡"③,鄱阳县自秦设置后一直相沿未改。因此,从志书名称看,《鄱阳图经》既可以是一部郡志,也可以是一部县志。但是关于《鄱阳图经》的情况在现存文献中很少有记载,无法根据文献记载来了解它的基本情况,所以只能根据地区的建置沿革初步推测这部志书的编修时间。如果《鄱阳图经》是郡志的话,根据鄱阳郡的立废情况,此志应该修于东汉建安十五年(210年)到隋开皇九年(589年)之间。而如果《鄱阳图经》是一部县志的话,那么,它应修于秦统一天下之后。但康熙《徽州府志》收录的《鄱阳图经》佚文中有"宋初尝有凤来游,故名"一句,从此句提供的时间线索看,《鄱阳图经》应修于宋代之后,那么,

---

① 康熙《徽州府志》卷二,《中国方志丛书》本,台北:成文出版社,1970年。
② 《三国志》卷四七,北京:中华书局,1959年。
③ (宋)乐史:《太平寰宇记》卷一〇七,《中国古代地理总志丛刊》本,北京:中华书局,2007年。

这部《鄱阳图经》应该是一部县志,而不是郡志。

弘治《徽州府志》①也转引了《鄱阳图经》中的这条资料,内容与康熙《徽州府志》基本相同。

2.《海阳志》

休宁县历史上曾有"休阳"、"海阳"、"海宁"等名,故文献记载中称"人言考休宁初志肇自海宁"②,因晋太康年间始有"海宁"之称,所以从休宁县志的编修源流看,最早的休宁县志可以追溯到晋太康年间,然"有志远弗可考"③。文献记载亦言:"休宁旧有海阳诸志,多详于宋元略于本朝(明朝)。"④根据这一记载,宋、元、明(弘治以前)三个时期都曾编修过以"海阳"为名的休宁县县志,且内容上详于宋元而略于明朝。

道光《休宁县志》收录了一条《海阳志》佚文,是廨署方面的资料,即"真武堂,元《海阳志》云:形家以县治为真武坐坛形,面玉。几诸峰为六丁六甲,东墩为龟,南巳街为蛇,前直街为剑,阳山为皂蠹旗,故祠之。祠横五楹,径二楹。垣外前庭如之,东向土地,祠横三楹,径二楹"⑤。

3. 康熙十二年《休宁县志》

根据文献记载⑥以及其他相关材料,清朝康熙年间曾三次编修《休宁县志》:康熙二年(1663年)休宁县修志未成;康熙十二年(1673年),虽然《休宁县志》修成,但是未及印布已残缺,此志没有刊行,志稿亦未保存下来,只是被其他徽州方志转引了部分内容;康熙三十二年(1693年),廖腾煃和汪晋徵修成

---

① 弘治《徽州府志》卷一,《天一阁藏明代方志选刊》本,上海:上海古籍书店,1964年。
② 康熙《休宁县志》,廖腾煃序,《中国方志丛书》本,台北:成文出版社,1970年。
③ 康熙《休宁县志》卷七,艺文,《中国方志丛书》本,台北:成文出版社,1970年。
④ 弘治《休宁志》,凡例,《北京图书馆古籍珍本丛刊》本,北京:书目文献出版社,1998年。
⑤ 道光《休宁县志》卷二,《中国地方志集成》本,南京:江苏古籍出版社,1998年。
⑥ 康熙《徽州府志》卷一,《中国方志丛书》本,台北:成文出版社,1970年。

《休宁县志》(八卷首一卷),此志即是流传下来的康熙《休宁县志》。从上述情况看,康熙年间其实修成两部《休宁县志》,康熙十二年之志已完成志稿,但未及刊印即已残缺,原书没有流传下来,此志应该是道光《休宁县志》中提到的《康熙前志》;康熙三十二年之志完整保存下来,就是现存的康熙《休宁县志》,道光《休宁县志》中称其为《康熙后志》。

道光《休宁县志》中收录了《康熙前志》的不少内容,因《康熙前志》原志已佚,有必要将其佚文辑佚出来,再现此志的部分内容,故将其佚文辑佚如下。《康熙前志》佚文主要涉及经济、风节、名宦、尚节、乡善、列女、方技等类型人物的资料,以及氏族方面的资料,共有一百五十五条佚文。

经济类人物资料有两条。

(1)(明)邵庶,字明仲,号翼庭,西门人。万历癸未进士,选翰林院庶吉士,改兵科给事中,时骄帅宁远父子势倾中外,庶首劾其怙宠、挟权奸贪诸不法事,请亟裁抑。辅臣见疏愕然,奉旨切责,然帅焰亦自此稍挫。复因天变,建言陈五事曰:"慎几微,虚听纳,清冗冒,严行取,节供亿。"俱蒙嘉纳。遇事辄直言,如清驿递、并汰运、总冗员、肃察典、坚止中舍留用及狂臣饰词市贪、镇臣跋扈渎奏等疏,朝论韪之。又疏陈密实谋以肃边务,核虚费以裕边储,筹画灼有先见,革锦衣冒滥,裁戚畹越请,皆切中时弊。得俞旨已转刑科右典,山东试称得人,转户科左册,封鲁藩,不受馈遗。擢工科都给事中,淮、泗水荒,庶入告恳切,班军久役困苦,庶疏请放归。会内珰奏,修京城角楼,命庶勘估,十减七八,特旨委监摄,迄工成,如估省,公帑不赀,优叙赐金加俸一级,补礼垣为弁。珰所中引疾归,居乡与邑令祝世禄倡明理学,创还古书院,置恒产,供会讲,又倡率建富琅神祠,补邑治形胜。邑令李乔岱重修县志,聘庶总修,最称详核。归田十年,起补礼科,疏请临御躬祀。及行,召对开储,讲数事,复论科场事,宜与旌恤谥议,皆国礼之大者,间有著为功令。丁未分校礼闱,多知名士,升太常少卿。先是廷推辅臣李晋江,言者多异议,庶稔其清介足挽婪风,独违众许可。李竟入相会京察报复者犹藉口前事,遂告归。无何国是,定部复札,催起补坚,卧不出,乙卯病卒。著有《辑五垣奏议》、《涤元馆稿》、《宗谱》、《邑志》、《尚友集》诸书。郡邑崇祀乡贤,初为诸生,时有侪辈,与富室争社坛地,忤邑令左其事于学,使两生庭责,将议黜,又一府庠生,素不任杯酌中蜚□以沉涵黜,庶独挺身为白,学使卒,皆得真立朝□采,已见于诸生时已。《康熙前志》。

(2)(明)汪先岸,字登于,上资人。万历癸丑进士,授光山令。锄豪右,除寇贼,著强项声光,人生祠于司马温公右。考选广东道监察御史,多所建白。时光宗年十七,冠昏之礼未行,遂上请正国本,疏首辅,依违其议,特疏论劾。嗣巡视漕河,首建开泇河,议报可。河成岁省,少府金钱不赀,以忤权贵,迁浙江按察佥事,复谪都司断事。厥后神宗为梃击事览诸臣疏奏,得岸原疏,特旨擢南雄司理,寻晋少光禄贰同卿。当熹宗时,魏珰用事,修郄者诬岸与汪文言同宗,竟削籍。崇祯改元诏复职,自是屏迹田间,年七十七卒。汪文毅伟尝谓岸之大猷在国本,其次在泇河,其大节在崔魏,时不能容,赐环后不复出云。《康熙前志》。①

风节类人物资料有一条。

(明)汪辉虎,柱河石砘人,河南嵩县籍。由庶吉士历任吏部左侍郎。素持劲节,正直不阿,多触时忌。教习内书堂时,魏珰亦在籍,及珰擅权,建生祠碑,文多出馆阁手,觊辉祠记以为劳,辉独不与通,卓然自异。珰深衔之,一时媚珰者咸自愧。六年会推礼部尚书,珰因矫旨削夺。崇祯初起用,复原职,寻卒。有《馆课玉堂集》二十卷。《康熙前志》文苑。②

名宦类人物资料有十三条,主要是介绍明朝名宦的。

---

① 道光《休宁县志》卷一二,《中国地方志集成》本,南京:江苏古籍出版社,1998年。
② 道光《休宁县志》卷一三,《中国地方志集成》本,南京:江苏古籍出版社,1998年。

(1)（明）程时言，字元默，芳干人，迁南市。举于乡，授宁阳教谕。兴学惜才，白数生冤，贫者捐赀给之。升杭州府判，以廉正著。主机务织户不敢以苞苴进奉，檄给兵饷，发吏胥侵渔数事，忤兵宪意，竟拂衣归。未数月，杭即有兵、民二变，咸服其先见。居乡三千①余年，益持耿介，慷慨论列，多中利弊，乡国宾筵凡十一，与年九十六卒。《康熙前志》。

(2)（明）俞时育，号封苍，溪西人。迁古林街，荐于乡，授霍邱谕，升江西定南令。邑当楚粤冲，猺贼为横，育招降，猺五百人皆隶为兵，自是猺民安堵。迁广西隆安令，固围周防，多底厥绩，两邑祠之。《康熙前志》。

(3)（明）汪起英，字才仲，西门人。举于乡，授湖广应城令，邑有例供岁可数百美，严加禁绝。会东西警，部檄征饷如雨，民多惊散，为多方调剂之饷充，民亦不困。注上考，升南京别驾，升南刑部主事，改判高州府。高故有海税，有利商贾者辄按为盗，英力为申雪，升同知思明府。府界交趾，民猺杂处，英劳心抚绥，安民胥悦，以劳卒于官。《康熙前志》。

(4)（明）汪继英，字志在，洪方人。由岁贡任郁林州同知，署州，篆励清操，革火耗，戢隶役，民便之。适浔贵划马震邻，英躬自御贼，歼厥渠魁，境赖以安。州有水口，形家言宜建高阁，以砥下流，筑长堤以回龙脉，英捐俸倡助之。莅任四载，惟存旧篋，不受一缣，卒于官。州人祀名宦，本邑祀乡贤。《康熙前志》。

(5)（明）金汝声，字震华，中街人。由举人选泰州学正，升栖霞令。疏浚漕河，以通运道。礼学校，所识拔多隽。值白莲教作乱，所过残破。声预为备御，贼不敢犯，擢邠州知州，改景州，增城浚壕，省刑轻赋，民咸德之。以忤上官意，径归。《康熙前志》。

(6)（明）徐文龙，字田仲，南街人。举人，授杭州府同知，清戎伍，靖盗贼，署府篆，兼管刑厅，并仁、钱两县，锄

---

① 疑此"千"字误，应为"十"字。

强、恤孤、雪沉、冤散、妖党,编审户丁,永为成法。署海宁,筑堤塘,居民无水患。加意文学,甄拔多名士。尤精庐扁术,置施药局,以济贫民。卓异,升处州知府,以病归。性孝友,禄入悉与兄侄共,无少怪。《康熙前志》。

(7)(明)金自皞,字熙伯,城内人。父华鼎铉,号象濂,博闻强记,令李乔岱修邑乘,延致署中,多所商核,有《修自斋集》。自皞领乡荐,授六安州学正,课士励风节,朔望一见,州守绝无所干。盐贾多休人,间有请托,辄正色谢绝之。庠生郝养蒙才而倨,为同里富生陈善道所忌,阴与其说谋,夜拉郝论文,挤杀之。皞方擢江西峡江令,已束装,廉得其实,亟白当道,置之典刑。峡邑最冲,疲甫下车,条兴革十议,上官题行之。又于乌口、象口建石梁二,民称便,升河南陕州。陕故宏农郡,接北邙山,椎埋伐冢,多奸人。至则特申法令,先代园陵,无敢犯者。时流寇猖獗,捍御多,著劳绩,竟卒于官。《康熙前志》。

(8)(明)程策,字献可,以进士任西安府司理,单骑就道,清介自励,转南仪部。时魏珰窃权,拜其祠者如鹜,策独不往。出守德安,值亢旱,百计赈贷,存活以数万计。时有谋不轨者,密缉其渠魁,械致京师,余俱不问,反侧以安。寻督学广西,具藻鉴后,三科榜首皆其首拔士。升郧襄参政,时流寇深入,闻命载红彝炮,星驰赴任。及至郧已将陷,策励父老,练民兵,筑关隘,躬擐甲胄,登陴固守。贼窖赂炮人,策廉其状,悉斩以殉。旋密以小舟载兵百余,夜薄贼营,炮发山坞间,贼疑大兵突至,皆惊溃,因出伏兵大败之,郧境复宁。策日夜防守,以劳成疾,卒于官。所著有《易说》行世。《康熙前志》。

(9)(明)程世培,字因之,霞富里人。乙丑会试,冠乙榜,时魏珰擅权,阴使人绐乙榜士一,屈节甲科,可续也。培正色拒,弗许。戊辰成进士,初任户曹,督催漕挽,擢守郧阳,流氛震邻。培殚精兵食,因守为战寇,却步三关。终培之任,六属安堵。谍得陕人挟重锢指以为奸,培廉其实,立释之。应山平里为米薮,会寇至司,李恐为盗粮,欲火之,培执不可,寇去,市赖以存。郧人肖像祠之。擢分守湖南道,调郧襄,迁广西驿传,摄提学,补山东督粮道。整纲饬纪,所至怀之。以疾乞归居家,笃姻睦,割腴田资宗祠烝,尝入里门必式,无老幼,悉礼之。《康熙前志》。

(10)(明)汪良举,字司直,西门人。由邑庠生授山西按察司经历。仪状端伟,廉宪蔡公素稔之。及见,重其材品,屡属以疑狱,谳决明允,署篆文水,得民心。课最,以内艰归。擢福建都司断事,中丞直指,交荐其才,升云南白盐井提举。绝馈遗,革宿蠹,纾灶户,平市易,析盐政利弊,商灶咸悦。会刘参藩有所亲为,横举置之法,即日投劾归。《康熙前志》。

(11)(明)吴应雯,字尔瞻,高枧人。乡荐,授乌程谕,升广州清远令。地瘠民贫,兼峒贼与豪右占其膏腴,民益离散。雯至锄强扶弱,剿抚十八峒,贼尽清。民田又置义田,开社学,以安插投诚之众,增陴峙糗以待不虞。邑遂大穰,抚按荐卓异,竟以强项中蜚语归。《康熙前志》。

(12)(明)汪姬生,字自周,上资人。崇祯癸丑进士,授黄州司理。黄为八贼蹂躏,公署残破,姬生视事瓦砾中。署府篆时,左帅麾下裨将王某,道黄肆掠,姬生单骑造其营,谯让之王曰:"大兵方呼,庚癸黄民无一应者,若不为之,所吾将统军籍其家。"姬生曰:"如公言是,叛耳。"王勃然凶怒,一军皆哗,刃上襟,姬生厉曰:"吾为百姓请命,一死不惜,岂反顾耶?"王知不可屈,麾军取资粮以过。《康熙前志》。

(13)(清)戴应昌,字士全,隆阜人。顺治壬辰进士,授广东龙门知县。县当明季残破之后,民多凋瘵,昌至力图拊,循日询闾阎疾苦,务尽其情。会有徭役征船属邑,昌曰:"龙门山国安所得舟,乃捐俸出,僦价以代。"详请获允。既又徭派担夫,院檄严切,昌又上请,上官洞其诚,特檄豁免。莅龙未三载牧蓄亩辟,俗和行兴,暇即简俊秀,论以孝弟,身心实学。去龙日,士民号泣,遮留。至今称之。《康熙前志》。①

尚义类人物资料有两条。

(1)(明)汪钤,字惺凡,上溪口人。旅京口同舍,有遗金五百两,留还之,其人愿分其半,不受,详张太史以诚志中。尝出橐中装与兄积箸,不问出入。居常研精理学,欲希圣超凡自以为字,祀乡贤。《康熙前志》。

(2)(明)汪大浚,号仰源,斯干人。拮据成家,举财产之盈余,悉听嫡母公之弟由成均。除山西盐幕,委比逋课三千余金,备鞠,情苦大声曰:"官以恤民而忍毙贫民命乎?"即将所积箸尽以代偿,盐使闻而贤之。临终检负券数十纸,付之一炬。《康熙前志·笃行》。②

乡善类人物资料有一条。

(明)金文耀,瓯山人。幼负贩,竭力事亲,受室后誓与诸弟,终身无异。貿商于楚,值矿珰横激民变,遂其击珰,致兴大狱,首事者几亡。耀挺身赴有司辨,自得解。子声,别见。《康熙前志·笃行》。③

列女类人物资料有一百一十五条。

(1)生员詹象复妻吕氏,适流塘。夫弱冠遘时疫卒,遗腹五月,抚孤成立,年七十。欧阳令奖。

(2)汪宜妻王氏,适西门。宜性至孝,早卒,王绝水浆,不死。自幽卧内,终身丧服,年七十。欧阳令奖。

(3)朱杰妻王氏,北街女,适鹤山里。事姑孝,年十九寡,遗孤楷仅三月,躬绩抚孤,日亲授《孝经》,六十四年不逾阈。子楷以孝闻。王年八十三卒,丁令表其门。

---

① 道光《休宁县志》卷一三,《中国地方志集成》本,南京:江苏古籍出版社,1998年。
② 道光《休宁县志》卷一五,《中国地方志集成》本,南京:江苏古籍出版社,1998年。
③ 道光《休宁县志》卷一五,《中国地方志集成》本,南京:江苏古籍出版社,1998年。

（4）监生金文明妻朱氏，适潜阜。夫二十二痘卒，茹素终身。课二子成立，逮训诸孙，年八十。每逢忌日哀号如初丧时。邑令施奖。

（5）监生汪高科妻范氏，林塘范方伯女，适竹林科。随任婚，范念汪门单，为科置妾，生三男二女。科卒，范婚嫁子女毕，殡夫与翁姑合葬，年七十余终。邑令王屯院郭表其门。

（6）程生妻汪氏，适厚河。生早卒，长孤四岁，次遗腹，姑潘寡且老，汪茹苦孝事，抚孤成立，年八十三卒。邑令李司理鲁并奖之。

（7）黄廷宪妻汪氏，适西门。宪卒于旅，汪欲殉，念黄氏三世仅二孤，长七龄，次三岁，既窆宪祖兆虚右，自俟刺纫抚孤，四十八年不易素服。长孤良栋，终身不离母侧。按台奖额曰"母节子孝"。

（8）胡尚穆妻汪氏，方塘女，适演口。夫旌表中书尚穆殁于京。遗孤继文仅四龄，汪又有身未娩，绝粒七日，翁文焕泣论，汪素孝乃强起扶柩归，舟中产仲子继武。守节四十余年殁，二子庐墓三年，桐杖枯而复生，顾宗伯锡畴为赋《双桐歌》。天启五年继武伏阙，陈情奉旨建坊旌表。

（9）金一言妻汪氏，适中街。早寡苦节，养姑，训子梦龙成立。汪病梦龙割股，人称节孝，卒年八十一。

（10）监生鲍先义妻吴氏，霞塘女，适焦充。年十六织纫供孝养，夫卒，吴勤苦抚孤文运、文魁成立，年六十三卒。欧阳令奖。

（11）生员汪元绶妻金氏，中街女，适西门。夫卒，矢志守节。子长庆早卒无嗣，媳戴氏年十六，誓以死守，年四十七卒。金孀居三十余年，日贫茹素，寻继孙钟蕃为后，寿七十九。邑令给额曰"双节植孤"。

（12）金自南妻吴氏，璜源女，幼割股疗父。适城南，事舅姑尽孝，年二十寡，悉出赀查佐舅姑，甘贫茹素，誓死靡他。夫兄州守自皞以次子嗣，卒年七十四。司理鲁给额曰"苦节"。

（13）胡叔节妻汪氏，上资女，年十八，适演口。夫未合鼋卒,誓死以殉,舅姑婉言慰谕,汪泣曰:"夫亡与亡,分也,特未得少尽妇道,当奉侍三载死无憾。"及二载无疾而逝。刺史唐奖。

(14)余元彦妻黄氏,歙医博良栋女,适六都儒士。年十八孀居,足不逾阃者三十九年。邑令王奖。

(15)吴一春妻余氏,余村女,适城北。年二十二夫卒,无子,日贫养姑,苦节三十二年卒。邑令侯奖。

(16)黄镒妻金氏,八都女。年十九寡,抚三岁叔以存黄祀。叔年十五复殇,金恸哭曰:"我所以不死者以黄氏孤,今无复望矣。"遂抑郁成疾卒。乡人哀之。

(17)汪光谣妻朱氏,首村朱天澄女,适金滕。年二十而寡,无子,事舅姑尽孝,疾不延医,卒。

(18)汪文炀妻王氏,适石田。邑令祝奖额"贞德超世"。又题云"结缡"。甫二十岁执帚仅八十日,忍死存身,嗣续为大,辟纑抚孤冻饿是甘,七旬考终。一乡嗟异,嘉兹潜德,特表其门。

(19)汪一忠妻朱氏,珰坑街女,适石田儒生。夫丧,事舅姑尽孝,卒年八十有四。邑令何奖以贞寿。枢厝近溪,遇洪水发,子国止,忽心动,急移他所,众枢俱漂,朱独获免,人以为孝感云。

(20)朱福得妻江氏,梅田江时茂女,适首村,守节,卒年七十。

(21)金贵曾妻黄氏,知州黄中女,适汪溪。年二十五寡,食贫,事舅姑,抚遗腹子之瓒有方。欧阳令奖。

(22)方时萃妻朱氏,适方村,守节。

(23)詹应翔妻刘氏,适流塘儒士。年十九夫故,无子,矢死,蓬垢至殁,足不出阃,舆论悼之。

(24)胡伯机妻余氏,适小溪街。舅姑在堂,余孝事六十余年,抚子廷宾成立,卒年八十四。施令奖。

(25)程士贤妻朱氏,屯溪上林丞朱正民女,适率口。夫故,子继亡,矢死,苦守五十余年。

(26)汪承熙妻金氏,适西门。夫早卒,抚继子,复亡。食贫苦守,年七十卒。

(27)举人汪璪妻李氏,在城女,适石田。夫上公车卒于京,李时年二十四,子重新甫三岁。誓死抚之,娶朱氏,李寿七十五。

(28)汪重新妻朱氏,生三子,二十八寡,姑妇相□,寿九十。子孙建祠,里人含丘。司理鲁奖"双节并芳"。

(29)方尚序妻吴氏,年二十寡,无子。纺织茹荼,甘贫苦节,六十余殁。邑令施表其间。

(30)汪眉寿妻金氏,中街女,夫攻制举业殁,金抚孤绩纫至殁。

(31)汪遐寿妻李氏,夫业儒,游杭卒。仅一女,苦志誓死,以眉寿次子嗣。邑令奖以"妯娌苦节"。

(32)汪应贤妻余氏,十七都女,适西门。夫殁,抚孤,年八十一。妇节母仪为乡矜式。

(33)叶隆妻孙氏,适大塘。年十七寡,孤仅半岁,矢死苦节,年八十二。邑令施申抚费奖之。

(34)金日镛继妻汪氏、王氏,镛守儋州,以清白吏殁于任。汪年二十,遗孤濛甫襁褓。王年十九,遗孤翁甫四岁。二氏茹荼矢守。迨翁长娶媳夏氏,仅再期翁又殁,夏亦矢守。

(35)金翁妻夏氏,同嫠姑,立继承祀。邑令奖之,人称"清门三节"。

(36)程珍妻苏氏,适文昌坊,守节五十年卒。

(37)汪一阳妻吴氏,柏墩女,适北门。十八寡,苦节五十年。

(38)金允翰妻程氏,八都女。年十六于归,允翰客死,苦守至殁。

(39)金德洪妻胡氏,八都女。年十八归,德洪无子,苦守。

(40)生员王贵之妻汪氏,大坂女,适三溪。夫死目不瞑,汪跪泣曰:"亲老子幼,妾矢志事姑嫜、抚四子,有违盟,当阴谴之。"遂瞑。孀居四十余年,七十卒。督学陈奖。

(41)监生程文鸣妻戴氏,隆阜女,适率口。夫死无子,苦节。旌表建坊。

(42)汪应新妻丁氏,西门女。年二十三夫殁,寂居小楼,抚孤,苦节六十余年。郡邑奖。

(43)监生吴怀真妻程氏,率口女,适商山。夫亡欲殉,姑苦谕之,于是布蔬终身,帷剧不一寓目,抚子孙成立。好施与赈贫,建桥甃石,大道自城西至齐云三十里。年九十四无疾卒。郡县表其闾。

(44)金任元妻程氏,文昌坊女适中市。元,少有文名,赍志殁,程苦节抚孤,年八十二卒。

(45)程春德妻姚氏,适山斗。夫殁,遗腹生子贻光,针绩抚育,娶媳俞氏。光又早殁,无子,姑媳苦守。欧阳令奖。

(46)程贻光妻俞氏,姑姚氏卒,俞泣请宗族择继族子伯和为后,邑奖姑媳全节。

(47)汪汝珪妻叶氏,中市女,适西门儒士。三载夫殁,抚遗孤嘉惠,茹荼鞠育,以忧郁致疾卒。郡邑奖。

(48)程文护妻吴氏,适洪水塘。二十一寡,纺绩抚子天寀,吴病,寀割股获痊,年九十三卒。邑令王奖。

(49)张良珊妻许氏,适乌茗,珊早殁,遗孤仅三岁许,勤纺绩,训抚成立,至耄而卒。

(50)孙芝任妻吴氏,尧询长女,适石砅。二十夫卒,孝舅姑,抚孤子,至终身。

(51)生员丁佑妻王氏,玉堂女,适西门,守志抚孤。邑令贾奖。

(52)朱斯纶妻黄氏,少参金色女,母病刲股,吁天寻瘳。适屯溪,夫以勤读病瘵故,黄年二十三,引刀自刺,救免复自缢,侍婢解其缳,翁姑父母泣谕之,始择二从子承祀,守四十年。直指题奏,复其子。

(53)吴宸妻方氏,祁北伟溪夷陵守淡然女,适茗洲。二十寡,抚遗腹子,事姑尽孝,割股疗姑病。兵宪奖。

(54)胡谓妻程氏,杨村女,适厚街。早寡,抚孤,子炳成立,年八十三卒。王令奖。

(55)吴学恪妻汪氏,适石岭。年二十八寡,苦节。署府沈奖。

（56）程宗鲁妻吴氏，商山女，适由溪。事孀姑，抚遗孤，年五十五殁。邑令奖。

（57）张本洧妻黄氏，上黄女，适厚街。夫殁，遗子榔梧，抚训成立，年七十八。朱令奖。

（58）金世爵妻吴氏，适七桥。二十四寡，两孤在抱，苦志抚育，足不逾阈。姑查早寡，抚爵成立，再世节孝，乡里诵之，年八十四。安徽道玉表其闾曰"冰心柏操"。

（59）叶东昂妻陈氏，蓝渡女，适江山。十九寡，长子一正甫三龄，遗腹一宾，抚孤孝姑，年五十二卒。

（60）汪日曦妻金氏，适西门。二十八寡，苦节，七十一岁，口念佛号坐化。子守经、守约、守伦、守教皆早亡，媳夏氏、邵氏、吴氏、黄氏皆苦节守志。

（61）夏茂兰妻汪氏，儒士茂兰早亡，遗腹生子士俊，遂蓬首垢面，苦节三十年。汪偶病笃，士俊刲股和药，病遂安。崇祯四年诏旌"节孝之门"。

（62）金格妻夏氏，南门女，适中市。早寡，立夫兄子斗耀为后，督课成名，苦志四十余年。同府李奖。

（63）金正继妻吴氏，柏墩女，年十七，适中市。甫期夫殁，抚前室子荣，备极艰辛三十余年。署司理奖。

（64）汪奇祖妻邵氏，西门女，适东村巷。夫殁，遗二孤俱幼，勤苦抚育，守志四十余年卒。

（65）汪懋大继妻金氏，凤湖女，适西门。守节抚孤六十年卒，年八十五。张令奖。

（66）吴大汉妻吕氏，适章干，夫亡，苦志抚孤，长斋四十余年卒。

（67）生员汪思超妻朱氏，巴庄女，适首村。抚遗孤宏济，守节数十年。

（68）江相妻朱氏，若竹女，适梅田。相殁，遗孤仅七月，苦节抚育，年五十九卒。

（69）江瑶源妻朱氏，杨充女，适梅田。守节事姑，抚孤，孤亡立继，终身不懈。

（70）生员吴贲妻黄氏，龙湾女，适商山。夫就试留都苦读成疾，归遂卒，黄年二十三恸绝，姑程勉慰之。姑媳形影相吊,年五旬继子文学誉为嗣。

(71)吴维林妻金氏,金溪司成紫峰孙女,适商山。甫三载,夫故武林,讣闻自缢,救苏。仅一女,适金翰撰子文学函。金五旬病拜姑前,继子条金为后,乃逝。

(72)生员汪师拭妻夏氏,南门太学夏建鼎女,适同里。拭籍扬州庠,应试金陵途卒,氏闻讣欲殉,因翁老子幼,力奉甘旨。抚孤子,子殁抚孙,苦节二十余年终。

(73)监生吴甲滋妻金氏,古楼锦衣金星耀女,适商山。夫殁欲殉,因有身,勉忍死,得遗腹子友贯,勤苦训以义方。

(74)苏天顼妻吴氏,北门女。夫孝友,好市义,脱簪珥佐之。夫卒,吴年二十余,茹荼抚藐孤成立,课诸孙,列官墙。邑令翁奖。

(75)金有为妻王氏,美俗门女,适中市邑庠文亮子。早寡,育遗孤,六岁殇。亮已将七旬,王苦守孝养。

(76)李应职妻汪氏,南门女,适中市儒士。年二十四寡,孝养抚孤四十年。邑令朱奖。

(77)监生汪允贤妻夏氏,南门夏铣女,适西门。夫赴试南闱卒,夏孝养抚孤,苦节十余年殁。

(78)朱廷珠妻高氏,高家源女,适环谷。守节,邑令王给额曰"苦节可风"。

(79)吴守道妻丁氏,适璜原。年二十二寡,子万祥甫三龄,苦守五十六年卒。

(80)夏继义妻汪氏,西门女,适西街。夫殁,抚遗孤,绝荤旨三十余年。父应时中疯疾,割股和药进。□汪病笃,孤大诏割右股和药,寻愈,浃岁复病又割左股。人以为慈孝之报云。

(81)汪龄妻吴氏,万安街女,适汶溪。年二十寡,抚遗腹子梦元,以古学闻。吴年八十余卒。邑令奖之。

(82)汪通妻韩氏,断石女,适汶溪。通,字伯淹,才志磊落负奇。母刘疾,侍汤药,衣不解带者数月。刘卒,哀毁至殁,年甫二十二。郡守凌奖以"殉亲至孝",有遗草行世。韩痛夫早丧,课子,其望螽誉成均。邑令表其门。

(83)汪承晖妻吴氏,柏墩吴仁贞女,适西门。晖年二十二殁客邸,吴年十九,遗腹一女,矢志苦节四十年。邑令朱奖。

（84）王廷元妻夏氏,南门女,适玉堂。夫亡,子方在抱,矢志抚孤,忍贫力绩,年七十八卒。李令奖额曰"抚婴完节"。

（85）程应豪妻孙氏,高枧女,适闵川。夫亡,家贫,苦守,母弟其昌资之,卒年七十。邑令何奖。

（86）张天华妻胡氏,岭南女。二十寡,抚遗腹子守衡。资产被夺,自甘勤苦,寿八十八。汪太史伟赠额曰"抚孤完节"。

（87）金元咸妻王氏,北门女,适朱紫。孝养舅姑,二十五寡,遗孤一龄,王年七十六岁犹事女红。邑令翁奖额曰"苦节可贞"。

（88）金汴妻夏氏,南门女,适中街。二十一寡,一女适汪贞度,寿七十七。

（89）朱宗明妻汪氏,适约山,苦节三十余年。邑令欧阳表其门。汪病,子大纶割股和药进,人谓德感。

（90）夏浚濂妻汪氏,南门女。夫卒,勤苦抚孤四十七年。邑令奖。

（91）王国卿妻高氏,八都女,适北门。二十一寡,苦守,抚孤应龙成立。龙曲尽色,养年七十余犹朝夕问视如礼,里称其孝。高九十五岁卒。邑令王奖。

（92）陈天凤妻谢氏,谢村女,适古城。生子廷斌,明年凤客荆楚,溺于江。谢年二十六,日勤纺绩,孀居六十余年,年九十卒。邑令祝奖。

（93）戴谷妻汪氏,金塍女,适和村监生戴惟一子谷。谷死无嗣,汪苦守甘贫,抚养幼叔成立,完节。

（94）汪文场妻金氏,适高梯山青年。夫殁,家窭甚,织纴抚孤,年七十卒。邑令施奖。

（95）吴时言妻程氏、周氏,石岭吴时言初娶程氏,游学于外,又娶周氏,年甫二十,有遗腹仅四月。言归,遂卒,周闻讣刺血奔丧,与程氏誓志苦守,抚遗孤宫花列府庠。郡邑奖之。周守节六十六年终。

(96)监生李思训妻刘氏,邑前女,适中市。训死遗孤光武三岁,苦抚成立,世其医博。

(97)戴日新妻汪氏,适和村。苦守五十余年,事姑尽孝,抚三孤成立,年八十余卒。祝令为之传。

(98)吴守华妻何氏,率溪女,母程为篁墩学士妹,明习小学、《列女传》诸书,适临溪。年二十七守华客故,孤天楚甫九岁,天成甫二岁,何织纴劬劳抚之成立。楚复早世,有二孤文侃、文仲,侃又夭折,天楚妻戴氏矢节与姑相依数十年。文仲举三子,长有成,成子岩是为相国,正治主政,开治父。何年九十有七,能预知休咎,贞诚有感云。

(99)吴良环妻戴氏,适临溪。年十九寡,遗孤国治,孝尊嫜,抚孤子,苦节二十余年。迨病笃,媳叶氏割股和药,佥谓节孝之报。

(100)朱之谦妻张氏,适伦堂青年,守志,遗孤家正、家柱,训以义方,称为女宗云。

(101)夏正焰妻詹氏,适南街。夫亡无子,詹年二十二,纺绩养姑,守四十二年。邑令李奖。

(102)王尚然妻朱氏,北街女,适同里儒士。事姑孝,夫故,朱绝粒五日,从姑强起之,比葬夫,虚圹右自待。茹苦立继,守志四十余年,葬之右圹。邑令奖。

(103)戴之琳妻韩氏,年二十一寡,事孀姑孝,终身无间。邑令朱奖。

(104)程世菜妻叶氏,朱紫里女,适阳村。事舅姑尽孝,年二十寡,遗二藐孤,叶欲以身殉亲,族止之,或讽以易志,辄唾骂截发以自矢,织绩苦守,不出阃者五十年,教二子成立。翁令奖。

(105)监生黄国裕妻胡氏,演口文燧女。事庶姑尽孝,年二十寡,屡自经,姑泣止之,劝慰为立嗣。胡纺绩针纫,苦守四十余年。直指杨奖其孝节。

(106)汪云万妻谢氏,适高梯山。夫远游无踪,谢茹苦鞠孤子文晟,自襁褓至成立。谢年九十二卒。晟事父母尽孝,父遗一小簪,幼乞簪诸首,至垂白仓卒弗少离,每哀号,闻者心恻。陈征君有节孝传。

（107）汪承烈妻叶氏，八都女，适西门。夫故无嗣，抚继子卒，复继孙，又卒，苦节至殁，年七十。族人哀之。

以上见《康熙前志》。①

（108）汪宏济妻王氏，陈村女，适首村。夫殁无子，事孀姑朱氏，守志遵姑命，立夫兄次子绍芳为后。

（109）汪允诚妻曹氏，适西门。夫病笃，曹割股及殁，抚继子宗泰。曹性尚义，尝新宗祠，饩廪文会。邑令李奖以"秉贞从义"。

（110）吴守顺妻程氏，年十九夫客故，遗腹一子，贫彻骨，苦守三十年，归夫骨。

（111）邵正魁妻程氏，篁墩学士侄女，适东门为魁后妻。魁以文名，好遨游。程奉姑曲尽孝道，魁死，程欲殉，以幼孤强起，闭户四十余年卒，年七十二。郡邑奖之。子长康以诗学名，著有《天中社集》。

（112）生员金鸣皋妻戴氏，适古楼。夫殁，抚遗孤，孝舅姑，人无间言。

（113）朱凤妻邵氏，适洋湖。夫殁，抚孤，针纫自给。邵病，二子大梁、大柱割股，祈以身代。孙曾皆以文学名。

（114）韩应虬妻吴氏，屯溪女，适同里。抚遗孤成立，苦节，八十七岁卒。署县鲁奖。

（115）汪昌筌妻金氏，中街女。夫殁，孝事舅姑，茹荼完节。署县鲁奖。

以上《康熙前志》有，《康熙后志》佚。②

方技类人物资料有十四条，包括明清两代人物。

（1）（明）余淳，字敦父，工吟咏，尤精岐黄家言。淳本黟人，父时启以经术，下帷海阳，因家焉。值万历戊子岁大疫，出秘方，全活不可胜计。《康熙前志》。

---

① 道光《休宁县志》卷一六，《中国地方志集成》本，南京：江苏古籍出版社，1998年。

② 道光《休宁县志》卷一六，《中国地方志集成》本，南京：江苏古籍出版社，1998年。

(2)(明)吴高节,字希夷,玉堂巷人。小楷行书,入赵吴舆神境,与文衡山仿赵书,及停云馆摹赵帖,如出一手。《康熙前志》。

(3)(明)金一中,中街人。兄一阳,精楷法,临《黄庭经》逼肖。一中字学有家法,尤精小楷,入文徵君墨迹中几不可辨,人拟之王宠、周天球。性善奕,喜内典,有晋人遗风。《康熙前志》。

(4)(明)程衷素,字阿白,文昌坊人。古貌古心,临池一笔不苟,下能为虞、欧阳、颜、柳诸体。金太史为立传。《康熙前志》。

(5)(明)詹吉,字吉人,流塘人。太学生,郡判景凤孙。胸次磊落,不屑与俗为伍,精书法,工画图,章篆刻,具有秦汉体裁。《康熙前志》。

(6)(明)吴文仪,字明卿,凤湖人。时丁云鹏佛像入神品,仪传其笔法精诣绝人。何濂善写生,尤工染色,仪翎毛花木遂与并工。年既老手眼不异少时,犹能以纤笔作细皴,密若茧丝。其门人鹤山朱之旭传其妙。《康熙前志》。

(7)(明)金复生,峡东人。工山水、花卉、人物、翎毛,设色精致,浙中院体逊不及。《康熙前志》。

(8)(明)詹方桂,字天木,流塘人。精书画,凡天文、凤角、皇极、六壬、遁甲、医星诸术悉通晓,占晴雨辄奇中。明末知四方多故,遂避居松萝僻径。著有《四家小品》行世。《康熙前志》。

(9)(明)吴云,字伯雨,玉堂巷人。资颖敏,书一再过目即背诵不落一字。擅文名,画宗米襄阳、黄子久、倪云林,逸韵绝人,字兼赵吴兴、文苏州之长。所著有《一叶楼集》。《康熙前志》。

(10)(明)黄良佑,字履祥,五城人。有隐德,弃儒业医,以针石疗人,多奇中。擅名于吴会京都,游其门者甚众。所著有《本草类方》、《麻痘秘法》诸书。《康熙前志》。

(11)(明)程霁春,寓屯溪,以医擅名数十载。《康熙前志》。

(12)(清)王一凤,号绎洲,白观人。太医院吏目祖阳明眼科独步,所济甚众。凤传其业,所疗立效。《康熙前志》。

(13)(清)黄嘉章,号景文,居安人。自宋祥符间,御赐医博,世传医学。章精其术,著效驰名。子铉,字公鼎,登壬午武榜,声望为邑所推重。《康熙前志》。

(14)(清)程九主,五城人。以六壬数占人休咎如响,尝自占一数,诧曰:"是大凶兆。"因语其弟曰:"今年四月,吾当伤额,汝以五月死于水。"至四月屏居,绝外事。一日观书檐下,有雀噪于檐,檐瓦坠,额伤,因大骇,戒其弟禁勿使出。至六月朔,弟曰:"可以出矣。"遂出饮于肆,忽大雷雨,山渠暴涨,九主心动曰:"尚未小暑。"急迎之,则已死沟中矣。有叩其学者,九主曰:"是全须精神,吾尝澄心息虑,以先天之灵触自然之妙,斯所言者百不失一。若心有所寄而强为人断,虽有数学绪书,终不验矣。"初不娶,或劝之不可,又曰:"吾当有一子,子生而吾死矣。"最后父强之娶,乃娶,甫一夕而病,濒死嘱父曰:"善视儿妇,行育子矣。"果然。《康熙前志》。①

氏族类资料有七条资料,主要是介绍唐、宋、元、明时期各姓始迁诸贤的。

(1)(唐)夏元康,字尚宁,浙江会稽人。乾符间黄巢寇宣州,入浙东,元康由进士知苏州,改歙州刺史。起民兵,于各县境界立东密富阼黟山、容山、丁山诸寨拒之,保全州里。得行抚字,连岁有草寇,毕鹗、杨仙童、李重霸等相继至,民皆坚守,各寨幸免侵危。及报政,百姓遮留,不得去忽闻董昌僭据于越,叹曰:"人生斯世奈此离乱,何遂治?"隐居于休宁城南焉。景福二年,杨行密受朝命,都督东南行营,遣将田頵招抚各寨,即表元康,上褒嘉之,履征不起。《康熙前志》。

(2)(宋)汪接,宋初由婺源回岭游学休宁,才行超卓,

---

① 道光《休宁县志》卷一九,《中国地方志集成》本,南京:江苏古籍出版社,1998年。

从游者甚众。化生吴氏重其品望,因妻以女,遂家于邑之西门。五传至其孙汉举,七子,六皆荣宦,显名当世。支裔凡数千人,科名理学,相继为海阳望族。《康熙前志》。

(3)(宋)翁由,江西清江人,登重和进士,选休宁县令。方腊寇县,剿复有功,任满,遂家于休之漕川,殁葬茅司徒岭。明万历间墓被占,十代孙庠生文祥率侄云俊诉陈令复其墓,申请建坊曰"甘棠留荫"。后邑令按谱聚其族云。《康熙前志》。

(4)(宋)邵全,严州人,以文学荐,授奉议大夫、茶税提举司提举,遂居休宁朱紫巷。《康熙前志》。

(5)(元)李端,镇江人,元时监察御史,晋宁国路榷茶提举。至治二年十一月,朔日食,建言臣下失职所致,英宗自责曰:"是朕之过。"因敕群臣修饬。又言朝廷记注宜悉书付史馆,英宗从之。居官洁己爱人,公余讲学,因家于中市。《康熙前志》。

(6)(明)汪元保,字佑之,婺源回岭人。好学力行,学者多从之游。元末率诸生避兵休宁,入龙源访赵东山先生,因登金龙山乐之,遗诸生曰:"天下虽乱,不久当治矣!吾将老于此。"远近士益多就之,为筑精舍,山居三十年,至明洪武戊寅卒,遂为金龙汪氏祖。汪东峰为记。《康熙前志》。

(7)(明)姚荣轩,任新安学教授,揽胜海阳瀛峰之下,得首川,遂家焉。代多显人,至明姚膺宣始迁苏田。《康熙前志》。①

(四)乡镇志之属

《汉口志》

道光《休宁县志》中收录了《汉口志》的部分内容。汉口是

---

① 道光《休宁县志》卷二〇,《中国地方志集成》本,南京:江苏古籍出版社,1998年。

休宁县下属的一个村落,根据文献记载,明代程汝玉曾纂修过一部《汊口志》①,归有光为其写序②,但因没有明确的线索,故尚无法确定道光《休宁县志》中收录的这部《汊口志》是否就是程汝玉所纂之志。笔者查阅相关书目及文献记载,未见《汊口志》存世,可以肯定道光《休宁县志》中的这部《汊口志》已经亡佚,故将其佚文辑佚如下。《汊口志》佚文主要是"列女"方面的内容,共有四十条。

(1)(元节妇)程兼善妻徐氏,资口女。兼善因蕲黄寇陷郡起义,赴敌力战而死。时徐氏年二十六,子仁发方四岁,苦教成立,后仕至楚府伴读。徐氏孀居五十余年,始终一节。见《汊口志》。③

(2)黄士良妻吴氏,隆阜女,适居安。抚孤守节五十余年。

(3)戴瑞妻程氏,适隆阜。矢志守节,勤苦抚四子教、敏、数、敷成立。郡守沈奖额曰"陶范柳仪"。

(4)汪长庆妻戴氏,适西门。年十六,寡无子,苦守,年四十卒。孀姑金氏为之立继,金寿七十九。邑令欧阳奖以"双节"。

(5)方扎妻施氏,守节。万历壬子,邑令施奖。

(6)赵廷宾妻吴氏,桑园女,适旧市,守节。万历间李令给额曰"孀节"。

(7)洪德卿妻杨氏,适回溪,守节。邑令施奖之。

(8)吴可义妻汪氏,适隆阜,守节。

(9)戴九宝妻吴氏,适隆阜,守节。

(10)程旭妻吴氏,鉴潭女。年二十九夫卒,抚二岁孤,卒年七十八。

---

① 徽州地区地方志编纂委员会(编):《徽州地区简志》,附录,合肥:黄山书社,1989年。
② (明)归有光:《新刻震川先生全集》卷二,四部丛刊景清康熙本;(清)姚鼐:《古文辞类纂》卷一〇,清道光元年(1821年)合河康氏家塾刻本。
③ 道光《休宁县志》卷一六,《中国地方志集成》本,南京:江苏古籍出版社,1998年。

(11)程存福妻黄氏,汊口女。年二十九夫卒,家贫,鞠遗腹子成立,卒年七十八。

(12)程岩保妻朱氏,月潭朱爽女,年未三十夫卒,抚遗腹子,矢志不渝。

(13)程再继妻汪氏,藏溪女,名美,幼许聘汊口,再继其妹许聘榆村程华,俱在室。妹夭,父嫌继贫贪华富,欲以美改适华,美以死誓,父不能夺。再继白于官,得遂初盟。继早卒,美苦志抚子成立。初美逼于父命,欲自尽,忽有鸳鸯飞集于阁里,人异而聚观之,得救不死,时有鸳鸯传奇。守节三十七年,寿七十有二。

(14)程世瑜妻孙氏,坑口女。年二十六夫溺死高邮。甘贫抚孤,卒年七十八。

(15)程武忠妻吴氏,璜源女。年三十夫亡,无子,昼夜恸哭成疾卒。

(16)赵应妻胡氏,□源女。年二十二寡,守节,卒年七十八。

(17)汪敬夫妻程氏,汊口女。十九归敬夫,五月夫卒,抚遗腹子传芳成立,□都宪汪舜民传紫阳山长□柏记。

(18)孙存让妻吴氏,璜源女。年未三十寡,恸哭丧明,抚遗腹子成立,年七十八。

(19)程心议妻汪氏,藏溪女。年二十九寡,苦节抚孤,卒年七十八。

(20)孙廷敏妻程氏,汊口女。年二十四寡,苦节至老殁。

(21)孙廷耀妻吴氏,临溪女。年二十四寡,苦节,八十四岁卒。

(22)吴汉妻程氏,汊口女,适鉴潭。年二十三寡,子生甫六月,祖姑黄年七十余,小姑英才九岁,并婴多疾,相顾泣曰:"颠连老幼皆系一身。"治女红,竭蹶孝育。子既受室,生一女,寻卒。外家夺其妇志,乃独抱孙女,四世五丧毕力营葬,人咸以苦节称之,年七十卒。

(23)程希有妻汪氏,汊口女。适富溪,年二十三寡,守节。

(24)吴孟熙妻汪氏,汉口女。适商山,年二十三寡,守节。

(25)吴护妻程氏,汉口女。适商山,年二十三寡,无子,守节。赵郎中秋山为之传。

(26)程祈继妻叶氏,星洲女,年十六归祈为继室。祈患恶疾,家贫,易奁具以俱医药饮食五载。祈告母曰:"祈不幸,新妇年少无子,当命更事人。"叶闻泣欲绝,告姑曰:"宁蹈水火,不蹈二庭。"既而祈疾甚,发指尽落,睛凹,绝无人状。虽父子兄弟亦厌见之,叶独躬侍无少怠。比卒,哭泣过哀,葬祭尽礼。姑继亡,孑然自励以终身。

(27)程益隆妻戴氏,隆阜戴全女。年二十六寡,抚孤守节四十余年。

(28)程玲妻吴氏,雁塘女。玲性孝友,每旅归橐橐不入私室,吴一切善承之。未几,玲早世,吴矢志抚孤,孀居三十余年,动止悉符内则,间党称之。

(29)范鱼妻程氏,年二十六寡。扶孤成立,寿八十。

(30)汪远妻程氏,富溪女。年二十六寡,无子,守节,寿六十三卒。

(31)程益兴妻汪氏,富阼女。年二十六寡,抚孤守节,寿七十。

(32)程天愉妻胡氏,临溪女。年十九寡,守节五十余年。郡旌表。

(33)程世琼妻吴氏,富溪女,无子守节。

(34)程善偲妻吴氏,璜源女。年十九寡,守节三十二年。

(35)孙有厂妻黄氏,年二十八寡,守节五十三年。

(36)程善定继妻陈氏,歙女。姑病刲股,夫病亦刲股。夫卒,蔬食布衣,贫守抚孤。

(37)孙之福妻赵氏,年二十七寡,无子。甘贫茹苦,寿八十一卒。县令奖。

(38)程时清妻吴氏,商山女。姑病割右股,夫病割左股。夫殁子寻夭,苦节四十三年,不出户阈。郡志汪太仆以时为之传。

(39) 生员程文妻孙氏，早寡，矢节，足不逾阈，家人亦罕见其面。

(40) 程宗茂妻汪氏，黎阳女。年二十二寡，家贫无子，茹素守节三十余年卒。①

（五）专志之属

1.《续新安文献志》

明代程廷策撰有《续新安文献志》一书，共四十五卷，早已亡佚。道光《徽州府志》收录了一条《续新安文献志》中的资料，是关于职官方面的资料，即："（宋）知县事，陈宾，会稽人。见《续新安文献志》卷十三'殷氏兄弟冠带序'。"②

2.《新安名贤录》

在道光《休宁县志》中转引了一部《新安名贤录》的资料，此《新安名贤录》应为一部专志，是专记徽州地区名贤的。查阅相关资料，未见《新安名贤录》存世。道光《休宁县志》收录了一条《新安名贤录》的资料，是关于人物方面的资料，即："吴俯，字益章，与弟儆游太学，声最著，时有'眉山三苏'、'江东二吴'之称。登乾道二年进士，仕止国学录。从游者岁率数百人，皆以文学知名。性孝友，弟儆宰安仁时，法外出新意，戮无赖恶少，遂有从而媒蘖之者，事甚危，俯贻书慰之曰：'平生刚大之气，谅不屈挠，设有不幸，吾弃官为理，直不吝也。'念父老告归，所著有《棣花杂著》一卷，附《竹洲集》行世。《新安名贤录》。"③

---

① 道光《休宁县志》卷一六，《中国地方志集成》本，南京：江苏古籍出版社，1998年。

② 道光《徽州府志》卷七，《中国地方志集成》本，南京：江苏古籍出版社，1998年。

③ 道光《休宁县志》卷一二，《中国地方志集成》本，南京：江苏古籍出版社，1998年。

（六）不知归属之志

1.《图经》

徽州方志中转引了多条出自于《图经》的资料，但因未能提供任何线索，故无法确定此《图经》属于哪种志书，也不能确定不同的徽州方志中转引的《图经》是否为一部志书，故只能将这些资料统统辑于《图经》之下，或有混杂之嫌，待来日再考。这些佚文共六条，主要是地理方面的资料。

（1）新安江，《图经》自浙江桐庐以抵歙浦皆曰"新安江"，中有滩三百六十。①

（2）曹溪，《图经》称："阮溪、浮溪、曹溪为三溪。阮近黟界二十里而合浮。浮在云门峰前，又三十里而与曹溪合，至于石壁衍为长潭，自双岭下山半得一涧，青石齿齿，流激而清，所谓潘源也。入五里曰碬石，石鳞峋出涧底，石梁跨之，名曰群玉。"②

（3）小桃源，《图经》："有潜村数十家同住，谓小桃源。"③

（4）黟县，《图经》又云："心黑木，黟之名县，职此之由。"④

（5）《图经》云："新安贡柿心黑木，因以名县。"⑤

---

① 道光《徽州府志》卷二，《中国地方志集成》本，南京：江苏古籍出版社，1998年。

② 民国《歙县志》卷一，《中国地方志集成》本，南京：江苏古籍出版社，1998年。

③ 道光《徽州府志》卷二，《中国地方志集成》本，南京：江苏古籍出版社，1998年。

④ 弘治《徽州府志》卷一，《天一阁藏明代方志选刊》本，上海：上海古籍书店，1964年。

⑤ 康熙《徽州府志》卷一，《中国方志丛书》本，台北：成文出版社，1970年。

2.《续图经》

徽州方志中收录的《续图经》不知是何种志书,亦不知是何人所撰,只知其为宋代所修。现辑出《续图经》佚文四条,包括水利、人物方面的资料。

水利方面的资料有一条。

> 江柏山堨,宋《续图经》云:"梁普通六年,胡太常明星里居过黄姑墅,见郭外多荒田未辟,询之云,不通沟洫,明星恻然亲究水源,倾赀募工,穿二渠约十里许,导城北溪水,逶迤而南,溉田千余顷。"①

人物方面的资料有三条。

> (1)王璧,《续图经·王璧传》:其先自江左徙新安,晋丞相始兴,文献公导之后也。导十三传至唐丞相琅琊简怀公珣,生二子,长及,次又。及为中书舍人,生谏议大夫鍂,鍂生丞相,鲁国公抟又生鍂,璧所自出也。璧生而英毅,好奇节,读书任侠于抟为兄弟,以世乱不仕。乾符中,巢贼入江东,诏天下乡村各置弓刀鼓板,备群盗。璧以婿郑传负材略,相与倡义,集众保州里。每贼至即率传等捍御盗戟,民安,四境赖之。时杨行密为宣歙观察使,命陶雅守歙。雅屡奏璧之功,历补军职。乾宁初,以弟抟入相,请进奏京师。会董昌叛,浙东诏镇海节度钱镠讨之,加抟右仆射,宣抚浙东西。抟令璧以书遗镠,戮力王事,抟未行而镠诛昌,请以璧参其军事,授镇东节度判官。光化三年,抟为崔永所谮遇害,璧得报,西向恸哭,说镠以兵问罪,值宣州将田頵攻杭州甚急,镠遣顾全武求救于行密,命璧传其子传瓘为质于頵。頵还宣州,阴叛行密,行密遣将击斩頵。以璧宣歙旧人留为牙将,而令其少子思谦奉传瓘归杭州。璧从李神福西讨杜洪,又从王茂章南击安全义,皆预有功。待行密得承制封拜,累授璧银青光禄大夫、检校兵部尚书加

---

① 道光《徽州府志》卷四,《中国地方志集成》本,南京:江苏古籍出版社,1998年。

金紫光禄大夫。行密卒,子渥嗣,淫虐不道,出壁行祁门令,遂请老卜邑西之苦竹港家焉。子九人,曰思聪,朝散大夫;曰思联,谏议大夫;曰思仲,中散大夫;曰思茂,行军司马,战没,赠越州防御使;曰思会,宣州统帅;曰思悰,洪州教授;曰思经,直秘省,曰思谅,通议大夫,诸子多显于南唐;曰思谦,仕吴越为客省舍人。梁尝赐吴越名马,一日毙,王欲诛厩卒,舍人令卒母妪泣告曰:"马命儿偿,儿命孰偿?"王叱曰:"谁教汝?"妪曰:"王舍人。"王怒,思谦觉而去之,为追兵所袭而死焉,号祁山祠。①

(2)(梁)胡明星,《续图经·胡明星传》:字太白,新安黟人。梁天监初为国子生时,有诏定正雅乐,选生徒数十人肄其声容,明星与焉。乐成,授湘东王府法曹参军,入为太学博士。值修五礼仆射沈约请五礼各置学士一人,令举学古者一人自助,乃以平原明山宾河内司马绚建平、严植之、山阴贺玚等分掌玚举,明星以自助,累迁尚书,祠部郎。八年春,高祖祀南郊,诏诸儒议礼,始服大裘,罢封禅,明星悉与其事。九年,祀学,命皇太子及诸王皆入学,以明星兼太子家令,五礼成,迁太常丞。十三年,耕耤田祀先农,明星奉引深有礼容,高祖嘉之,拜通直散骑侍郎,除秘书监,迁太常卿。高祖晚年崇尚释氏,诏宗庙用牲牢有累冥福,宜皆以麦为之,朝野喧哗,以为宗庙去牲,乃是不复血食。明星与侍郎周舍等上疏,极谏不听。未几舍坐事免,朱异代掌机政,朝仪祀典多所改易,明星诤之不得,遂弃官归黟,隐居横冈,时普通六年也。后累以遗逸征不起,明星里居过黄姑墅,见郭外多荒田未辟,询之云不能沟洫也,明星恻然,亲究水源,倾资募工,穿二渠约十里许,导城北溪水逶迤而南,溉民田千余顷,岁屡有秋。其卒也,乡人感其惠,立庙横冈,岁时祀之,历代不废。见《新安文献志》。②

---

① 道光《徽州府志》卷一二,《中国地方志集成》本,南京:江苏古籍出版社,1998年。
② 道光《徽州府志》卷一一,《中国地方志集成》本,南京:江苏古籍出版社,1998年。

以上两条人物资料皆出于道光《徽州府志》，这与上文所列水利方面的资料出处一致，故此处所言之《续图经》也应是宋《续图经》。

(3)《新安文献志》引《续图经》唐尚书王公璧传云：王氏自江左徙新安，晋丞相始兴，文献公导之后也。导十三传至唐丞相琅琊简怀公玙生二子，长及，次又。及为中书舍人，生谏议大夫锋，锋生丞，相鲁国公抟又生铖，公所自出也。吴子玉《王氏小宗祠堂记》云：休王姓出唐尚书璧自祁迁休枝庶星堂。据族志涨山、县前、城北、玉堂、晓角、峡东、溪头皆出此派。①

这条资料所言之"王璧"与上文道光《徽州府志》所引《续图经·王璧传》中的"王璧"应是同一人，因而此处的《续图经》也应该是宋《续图经》，故将其列在一处进行辑佚。

根据徽州方志编修源流，宋代大中祥符中李宗谔奉诏修成一部《新图经》，此志亦已亡佚。笔者疑上文所言之《续图经》可能就是李宗谔编修的这部图经，但缺乏充分证据予以证明。

3.《方舆志》

徽州方志中亦收录一部《方舆志》的内容，共两条佚文。笔者疑此志即为徐锴的《方舆记》，但因缺乏充分证据故单独列出。两条佚文都是山川方面的资料。

(1)(祁门)然有爱其山水幽奇，遂解印终身不返。见《方舆志》主簿山。

(2)阶坑，《方舆志》云：自阶村入二十里即吴废太子和之地，阶迹犹存。和者，吴主孙权长子。权薨，孙峻夺和玺绶，徙新都，又遣使者赐死。和与妃张辞别，张曰："吉凶当相随，终不独生活也。"亦自杀，邦人伤焉。何姬曰："若皆从死，谁当养孤。"拊皓及其三弟。孙休立，封和子皓为乌

---

① 道光《休宁县志》卷二〇，《中国地方志集成》本，南京：江苏古籍出版社，1998年。

程侯,自新都之本国。及皓即祚,追谥和,改葬明陵。①

弘治《徽州府志》也收录了《方舆志》中关于"阶坑"的,即"阶坑,在(歙)县东一百二十里。《方舆志》云:自阶村入二十里即三国吴废太子和之地,阶迹犹存"②,较之道光《徽州府志》,内容更为简单,应是在转引里做了节录。

4.《方舆地志》

《方舆地志》是道光《徽州府志》收录的另一部志书,不知其归属,仅一条佚文,是山川方面的资料,即"樵贵谷,《方舆地志》云:黟县北缘岭行得樵贵谷,昔有人山行七日,至一斜穴,入穴廓然,周三十里,土甚平沃,中有十余家,云是秦时离乱入此避地"③。

笔者疑此志也是徐锴的《方舆记》,但因没有足够的线索,故单独列出。

5.《邑图》

道光《徽州府志》收录的《邑图》因转自于《太平寰宇记》,故应是亡佚之书,却不知其归属,现存佚文一条,是关于山川方面的资料,即"戢兵山,《邑图》云:有石如鼓,有石人、石驴,俗传石鼓鸣则驴鸣人哭,而县官不利,后凿破,遂不复鸣。《寰宇记》"。④

6.《旧经》

弘治《徽州府志》转引了《旧经》中的资料,根据现存文献记

---

① 道光《徽州府志》卷二,《中国地方志集成》本,南京:江苏古籍出版社,1998年。
② 弘治《徽州府志》卷二,《天一阁藏明代方志选刊》本,上海:上海古籍书店,1964年。
③ 道光《徽州府志》卷二,《中国地方志集成》本,南京:江苏古籍出版社,1998年。
④ 道光《徽州府志》卷二,《中国地方志集成》本,南京:江苏古籍出版社,1998年。

载,徽州方志中没有保存下来名为《旧经》的志书,因而此《旧经》应已亡佚,故加以辑佚,但不知其属于何种志书。弘治《徽州府志》共转引两条《旧经》中的资料,都是物产方面的资料,即:

(1)槛都,《旧经》有槛都,不知何鱼也。
(2)猿,《旧经》有之,未知果有否也。①

7.《歙图经》

徽州方志中收录了名为《歙图经》的三条资料。根据徽州方志编修源流,笔者疑其为唐代所修《歙州图经》,但因缺乏充分的证据,故列入不知归属之志中加以辑佚。《歙图经》的三条佚文都是关于遗事方面的内容。

(1)(程灵洗)所居东南湖有神焉,与吕湖为邻,一夕为黄寇,见梦于公曰:"吕湖蜃稔恶于此,不早图之,民其鱼乎?明日吾复与战,以公义士敢求助焉。"公曰:"何以自别?"曰:"束匹练者,我也。"公异之。翌日,率乡之少年鼓噪于湖侧以俟有顷,画晦波涛汹涌,大声如雷,两牛角于滩上而肩白者屈,公发矢射之,正中黑者,俄而阴雾廓清,湖水皆赤,有黑蜃毙于吉阳滩下。土人德公,号其滩曰"射蜃湖"。《太平广记》及《歙图经》。

(2)寻有道士扣门候公,公偶他出。道士请胡夫人拜曰:"感夫人子助我去害,无以为报,吾素能卜善地。"因指黄牢山下,以白石识之曰:"迁此可暴贵也。"言讫忽不见。后胡夫人卒,公奉葬于此。《歙图经》。

(3)公尝自营兆域,以二木埋其前,嘱曰:"吾子孙蕃衍,则此木当生。"既而萌芽成二楂木,大且十围。其一不知何代为风雨所摧,旁出二枝,亦合抱矣。对竿如亲角,土人号曰"千年木"。乡人遂于其下叠石为坛,以奉祭祀,号曰"相公坛"。里之社兴坛接宇春秋戌祭,以公配焉。射蜃

---

① 弘治《徽州府志》卷二,《天一阁藏明代方志选刊》本,上海:上海古籍书店,1964年。

湖中有槎木一株,每岁大水漂之不去,水既退下,视之宛然,乃公射虏时所立栅木也。今千余年,渔人及往来者误触之,必有警戒,土人号曰"相公木"。湖上又有鼓吹台、洗马池,皆公遗迹。而鼓吹台者,相传为公起义时尝合诸少年习战于湖上,后风雨之夕犹闻有鼓吹之声,故因以名焉。胡麟记及《歙图经》。①

综上所述,徽州方志收录的资料丰富,广征博引,而且往往注明资料的出处。徽州方志收录的资料原书有些已经亡佚,因此徽州方志就成为辑佚这些佚书的资料来源。笔者经过查找,从现存徽州方志中辑佚出总志、府志、县志、乡镇志、专志以及不知归属之志的佚文三百多条,包括山川、古迹、疆域、建置沿革、物产、土贡、局署、水利、形胜、职官、人物、氏族、诗文、遗事等方面的内容。徽州方志中辑佚出的旧志佚文均可为进一步了解这些旧志的原始面貌提供线索,其价值应给予重视,并加以合理利用。

---

① 《休宁孚潭志》卷一,《中国地方志集成》本,南京:江苏古籍出版社,1998年。

参考文献

1. 《三国志》,北京:中华书局,1959。
2. 《隋书》,北京:中华书局,1973。
3. 《旧唐书》,北京:中华书局,1975。
4. 《宋史》,北京:中华书局,1977。
5. 《元史》,北京:中华书局,1976。
6. 《明史》,北京:中华书局,1974。
7. 《清史稿》,北京:中华书局,1977。
8. (宋)李焘:《续资治通鉴长编》,清文渊阁四库全书本。
9. 《清圣祖实录》,北京:中华书局,2008。
10. (宋)王溥:《唐会要》,清文渊阁四库全本。
11. (明)雷礼:《皇明大政纪》,明万历刻本。
12. (宋)郑樵:《通志》,清文渊阁四库全书本。
13. (清)嵇璜:《续文献通考》,清文渊阁四库全书本。
14. (清)刘锦藻:《清朝续文献通考》,民国影印十通本。
15. (唐)刘知几:《史通》,四部丛刊景明万历刊本。
16. (清)章学诚著、叶瑛校注:《文史通义校注》,北京:中华书局,2005。
17. (宋)王应麟:《玉海》,清文渊阁四库全书本。
18. (宋)王钦若:《册府元龟》,清文渊阁四库全书本。
19. (唐)李吉甫:《元和郡县图志》,《中国古代地理总志丛刊》本,北京:中华书局,2005。
20. (宋)王存撰,王文楚、魏嵩山点校:《元丰九域志》,《中国古代地理总志丛刊》本,北京:中华书局,2005。

21.(宋)乐史撰,王文楚等点校:《太平寰宇记》,《中国古代地理总志丛刊》本,北京:中华书局,2007。

22.(元)孛兰肹等撰,赵万里校辑:《元一统志》,北京:中华书局,1966。

23.(元)孛兰肹、岳铉:《大元大一统志》,《玄览堂丛书续集》本,台湾:正中书局,民国七十四(1985)。

24.(明)李贤(等奉敕撰):《明一统志》,《四库全书》本,上海:上海古籍出版社,1987。

25.(清)赵弘恩(等监修):《江南通志》,《四库全书》本,上海:上海古籍出版社,1987。

26.光绪《重修安徽通志》,清光绪四年(1878年)刻本。

27.民国《安徽通志稿》,民国二十三年(1934年)铅印本。

28.(清)嵇曾筠:《(雍正)浙江通志》,清文渊阁四库全书本。

29.(清)章学诚:《(嘉庆)湖北通志检存稿》,民国刘氏嘉业堂刻章氏遗书本。

30.淳熙《新安志》,清嘉庆十七年(1812年)刻本。

31.弘治《徽州府志》,《天一阁藏明代方志选刊》本,上海:上海古籍书店,1964。

32.嘉靖《徽州府志》,《北京图书馆古籍珍本丛刊》本,北京:书目文献出版社,1998。

33.康熙《徽州府志》,《中国方志丛书》本,台北:成文出版社,1970。

34.道光《徽州府志》,《中国地方志集成》本,南京:江苏古籍出版社,1998。

35.乾隆《歙县志》,《中国方志丛书》,台北:成文出版社,1970。

36.民国《歙县志》,《中国地方志集成》本,南京:江苏古籍出版社,1998。

37.弘治《休宁志》,《北京图书馆古籍珍本丛刊》本,北京:书目文献出版社,1998。

38.康熙《休宁县志》,《中国方志丛书》本,台北:成文出版社,1970。

39. 道光《休宁县志》,《中国地方志集成》本,南京:江苏古籍出版社,1998。

40. 康熙《婺源县志》,清康熙三十三年(1694年)刻本。

41. 道光《婺源县志》,清道光六年(1826年)刻本。

42. 光绪《婺源县志》,清光绪九年(1883年)刻本。

43. 民国《婺源县志》,民国十四年(1925年)刻本。

44. 董钟琪、汪廷璋(编纂):《婺源乡土志》,清光绪三十四年(1908年)活字本。

45. 万历《祁门县志》,明万历二十八年(1600年)刻本。

46. 道光《祁门县志》,清道光丙戌(1826年)刻本。

47. 同治《祁门县志》,《中国地方志集成》本,南京:江苏古籍出版社,1998。

48. 光绪《祁门县志》,《中国地方志集成》本,南京:江苏古籍出版社,1998。

49. 嘉庆《黟县志》,《中国地方志集成》本,南京:江苏古籍出版社,1998。

50. 同治《黟县志》,《中国地方志集成》本,南京:江苏古籍出版社,1998。

51. 民国《黟县志》,《中国地方志集成》本,南京:江苏古籍出版社,1998。

52. 嘉庆《绩溪县志》,《中国地方志集成》本,南京:江苏古籍出版社,1998。

53. 光绪《善和乡志》,《中国地方志集成》本,南京:江苏古籍出版社,1992。

54. 《休宁孚潭志》,《中国地方志集成》本,南京:江苏古籍出版社,1998。

55. (清)闵麟嗣编,刘尚恒、王佐校点:《黄山志定本》,合肥:黄山书社,1990。

56. (明)程敏政辑撰,何庆善、于石点校:《新安文献志》,合肥:黄山书社,2004。

57. (明)程瞳撰,王国良等点校:《新安学系录》,合肥:黄山书社,2006。

58.（明）王心（纂修）：《皇明天长县志》，张天附后序，《天一阁藏明代方志选刊》。

59.嘉庆《宣城县志》，《稀见中国地方志汇刊》本，北京：中国书店，1992。

60.光绪《宣城县志》，《中国地方志集成》本，南京：江苏古籍出版社，1998。

61.雍正《广东通志》，清文渊阁四库全书本。

62.雍正《河南通志》，清文渊阁四库全书本。

63.（明）樊深：《嘉靖〈河间府志〉》，明嘉靖刻本。

64.万历《湖州府志》，明万历刻本。

65.（明）刘佃纂修：《武定州志》，《天一阁藏明代方志选刊》本，1963。

66.康熙《莱阳县志》，清康熙十七年（1678年）刻本。

67.（清）劳必达修，陈祖范纂：《（雍正）昭文县志》，清雍正九年（1731年）刻本。

68.（清）章学诚：《（乾隆）永清县志》，清乾隆四十四年（1779年）刻本。

69.乾隆《鄞县志》，清乾隆五十三年（1788年）刻本。

70.（宋）郑兴裔：《郑忠肃奏议遗集》，清文渊阁四库全书本。

71.（宋）司马光：《傅家集》，清文渊阁四库全书本。

72.（宋）司马光：《温国文正公文集》，四部丛刊景宋绍兴本。

73.（元）方回：《桐江集》，宛委别藏清钞本。

74.（元）许有壬：《至正集》，清文渊阁四库全书补配清文津阁四库全书本。

75.（明）过庭训：《本朝分省人物考》，明天启刻本。

76.（明）朱同：《覆瓿集》，清文渊阁四库全书本。

77.（明）张旭：《梅岩小稿》，明正德元年刻本。

78.（明）雷礼辑：《国朝列卿纪》，明万历徐鉴刻本。

79.（明）归有光：《新刻震川先生全集》，四部丛刊景清康熙本。

80.（清）姚鼐辑：《古文辞类纂》，清道光元年（1821年）合河康氏家塾刻本。

81.（清）朱彝尊：《经义考》，清文渊阁四库全书本。

82.（清）朱彝尊：《曝书亭集》，四部丛刊景清康熙本。

83.（清）王先谦：《虚受堂文集》，清光绪二十六年（1900年）刻本。

84.（清）陈田辑：《明诗纪事》，清陈氏听诗斋刻本。

85.（清）阮元辑：《两浙輶轩录》，清嘉庆刻本。

86.（清）李绂：《穆堂别稿》，清道光十一年（1831年）奉国堂刻本。

87.（清）李绂：《穆堂初稿》，清道光十一年（1831年）奉国堂刻本。

88.（明）焦竑辑：《国史经籍志》，明徐象枟刻本。

89.（明）祁承爜：《澹生堂藏书目》，清宋氏漫堂钞本。

90.（清）钱大昕：《元史艺文志》，清潜研堂全书本。

91.（清）丁丙辑：《善本书室藏书志》，清光绪刻本。

92.（清）徐乾学：《传是楼书目》，清道光八年（1828年）味经书屋钞本。

93.（清）张金吾：《爱日精庐藏书志》，清光绪十三年（1887年）吴县灵芬阁集字版校印本。

94.孙殿起录：《贩书偶记续编》，上海：上海古籍出版社，1980。

95.（清）黄虞稷：《千顷堂书目》，清文渊阁四库全书本。

96.（清）范邦甸：《天一阁书目》，清嘉庆文选楼刻本。

97.（清）丁仁：《八千卷楼书目》，民国铅印本。

98.（清）陆心源：《皕宋楼藏书志》，清光绪万卷楼藏本。

99.（清）永瑢（等）：《四库全书总目》，北京：中华书局，2008。

100.中国天文史料普查整编组：《中国地方志联合目录》（初稿），1978。

101.中国科学院北京天文台主编：《中国地方志联合目录》，北京：中华书局，1985。

102.梁启超：《中国近三百年学术史》，《民国珍本丛刊》本，北京：团结出版社，2005。

103. 蒋元卿:《皖人书录》,合肥:黄山书社,1989。
104.《编修地方志档案选编》,沈阳:辽沈书社,1983。
105.《中国地方志大辞典》,杭州:浙江人民出版社,1988。
106. 徽州地区地方志编纂委员会(纂):《徽州地区简志》,合肥:黄山书社,1989。
107. 黄苇:《方志学》,上海:复旦大学出版社,1993。
108. 仓修良:《方志学通论》,北京:方志出版社,2003。

后 记

2004年,我开始进行历史文献学的学习和研究,由于教学和研究的需要,逐渐将研究集中于徽州地方文献。在研究过程中,对徽州地方志发生了浓厚的兴趣,并开始将历史文献学和方志学的研究相结合,以历史文献学和方志学的相关理论和方法,对徽州方志作了一次深入分析和研究。这次研究以现存徽州方志为核心,对其编修源流、编纂特点、史料价值、考证价值、校勘价值和辑佚价值等问题进行了总结,目的是为了更好地对徽州方志的价值进行挖掘和利用,充分发挥徽州方志在学术研究方面的价值。

徽州地区是一个历史悠久、文化底蕴深厚、人才辈出的地方,素有"东南邹鲁"、"文献之邦"的美称。徽州地方文献数量庞大,种类繁多,包括各类文书、谱牒、文集、诗集、笔记、小说、史书、地方志等类型。徽州方志是徽州地方文献中一种非常特殊、也非常重要的文献形式。与其他徽州地方文献相比,徽州方志最大的特点就是其记载内容的连续性、丰富性、广泛性和时代性。可以说,徽州方志具有独特的价值。

由于充分认识到地方志在记录历史发展过程、加强地方管理、对百姓进行教化等方面所具有的价值,历代中央政府和地方政府都非常重视地方志书的编修,文人学者也积极参与方志的编修工作,徽州方志的编修也因此得到保证和推动,徽州方志的编修呈现出持续性的特点。根据现存文献记载的徽州方志编纂源流,自南朝梁至民国时期,书名和纂修者名两者皆可考的徽州方志就有百部之多,如果再加上有书名无撰者的徽州方志和一百多种徽州专志,徽州地区曾经编修出的地方志书的数量是非常可观的。虽然有不少徽州方志在流传过程中散佚了,但根据《中国地方志联合目录》等方志目录书的统计,现存民国(含民国)以前编修的徽州方志(不含专志)至少还有六十多部。由于徽州方志的连续编纂,徽州地区社会历史发展的全过程都被记录下来。从这一点看,徽州方志堪称为徽州一方之全史。徽州方志成为研究徽州地区历史发展必不可少的重要参考文献。

徽州方志基本上都是由文人学者编修的,他们不仅学有所长,而且还将严谨的学风带入修志活动中。他们广征博引、严于考证,既补前志之阙,也订前志之误。在这样一个基础上,徽州方志不仅保存了丰富的资料,而且还考证了山川、建置沿革、疆域、形胜、物产、职官、选举、水利、古迹、人物、封建、氏族等方面的问题,纠正了其他文献记载中的错误,并对其他文献进行了校勘,订正了其他文献中的脱、衍、讹等错误。徽州方志大量转引了其他类型志书中的资料,因有些志书原志已佚,徽州方志又成为辑佚这些志书的资料来源。徽州方志在文献学方面具有不可低估的价值。

经过多年的努力,笔者在广泛查阅相关文献记载的基础上,对以上问题进行深入分析和研究,最终撰写出这部《明清以来徽州方志编纂成就》。这是我近几年来历史文献学和方志学研究心得的一次总结。

当然,由于某些条件的限制,本书仍有需要进一步完善的地方,希望各位师友批评指正,以便进一步修正和完善。

蒲　霞

2012 年 11 月于合肥杏林书斋